U0547907

中国民法典适用大全

继承卷

最高人民法院民法典贯彻实施工作领导小组　编著

人民法院出版社

图书在版编目（CIP）数据

中国民法典适用大全. 继承卷 / 最高人民法院民法典贯彻实施工作领导小组编著. -- 北京 : 人民法院出版社, 2022.12
ISBN 978-7-5109-3580-0

Ⅰ. ①中… Ⅱ. ①最… Ⅲ. ①民法－法典－法律适用－中国②继承法－法律适用－中国 Ⅳ. ①D923.05

中国版本图书馆CIP数据核字(2022)第166920号

中国民法典适用大全（继承卷）

最高人民法院民法典贯彻实施工作领导小组　编著

策划编辑　陈建德　李安尼
责任编辑　周利航　刘晓宁
装帧设计　天平文创视觉设计
出版发行　人民法院出版社
地　　址　北京市东城区东交民巷27号（100745）
电　　话　（010）67550691（责任编辑）　67550558（发行部查询）
65223677（读者服务部）
客服QQ　2092078039
网　　址　http://www.courtbook.com.cn
E-mail　courtpress@sohu.com
印　　刷　三河市国英印务有限公司
经　　销　新华书店

开　　本　787毫米×1092毫米　1/16
字　　数　386千字
印　　张　21.5
版　　次　2022年12月第1版　2022年12月第1次印刷
书　　号　ISBN 978-7-5109-3580-0
定　　价　78.00元

“民法典适用大全”小程序使用图示

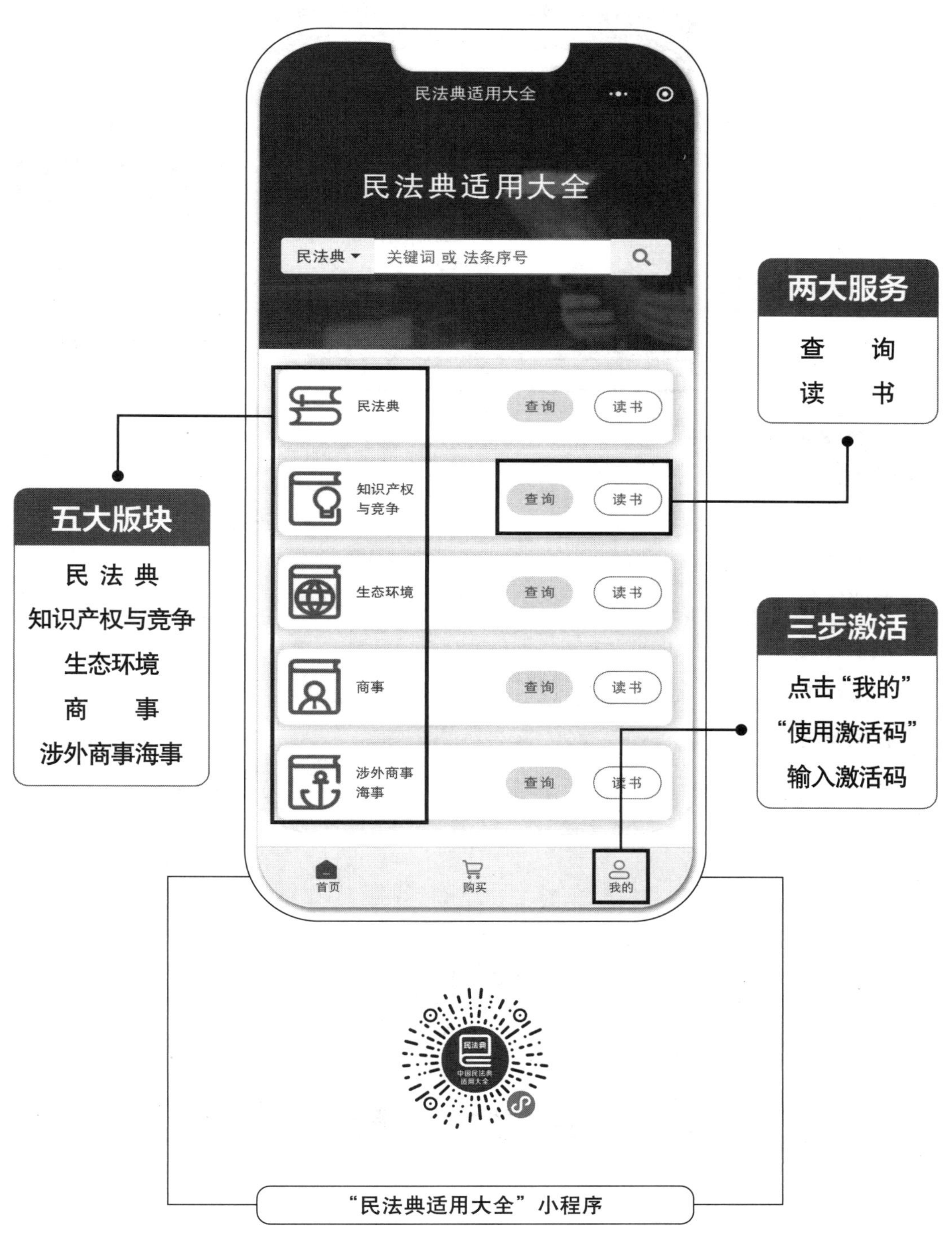

“民法典适用大全”小程序

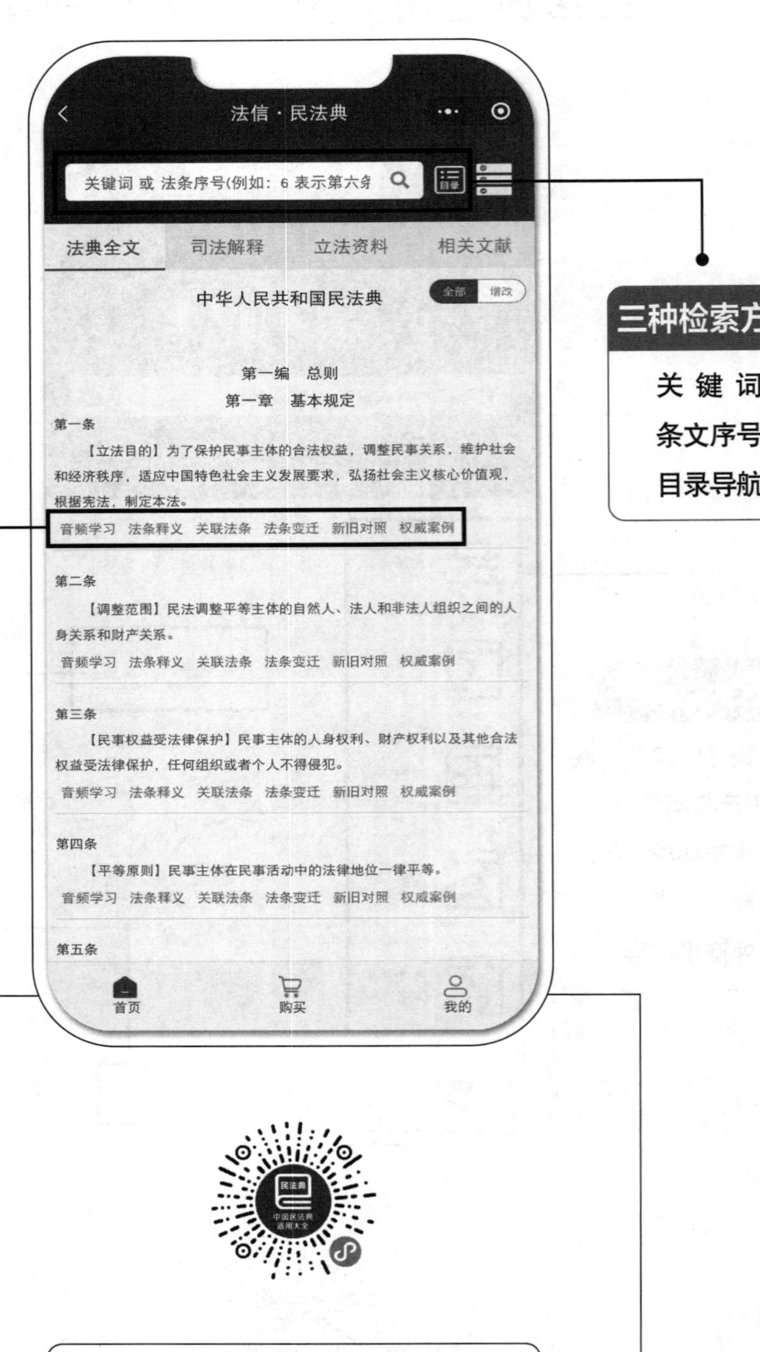

三种检索方式

关键词

条文序号

目录导航

六大功能

音频学习

法条释义

关联法条

法条变迁

新旧对照

权威案例

“民法典适用大全”小程序

最高人民法院
民法典贯彻实施工作领导小组

《中国民法典适用大全（继承卷）》

全面深化民法典贯彻实施
为推进中国式现代化提供有力司法服务

民法典是中华人民共和国成立以来第一部以“法典”命名的法律，是党的十八大以来全面推进依法治国的标志性立法成果，在中国特色社会主义法律体系中具有重要地位。以习近平同志为核心的党中央高度重视民法典贯彻实施工作，作出一系列重大部署。2020年5月29日，十九届中央政治局就“切实实施民法典”举行第二十次集体学习，习近平总书记主持学习时强调，全党要切实推动民法典实施，以更好推进全面依法治国、建设社会主义法治国家，更好保障人民权益，指出“各级司法机关要秉持公正司法，提高民事案件审判水平和效率。要加强民事司法工作，提高办案质量和司法公信力。要及时完善相关民事司法解释，使之同民法典及有关法律规定和精神保持一致，统一民事法律适用标准。要加强涉及财产权保护、人格权保护、知识产权保护、生态环境保护等重点领域的民事审判工作和监督指导工作，及时回应社会关切”。习近平总书记的重要讲话为贯彻实施民法典指明了方向，提供了根本遵循。党的二十大报告明确指出，必须更好发挥法治固根本、稳预期、利长远的保障作用，在法治轨道上全面建设社会主义现代化国家，并对统筹法律立改废释纂、严格公正司法提出明确要求，对深入贯彻实施民法典具有重要指导意义。

最高人民法院坚持以习近平新时代中国特色社会主义思想为指

导，深入贯彻习近平法治思想，认真学习贯彻习近平总书记关于切实实施民法典的重要论述，深刻领悟“两个确立”的决定性意义，增强“四个意识”、坚定“四个自信”、做到“两个维护”，全面落实党中央决策部署，深刻理解和把握民法典的核心要义和重要制度，积极推动贯彻实施好民法典。在前期成立最高人民法院民法典编纂工作研究小组的基础上，专门成立民法典贯彻实施工作领导小组，党组书记、院长周强担任组长，研究制定一系列措施，就贯彻实施民法典提出具体要求。全国各级人民法院严格依据民法典公正审理案件，深入研究民法典司法适用理论和实践问题，分析总结典型案例，推动民法典贯彻实施取得显著成效。

为深入学习宣传贯彻党的二十大精神，贯彻党中央关于坚持全面依法治国、推进法治中国建设的重大决策部署，系统反映人民法院贯彻实施民法典举措成果，全面总结新时代民商事审判经验，最高人民法院民法典贯彻实施工作领导小组组织编写了《中国民法典适用大全》(以下简称《适用大全》)，为学习宣传贯彻民法典、推进法治中国建设提供权威审判指导。

一、《适用大全》的编辑背景

民法典颁布后，人民法院深入推动民法典学习宣传和贯彻实施，取得一系列经验成果，为《适用大全》的编辑出版提供了丰富素材，奠定了坚实基础。

一是全面清理已有司法解释。最高人民法院完成中华人民共和国成立以来最为全面系统规范的司法解释清理工作，对中华人民共和国成立以来至2020年5月28日有效的全部591件司法解释逐一清理，废止116件，修改111件。其中，直接废止司法解释89件，另有27件废止后重新整合出台新的司法解释；修改的司法解释包括民事类27件、商事类29件、知识产权类18件、民事诉讼类19件、执行类

18件。完成清理工作后，作出司法解释废止、修改决定，自2021年1月1日起与民法典同步施行。

二是及时制定配套司法解释。最高人民法院坚持以问题为导向、以审判执行需求为出发点、以准确理解和适用法律为原则，构建多层次民法典配套司法解释。制定适用民法典时间效力的解释，整合制定民法典物权编解释、担保制度解释、婚姻家庭编解释、继承编解释、建设工程施工合同解释、劳动争议解释等，出台民法典总则编解释、人脸识别解释、生态环境侵权惩罚性赔偿解释等，有力配合民法典贯彻实施。

三是广泛开展学习宣传。最高人民法院统筹部署全国各级人民法院学习培训宣传工作。举行"人民法院大讲堂"活动，分层次、全覆盖培训干警120余万人次。以人民群众喜闻乐见的方式开展民法典普法宣传，会同中宣部等组织开展"美好生活·民法典相伴"主题宣传，推出"一分钟带你了解民法典"系列普法动漫等栏目。发挥典型案件示范引领作用，配合民法典总则编解释颁布，同步发布第一批13件人民法院贯彻实施民法典典型案例。

据统计，自2021年1月1日至2022年9月30日，全国各级人民法院根据民法典及相关司法解释的规定，共审结一审民商事案件2737万件。人民法院统一法律适用工作成效更加彰显，人民群众司法获得感、满意度持续提升。尤其是根据民法典新规，办理人格权侵害禁令、人身安全保护令案件8067件，让人民生活更加安全、更有尊严；审结环境侵权类案件3502件，促进发展更加和谐、更可持续。

二、《适用大全》的重大意义

《适用大全》是人民法院深入学习贯彻党的二十大精神，深入贯彻习近平法治思想，切实贯彻实施民法典、确保民法典统一正确适用，推动新时代新征程人民法院民事审判工作高质量发展的最新成果和重要举措，编辑出版《适用大全》意义重大。

第一，编辑出版《适用大全》是人民法院深入学习贯彻党的二十大精神、深入贯彻习近平法治思想的实际行动。党的二十大报告对坚持全面依法治国、推进法治中国建设作出专题论述、专门部署。民法典作为党的十八大以来全面推进依法治国的标志性立法成果，体现社会主义性质、符合人民利益和愿望、顺应时代发展要求，闪耀着习近平法治思想的光芒。编辑出版《适用大全》，有利于各级人民法院深入贯彻落实党的二十大精神，严格公正司法，深化司法体制综合配套改革，全面准确落实司法责任制，加快建设公正高效权威的社会主义司法制度，努力让人民群众在每一个司法案件中感受到公平正义，确保习近平总书记关于切实实施民法典的重要讲话和重要指示精神不折不扣落到实处，以正确贯彻实施民法典的生动实践坚定不移推进法治中国建设。

第二，编辑出版《适用大全》是人民法院正确贯彻实施民法典，推进司法为民、公正司法的应有之义。人民性是中国特色社会主义司法制度的本质属性，实现好、维护好、发展好最广大人民根本利益是我国司法工作的出发点和落脚点。编辑出版《适用大全》，有利于各级人民法院正确理解掌握民法典的核心精神、基本原则和具体制度，切实把民法典对生命健康、财产安全、交易便利、生活幸福、人格尊严等各方面权利的平等保护贯彻落实到审判执行工作的全过程、各方面，不断提高运用民法典维护人民权益、化解矛盾纠纷、促进社会和谐稳定的能力和水平，更好地满足和保障人民美好生活需要。

第三，编辑出版《适用大全》是人民法院提高司法能力，服务全面建设社会主义现代化国家、以中国式现代化全面推进中华民族伟大复兴的必然要求。民法典将庞大的民事法律规范按照完整逻辑体系予以整合，健全充实了民事权利种类，充分展现我国多年来关于市场经济体制改革的一系列重要制度成果，积极回应新时代人民司法关切，是高质量发展的助推器和法治保障。编辑出版《适用大全》，有利于

各级人民法院统一裁判尺度，完整、准确、全面贯彻新发展理念，构建新发展格局，助力营造稳定公平透明、可预期的法治化营商环境；有利于各级人民法院围绕满足人民群众多元司法需求，深化司法体制综合配套改革和智慧法院建设，全面准确落实司法责任制，推进审判体系和审判能力现代化，充分发挥审判职能作用，服务全面建设社会主义现代化国家、以中国式现代化全面推进中华民族伟大复兴。

三、《适用大全》的编辑目标

《适用大全》作者群体主要为最高人民法院法官，同时吸收部分地方法院法官和高等院校中青年学者参加。编辑基本要求是以民法典条文为中心，体系化编辑相关法律法规、司法解释、司法指导性文件、权威释义、指导性案例、典型案例等内容，并基于我国民商合一的立法模式，将有关商事、知识产权、涉外民事关系等法律的具体适用纳入其中，形成民法典司法适用的逻辑体系，方便法律适用参考和普法宣传。通过编辑《适用大全》，力图实现以下目标：

一是推动民商事案件裁判尺度统一。向广大法官阐释好民法典关于坚持主体平等、保护财产权利、便利交易流转、维护人格尊严、促进家庭和谐、追究侵权责任等基本要求，阐释好民法典关于见义勇为、紧急救助、好意同乘、高空抛物、情势变更、保理合同等一系列创新性规定，指引广大法官强化法典化体系化思维，准确把握基本原则与具体规定、总则与分则、民法典与民商事特别法之间的适用关系，不断提升法律适用的系统性、科学性、准确性。

二是总结新时代民商事审判经验。系统梳理相关司法解释和司法指导性文件，深入挖掘民事案例“富矿”，全面总结和展示新时代各级人民法院坚持以习近平新时代中国特色社会主义思想为指导，深入贯彻习近平法治思想，认真履行司法职能，推进全面依法治国探索形成的新经验、新举措、新成就，为人民法院服务保障中国式现代化奠定坚实基础。

三是助力更高水平的法治中国建设。整理汇编相关规定、释义、案例，既帮助广大法官准确理解民法典条文的精神要义，准确把握司法适用中的重点难点问题，提高办案质量和司法公信力，又帮助人民群众提高找法用法效率，促进民法典普法宣传和贯彻实施。

四、《适用大全》的体例结构

《适用大全》共计12卷33册，分为三大部分：

第一部分为法典卷。以民法典七编制结构为基础，分为总则卷、物权卷、合同卷、人格权卷、婚姻家庭卷、继承卷、侵权责任卷（含附则）。本部分将民法典的1260个条文全部收录，并围绕每一个条文编辑关联规定、条文释义、典型案例等内容。

第二部分为扩展卷。在法典卷的基础上增加知识产权与竞争卷、生态环境卷、商事卷、涉外商事海事卷。本部分主要是针对相关法律中与审判工作密切相关的条文开展编辑工作。

第三部分为索引卷。本部分旨在方便检索查阅（平装版不设索引卷）。

在体例安排上，以民法典具体条文为中心，设置关联规定、条文释义、适用指引、指导案例、典型案例、类案检索等栏目。其中，关联规定栏目主要收录与民法典或有关法律条文密切相关的法律、行政法规、司法解释、部门规章及司法指导性文件。条文释义栏目主要介绍目标条文的条文主旨、条文演变和条文解读。适用指引栏目侧重分析目标条文在审判实践中的重点难点问题。指导案例栏目主要收录目标条文涉及的相应指导性案例。典型案例栏目主要收录党的十八大以来最高人民法院的公报、工作报告中列举的案例，以及最高人民法院各部门发布评选的典型案例、优秀案例。类案检索主要收录其他相关案例。全书共收录案例3000余件，包括指导性案例、典型案例800余件。

五、《适用大全》的指导价值及其他说明事项

《适用大全》是一部服务审判执行、普法宣传、研究教学、生产经营、社会生活的法律适用工具书。各级人民法院和法官在阅读参考《适用大全》时，主要用途有三：一是可以民法典条文为基础，一揽子查找到相应的法律规定、司法解释、典型案例等，快速全面了解相关法律规定和政策精神，更加准确把握民法典立法精神、条款含义。二是可借鉴《适用大全》汇集的理论成果、关联规定、裁判观点，结合具体实际总结典型案例，提炼裁判规则。三是可利用《适用大全》提供的丰富素材，组织业务培训和普法宣传，弘扬社会主义法治精神，推动尊法学法守法用法在全社会蔚然成风。

广大法官在使用《适用大全》时，应当注意以下两方面问题：一是严格遵守裁判文书引用法律、法规、司法解释的规定。本书关联规定部分收录的法律、行政法规、司法解释、部门规章及司法指导性文件等，旨在帮助法官掌握相关法律规定、政策精神。其中司法指导性文件、部门规章等不能作为裁判依据援引。裁判文书在引用法律、法规等规范性文件时，应当严格遵照《最高人民法院关于裁判文书引用法律、法规等规范性法律文件的规定》。二是区别使用参考案例。本书收录的指导性案例应严格参照适用，典型案例可作为裁判适用参考，类案检索中的案例仅在于提示法官有相关裁判存在，便于检索查找。

各级人民法院要坚持以习近平新时代中国特色社会主义思想为指导，深入学习贯彻党的二十大精神，深入贯彻习近平法治思想，切实把思想和行动统一到习近平总书记关于切实实施民法典的重要论述精神上来，深刻领悟“两个确立”的决定性意义，增强“四个意识”、坚定“四个自信”、做到“两个维护”，以学好用好《适用大全》为抓手，全面深化民法典贯彻实施，增强服务保障高质量发展的司法能力，夯实推进审判体系和审判能力现代化的实践基础，服务大局、司法为民、公正司法，在坚持全面依法治国、推进法治中国建设的伟大实践中不断开辟司法事业发展新天地，为全面建设社会主义现代化国家、以中国式现代化全面推进中华民族伟大复兴提供有力司法服务！

本书的编辑出版得到了各级人民法院、有关单位和社会各界的大力支持。在此，向为本书编辑出版提供帮助支持的全国人大常委会法工委、最高人民检察院、司法部，其他有关中央和国家机关、法学理论界的专家学者，以及广大人民群众、新闻媒体和社会各界表示衷心的感谢！

最高人民法院民法典贯彻实施工作领导小组

二〇二二年十一月二十八日

凡　例

一、本书有关条文释义和典型案例中法律、行政法规名称一般用简称，例如《中华人民共和国民法典》简称《民法典》。

二、本书有关条文释义和典型案例中下列司法解释一般也使用简称：

文件全称	简称	相关信息
《最高人民法院关于贯彻执行〈中华人民共和国继承法〉若干问题的意见》（已失效）	《继承法意见》	发文字号：法（民）发〔1985〕22号 公布日期：1985年9月11日 施行日期：1985年9月11日 失效日期：2021年1月1日
《最高人民法院关于贯彻执行〈中华人民共和国民法通则〉若干问题的意见（试行）》（已失效）	《民法通则意见》	发文字号：法（办）发〔1988〕6号 公布日期：1988年4月2日 施行日期：1988年4月2日 失效日期：2021年1月1日
《最高人民法院关于民事诉讼证据的若干规定》	《民事诉讼证据规定》	发文字号：法释〔2001〕33号 公布日期：2001年12月21日 施行日期：2002年4月1日 修正施行日期：2020年5月1日
《最高人民法院关于适用〈中华人民共和国民事诉讼法〉的解释》	《民事诉讼法解释》	发文字号：法释〔2015〕5号 公布日期：2015年1月30日 施行日期：2015年2月4日 第一次修正施行日期：2021年1月1日 第二次修正施行日期：2022年4月10日

文件全称	简称	相关信息
《最高人民法院关于适用〈中华人民共和国民法典〉时间效力的若干规定》	《民法典时间效力规定》	发文字号：法释〔2020〕15号 公布日期：2020年12月29日 施行日期：2021年1月1日
《最高人民法院关于适用〈中华人民共和国民法典〉继承编的解释(一)》	《民法典继承编解释(一)》	发文字号：法释〔2020〕23号 公布日期：2020年12月29日 施行日期：2021年1月1日

目　录

第一章　一般规定

第二章　法定继承

第三章 遗嘱继承和遗赠

第四章 遗产的处理

第一章　一般规定

第一千一百一十九条　本编调整因继承产生的民事关系。

条文释义

一、本条主旨

本条是关于《民法典》继承编调整范围的规定。

二、条文演变

原《继承法》公布于1985年4月10日，同年10月1日起施行。同年9月11日，最高人民法院颁布原《继承法意见》。《继承法》实施35年未曾修订，本次编入《民法典》，是继承法立法以来的重大发展，条文由原来的37条扩展为45条，虽然增加的条文数量不多，但是对遗产、继承人、遗嘱、遗产管理人、遗赠扶养人、无主遗产等多方面内容进行了完善，更加尊重被继承人的意志，更加充分保障自然人的私人财产所有权，回应了时代发展与司法实践的新要求，为相关民事主体的继承权提供了更加全面有力的法律保护。

原《继承法》未明确规定调整对象，在编纂《民法典》继承编过程中，增加了关于调整对象的规定，对于完善继承法律制度，准确把握继承法律关系的基本内涵有指引意义。

三、条文解读

本条对继承编的调整对象表述为“因继承产生的民事关系”，根据我国继承制度的内涵应当理解为，继承编所调整的对象既包括继承问题，还包括因遗赠、遗赠扶养协议等引起的遗产处理问题。

（一）继承的概念

"继承"有广义与狭义之分。广义的继承，指生者对死者生前权利和义务的承受，包括财产继承和身份继承。狭义的继承，指财产继承。现代社会绝大多数国家已无身份继承而只有财产继承，故继承在一般意义上就是财产继承。作为一种法律制度，现行法中的继承是指将自然人死亡时遗留的个人合法财产由法律规定的或者由死者指定的人取得的制度。

（二）继承法律关系的主要特征

作为民事法律关系的重要组成部分，继承法律关系是指由继承法规范所调整的，民事主体之间因自然人死亡，对其个人财产和财产权益进行继承而发生的民事权利义务关系。在继承法律关系中，主体是指依照法律规定或遗嘱指定而对被继承人的遗产享有权利和承担义务的民事主体，其中权利主体是依照法律规定有权取得遗产的人即继承人，义务主体是继承人以外的不特定民事主体；客体是死亡自然人即被继承人所遗留的个人合法财产即遗产；继承的法律后果，是对被继承人遗产的再分配，即转移给有权接受该项遗产的继承人所有。继承法律关系性质上属于民事法律关系，具有民事法律关系的一般特征，同时具有以下主要特征。

1. 继承法律关系是一种财产法律关系

在现代社会，因为继承人继承的对象只能是被继承人遗留的财产，而不能是被继承人的身份，所以继承法律关系是一种具有财产内容的财产法律关系。

2. 继承法律关系的发生以被继承人死亡的事实为原因

被继承人死亡是继承法律关系发生的前提，该事实属于法律事实，包括自然人的自然死亡和宣告死亡。

3. 继承法律关系有身份关系属性

继承的身份关系属性，是指继承仅发生于特定范围的具有亲属关系的自然人之间。对于何种民事主体可为继承人，虽然各国的风俗习惯不同，立法上存在差异，但在各国的现代继承立法中，继承一般仅限于特定亲属关系的自然人，不仅包括法定继承，也包括遗嘱继承。特定亲属关系的自然人原则上包括配偶和血亲。我国例外地承认符合条件的姻亲也可以作为继承人，即《民法典》第 1129 条规定的丧偶儿媳对公婆、丧偶女婿对岳父母尽了主要赡养义务

的，可以作为第一顺序继承人。

需要说明，遗赠、遗赠扶养协议和无人继承又无人受遗赠遗产的处理，不属于继承法律关系。遗赠和遗赠扶养协议的主体之间不具有继承所要求的亲属关系，甚至不具有亲属关系，其实质是被继承人生前对自己所有财产的处分，不属于继承法律关系；无人继承又无人受遗赠的遗产由国家或集体所有制组织取得所有权，也非继承法律关系。但是上述情形均涉及被继承人财产的处理，故继承法将其纳入调整范围。在《民事案件案由规定》中，亦将遗赠纠纷和遗赠扶养协议纠纷规定在“继承纠纷”之下。

4. 继承法律关系对遗产权利和义务具有概括承受性

在继承法律关系中，权利主体即继承人既享有继承遗产的权利，又承担在继承遗产实际价值范围内支付被继承人依法应当缴纳的税款、清偿被继承人生前所负债务的义务。

5. 继承人取得遗产所有权的无偿性

继承作为财产所有权转移的一种方式，继承人获得遗产所有权是无偿的。自被继承人死亡时开始，继承人即可行使其享有的继承权，并不需要支付对价。至于附义务的遗嘱继承，其义务应理解为接受继承的条件，不具备有偿民事法律关系中对价的属性。

适用指引

一、继承编的适用范围

继承编调整的对象，主要规定的是被继承人死亡事实发生后的有关事项和纠纷的处理规则，同时还调整涉及继承的有关行为，如被继承人如何立遗嘱、遗赠，遗嘱和遗赠的形式要求、效力要件、如何撤回等，以及立遗嘱等需要履行的法定义务，如应当为缺乏劳动能力又没有生活来源的继承人保留必要的遗产份额，即法律尊重自然人处分遗产的意思自治，但也有一定的限制等。另外，继承法律调整的主要是继承相关事宜，并不调整家庭的分家析产纠纷，也不调整自然人生前赠与等问题。

二、继承与分家析产的区别

分家析产并非法律概念，其含义包含两个要素：一是“分家”；二是“析产”。分家是将原来共同生活的一个家庭分成几个独立的家庭；析产是家庭成员通过协议的方式对家庭共同财产予以分割，分属各个独立的家庭或个人所有。司法实践中，分家析产纠纷主要表现为两种形式：一是某一子女以自己夫妻家庭为单位起诉父母及其他子女家庭要求析产；二是某一子女的配偶在离婚后，起诉其配偶及配偶父母要求析产。前者析产分割后共同财产分属各个独立家庭所有，后者析产分割后共同财产分属个人所有。分家必然会涉及析产，但是析产并不是分家的唯一内容，它还包含赡养的负担、债务的承担等，但是析产是分家中最为重要的内容。分家析产是我国的特有传统，相关纠纷主要发生于农村地区以及城乡接合部地带，析产的内容主要涉及农村宅基地、承包地、农村房屋以及房屋拆迁补偿分配等问题。法律对分家析产的性质没有明确规定，对家庭财产也无明确的规定。实践中，法官对于分家析产纠纷一般依据民事法律有关共有的规定进行处理。

继承与分家析产都以处理当事人的财产为主要内容，都发生财产所有权变动的后果，但二者有根本的区别。

1. 法律事实不同

继承是因被继承人死亡而发生；分家析产是家庭成员因为一定的生活和生产需要等各种原因，不需要或不能够继续共同生活，经协商而发生。实践中，父母的死亡在引起继承的同时，也会引发分家析产，但是应当明确，继承的发生缘于父母死亡的事件，而分家析产缘于子女意思表示一致的法律行为。

2. 主体和客体不同

有资格取得遗产的主体是法律规定或遗嘱指定的继承人，继承的客体是被继承人死亡时遗留的个人合法财产，即遗产；分家析产的主体是家庭财产的共有人，客体是家庭成员共有的财产。

3. 性质不同

继承的法律后果是财产所有权的转移；分家析产是对共有财产进行重新确权并进行分割，实践中有时表现为父母将其所有的财产在子女之间进行分配，形式上看是分家，但是实质上是父母对子女的赠与。

4. 前提及物权变动时间不同

继承的发生以被继承人的死亡为前提，被继承人死亡时，遗产的所有权即发生转移，不以公示为所有权变动的生效要件；分家析产的时间由当事人自主决定，可以是父母在世的时候，也可以是父母去世之后，分家析产协议一般自当事人签字时起生效，但是物权变动应以公示为生效要件，如涉及不动产的，应当履行产权变更登记手续后才发生物权变动的效力。

5. 适用的法律不同

继承的法律依据是继承法律规范，按照法定继承的顺序和分配规则或遗嘱的指定进行继承；分家析产中当事人的地位是平等的，一般是本着互助互谅、团结和睦、物尽其用的原则，按照协商一致的意见处理财产，发生纠纷后主要是适用民法关于共同共有的规定进行处理。

第一千一百二十条　国家保护自然人的继承权。

关联规定

法律、行政法规、司法解释

1.《中华人民共和国宪法》

第十三条　公民的合法的私有财产不受侵犯。

国家依照法律规定保护公民的私有财产权和继承权。

国家为了公共利益的需要，可以依照法律规定对公民的私有财产实行征收或者征用并给予补偿。

2.《中华人民共和国民事诉讼法》

第三十四条　下列案件，由本条规定的人民法院专属管辖：

（一）因不动产纠纷提起的诉讼，由不动产所在地人民法院管辖；

（二）因港口作业中发生纠纷提起的诉讼，由港口所在地人民法院管辖；

（三）因继承遗产纠纷提起的诉讼，由被继承人死亡时住所地或者主要遗产所在地人民法院管辖。

条文释义

一、本条主旨

本条是关于保护继承权的规定。

二、条文演变

原《继承法》作为单行法，在第 1 条规定了立法依据和目的，即“根据《中华人民共和国宪法》规定，为保护公民的私有财产的继承权，制定本法”。1986 年 4 月 12 日公布、1987 年 1 月 1 日起施行的原《民法通则》第 76 条规

定："公民依法享有财产继承权。"《民法典》总则编"民事权利"章第124条规定："自然人依法享有继承权。自然人合法的私有财产，可以依法继承。"《民法典》继承编在此基础上进一步申明自然人的继承权受国家保护，这既是继承编曲的立法目的，也是继承编的立法原则之一。

三、条文解读

（一）继承权的性质

继承权，是指自然人根据法律规定或被继承人生前所立的合法有效的遗嘱承受被继承人遗产的权利。从主体看，继承权是自然人享有的权利，而且只能由自然人享有；从依据看，继承权是自然人根据法律规定或被继承人生前所立的合法有效遗嘱而享有的权利；从标的看，继承权的标的是遗产，所以继承权是自然人的民事财产权利，国家保护自然人的继承权，是对自然人财产权利保护的延伸。继承权是自然人享有的重要财产权，非法律明文规定的情形，任何个人、组织不得非法剥夺他人依法享有的继承权。

（二）继承权的类型

法理上认为继承权包括客观意义上的继承权和主观意义上的继承权。

1. 客观意义上的继承权

客观意义上的继承权，是指继承开始前，自然人依照法律的规定或者遗嘱的指定承受被继承人遗产的资格，即继承人所具有的继承遗产的权利能力或者说是受法律保护的地位，表现为继承遗产的期待性和可能性，又称继承期待权。客观意义上继承权的取得和丧失与自然人的意志无关，非因法定事由不能被剥夺。

2. 主观意义上的继承权

主观意义上的继承权，是指当法定的条件具备时，自然人对被继承人留下的遗产享有的财产权利，即遗产已经属于继承人所有的继承权。这种继承权的享有同继承人的主观意志相联系，可以接受、行使，也可以放弃。主观意义上的继承权由可能性转为现实性，又称继承既得权。在继承开始之前，继承期待权具有不确定性。主观继承权因法律的直接规定以及合法有效的遗嘱指定取得，如果放弃，其效力追溯到继承开始的时间。

简言之，以继承开始为界分，继承开始前继承人享有客观意义上的继承权；继承开始后继承人享有主观意义上的继承权。继承权的实现以被继承人死亡且未丧失客观意义上的继承权为前提。《民法典》继承编并未对继承权的性质进行主客观的区分，本编所指继承权实质是主观意义上的继承权。

（三）继承权的特征

1. 继承权的主体具有限定性

能够继承被继承人遗产的主体只能是自然人，国家、集体以及其他社会组织都不能成为继承人。国家、集体以及其他社会组织接受遗产的方式有两种：一是受遗赠，被继承人可以通过遗嘱将其财产赠与国家、集体以及其他社会组织，但不能指定其为遗嘱继承人。亦即国家、集体以及其他社会组织可以享有受遗赠权，但没有继承权。二是接受无人继承又无人受遗赠的遗产，在这种情况下，其接受遗产缘于法律的直接规定，而非基于继承权取得所有权。

2. 继承权具有身份属性

继承权是以一定的身份为前提的权利，能够成为继承主体的自然人只能是法定继承人范围内的死者的近亲属，遗嘱指定的继承人也应在法定继承人范围之内，法定继承人以外的人不能成为继承人，只可能成为受遗赠人或者酌情分得遗产的人。从这个角度讲，继承权的享有以继承人与被继承人之间具有一定的身份关系为前提，但不是身份权。

3. 继承权的客体范围具有限定性

一般认为，继承权的实现需要的法律事实是被继承人死亡并留有遗产，自然人虽然死亡，若未遗留任何财产，也不会发生继承。因此，继承权的实现是以被继承人的财产所有权的存在为前提的。同时，继承是处理被继承人财产的法律制度，作为继承的客体只能是自然人死亡时遗留的个人合法财产，他人的财产或国家、集体的财产不能作为继承的客体，同时，法律规定或者按照其性质不得继承的也不能作为继承的客体。

（四）继承权的保护

国家保护自然人的继承权，主要有以下含义：

第一，凡自然人死亡遗留的合法财产，除依照法律规定或者根据其性质不得继承的以外，都可以由继承人继承。

第二，继承人的继承权不得被非法剥夺或限制。

第三，继承人行使继承权有充分的法律保障。一是法律保护自然人的继承权通过依法行使得以实现，不受非法侵害；二是在自然人继承权受到侵害时，国家以其强制力予以保护，即继承权受司法保护。

完全民事行为能力的继承人本人可以行使继承权，也可以委托他人代理行使；无民事行为能力人或者限制民事行为能力人的继承权可以由法定代理人代为行使或者征得法定代理人同意后行使。《民法典》继承编没有保留原《继承法》第 6 条有关无民事行为能力人、限制民事行为能力人可由法定代理人代为行使或征得法定代理人同意后行使之规定，但是并不意味着该规则的失效，而应理解为继承权与其他民事权利一样统一适用总则编代理制度之规定。

继承权的保护，核心的意义是指合法继承人的继承权受到他人侵害时，继承人可以在法律规定的期限内通过诉讼程序请求人民法院予以保护，从而使继承权恢复到继承开始时的状态。法理上称之为继承恢复请求权的行使，该权利的行使必须以继承权受到侵害为前提，包括请求返还遗产的权利和请求确认继承人资格的权利。

典型案例

陈某 1、陈某 2 与陈某 3 等遗嘱继承纠纷案

关键词：保护继承权

裁判摘要：残疾人的继承权依法不受侵犯。本案中陈某 1 虽身体有严重残疾，但作为出嫁女，其父母在处分遗产时，并未坚持当地民间传统中将房产只传男不传女的习惯，将案涉部分房产以遗嘱的形式明确由身体有残疾的陈某 1 继承。人民法院通过判决的形式依法确认了遗嘱的效力，切实保护了陈某 1 的财产继承权，为陈某 1 日后的生活所需提供了坚实的物质保障。

基本案情：陈某 1 系双下肢瘫痪的残疾人，因其大嫂陈某 3 意图占有陈某 1 父母遗嘱留给陈某 1 及其弟陈某 2 的房产，陈某 1、陈某 2 向人民法院起诉，请求确认某楼房第一层归陈某 1 所有；判决确认某楼房第二层至第六层东边全部归陈某 2 占有、使用。人民法院在依法确认遗嘱效力的基础上，根据查明的

案涉房屋还未取得房屋管理部门颁发的房屋所有权证书的事实，判决案涉房屋的占有、使用的权益依照遗嘱内容分别由陈某1、陈某2继承。

【审理法院】海南省海口市中级人民法院

【来　　源】最高人民法院2016年发布的10起残疾人权益保障典型案例

第一千一百二十一条　继承从被继承人死亡时开始。

相互有继承关系的数人在同一事件中死亡，难以确定死亡时间的，推定没有其他继承人的人先死亡。都有其他继承人，辈份不同的，推定长辈先死亡；辈份相同的，推定同时死亡，相互不发生继承。

关联规定

法律、行政法规、司法解释

1.《中华人民共和国保险法》

第四十二条　被保险人死亡后，有下列情形之一的，保险金作为被保险人的遗产，由保险人依照《中华人民共和国继承法》的规定履行给付保险金的义务：

（一）没有指定受益人，或者受益人指定不明无法确定的；

（二）受益人先于被保险人死亡，没有其他受益人的；

（三）受益人依法丧失受益权或者放弃受益权，没有其他受益人的。

受益人与被保险人在同一事件中死亡，且不能确定死亡先后顺序的，推定受益人死亡在先。

2.《最高人民法院关于适用〈中华人民共和国民法典〉继承编的解释（一）》

第一条　继承从被继承人生理死亡或者被宣告死亡时开始。

宣告死亡的，根据民法典第四十八条规定确定的死亡日期，为继承开始的时间。

条文释义

一、本条主旨

本条是关于继承开始时间和死亡时间推定的规定。

二、条文演变

本条的两款分别沿用了原《继承法》第2条和原《继承法意见》第2条的规定。第1款明确规定继承从被继承人死亡时开始，沿用了原《继承法》第2条的表述。第2款规定了特定情形下死亡时间的推定规则，沿用了原《继承法意见》第2条的规定，该条规定："相互有继承关系的几个人在同一事件中死亡，如不能确定死亡先后时间的，推定没有继承人的人先死亡。死亡人各自都有继承人的，如几个死亡人辈份不同，推定长辈先死亡；几个死亡人辈份相同，推定同时死亡，彼此不发生继承，由他们各自的继承人分别继承。"显然，第2款沿袭了原《继承法意见》第2条确立的相互有继承关系的数人在同一事件中死亡且难以确定死亡时间情形下的死亡时间推定规则，但是在文字表达上更加精准。

三、条文解读

本条用两款分别规定了继承开始的时间和死亡时间的推定。理解上应当把握继承开始的法律意义及继承开始时间的认定两个方面。本条第1款规定：继承从被继承人死亡时开始，即被继承人死亡的时间就是继承开始的时间。

（一）继承开始时间的法律意义

继承法律关系的产生，与其他法律关系的产生一样，需要以一定的法律事实为根据。能够引起继承法律关系产生的法律事实，只有被继承人的死亡。换言之，继承的开始意味着继承法律关系的形成，故继承开始的时间具有特定的法律意义。

1. 确定继承人、受遗赠人的范围

实质是继承法律关系主体的确定，只有继承开始，继承的主体才得以确定，继承未开始，则不存在确定继承主体的问题，也不可能确定继承的主体。

应当从以下三方面理解：（1）不是所有法定继承人或有其他扶养关系的人均可以成为继承人。继承开始时已经与被继承人解除婚姻关系或其他扶养关系的人，已因法定原因丧失继承权的人，都不能成为继承人。（2）只有继承开始时生存的法定继承人、遗嘱继承人、其他被扶养人，才能成为继承人，被继承人的配偶或父母已经死亡或者与被继承人同时死亡的不能成为继承人；被继承人子女先于其死亡的，由该子女的直系晚辈血亲代位继承；被继承人的兄弟姐妹先于被继承人死亡的，由该兄弟姐妹的子女代位继承。（3）只有在继承开始时已受胎的胎儿才具有继承或受遗赠的资格。继承开始时尚未受胎的胎儿也不具有继承的资格。

2. 确定遗产的范围

遗产是被继承人死亡时所遗留的个人的合法财产和财产权利。被继承人生前，其财产和财产权利的形态、数额等随时会发生变化，具有不确定性。只有在继承开始时，被继承人的财产和财产权利范围才能确定并成为遗产。即只有在继承开始时属于被继承人的个人合法的财产才是遗产。应当从以下四方面理解：（1）继承开始前，被继承人已经处分的财产不是遗产。（2）被继承人与他人的共有财产，如夫妻共有财产、家庭共有财产、合伙共有财产等，继承开始首先导致共有终止，同时应当按照继承开始的时间确定被继承人的财产份额以确定遗产范围。（3）因被继承人死亡而取得的抚恤金、赔偿金等，系被继承人死亡后取得，且抚恤、赔偿的对象不是被继承人，而是其近亲属，故不属于遗产。（4）继承开始后，继承人往往并不立即分割遗产，在继承开始到遗产分割的期间内，遗产可能会发生形态、数额、价值的变化，如毁损、灭失，或者增值等，会影响最后分配的遗产，这属于遗产的保管、使用、收益或风险的范畴，不影响继承开始时遗产范围的确定。

3. 确定遗产所有权转移的时间

《民法典》第 230 条规定："因继承取得物权的，自继承开始时发生效力。"被继承人死亡事实一旦发生，其遗产的所有权即发生转移，且不需要以公示作为物权变动的要件。继承人为一人的，遗产自继承开始由其单独所有；继承人为数人的，遗产转由数人共有，其后如果依法分割，各继承人对遗产享有的权利溯及至继承开始。

4. 确定遗嘱效力的时间

遗嘱是遗嘱人生前处分其死后遗留财产的一种法律行为。遗嘱人立有合法有效的遗嘱是发生遗嘱继承的法律事实之一。遗嘱虽然是遗嘱人生前的意思表示，但发生效力的时间却是在继承开始之时，即遗嘱人死亡之时。在继承开始之前，遗嘱尚不发生法律效力，遗嘱人可以变更或撤销遗嘱。继承开始，遗嘱即发生法律效力，产生执行力。遗赠作为自然人通过遗嘱处分遗产的一种方式，发生法律效力的时间也应当按照继承开始的时间确定。

5. 确定应继承份额的时间

根据《民法典》第1130条规定，继承遗产的份额，以均等为原则，但是同时应当考虑：是否有生活困难又缺乏劳动能力的继承人、对被继承人尽了主要扶养义务或与被继承人共同生活的继承人、有扶养能力和扶养条件而不尽扶养义务的继承人、丧失继承权的继承人等。上述确定继承份额的时间是继承开始的时间，而不是遗产实际分割的时间；对于影响继承份额的应当特别考虑的继承人的特殊情况，也应当基于继承开始时的继承人的状况认定。

6. 确定最长诉讼时效起算点的时间

继承人享有继承恢复请求权，在其继承权受到侵害时，可以行使该请求权，请求人民法院予以保护。根据《民法典》第188条规定，继承权纠纷提起诉讼的期限为3年，自继承人知道或者应当知道其权利受到损害以及义务人之日起计算，但继承权保护的最长时效为20年，其起算点应为继承开始之日。

7. 确定继承法律关系相关的权利、义务

继承法律关系的主体也享有权利并应当履行义务，相关的权利和义务在继承开始时得以确定，继承主体开始行使或履行。比如：（1）继承开始之时继承权、受遗赠权由期待权转为既得权。从继承开始到遗产分割之前，继承人可以表示放弃继承权，放弃表示的效力追溯到继承开始的时间。在继承开始前则不能预先放弃继承权，预先放弃继承权并不产生法律效力。（2）知道被继承人死亡的继承人负有继承开始的通知义务。（3）遗产保管人应当开始履行遗产保管义务。（4）继承人为数人的，如果依法分割遗产，各继承人对遗产享有的权利或者说财产分割的效力溯及至继承开始之时。

（二）被继承人死亡时间的确定与推定

死亡从法律上而言，包括自然死亡与宣告死亡。

1. 自然死亡时间的确定

自然死亡，亦称生理死亡，即自然人生命的终结。《民法典继承编解释

（一）》保留了原《继承法意见》第 1 条第 1 款关于“继承从被继承人生理死亡或被宣告死亡时开始”的规定。实践中，确定自然死亡时间应当适用《民法典》第 15 条的规定，即自然人死亡时间的确定标准依次是：以死亡证明记载的时间为准；没有死亡证明的，以户籍登记或者其他有效身份登记记载的死亡时间为准；如果有其他证据足以推翻以上记载时间的，以该证据证明的时间为准。

2. 宣告死亡时间的确定

如果自然人失去音讯处于下落不明的状态达到一定期限，利害关系人可以申请宣告其死亡。关于宣告死亡时间的确定，我国立法经历了判决确定、判决宣告之日到“判决宣告之日 + 意外事件之日”的变化。原《继承法意见》第 1 条第 2 款规定：“失踪人被宣告死亡的，以法院判决中确定的失踪人的死亡日期，为继承开始的时间”；原《民法通则意见》第 36 条规定：“被宣告死亡的人，判决宣告之日为其死亡的日期”。《民法典》第 48 条则区分一般下落不明和因意外事件下落不明分别确定了不同的死亡时间，该条位于《民法典》总则编，继承编当然适用，故《民法典继承编解释（一）》第 1 条第 2 款将宣告死亡时间的确定转引至《民法典》第 48 条，据此认定继承开始的时间。

《民法典》第 46 条第 1 款第 2 项针对因意外事件下落不明的，规定利害关系人可在失踪人下落不明 2 年后申请宣告死亡；第 2 款进一步规定，“经有关机关证明该自然人不可能生存的”，利害关系人申请宣告死亡不受 2 年时间的限制。对第 2 款内容的理解应当注意：（1）因意外事件下落不明的，即使经过有关机关证明该自然人不可能生存，也必须经人民法院依照法定程序宣告死亡，因为“不可能生存”只是对自然人没有保持生命可能性的推断，除人民法院外，任何机关的推断、证明都不具有宣告自然人死亡的效力；（2）因意外事件下落不明被宣告死亡的，不论是否经过有关机关证明该自然人不可能生存，均以意外事件发生之日为其死亡的日期。

3. 死亡时间的推定

数个相互有继承关系的人在同一事件中死亡，又难以确定实际死亡时间的，处理死者之间的相互继承问题，需要通过死亡时间推定制度来确定死亡顺序。整体理解《民法典》本条第 2 款规定，应当认为该款包含四个步骤及相对应的四个具体规则：（1）数人的死亡时间能够确定，应当根据认定的实际死亡时间确定其死亡顺序和彼此的继承关系；（2）数人的死亡时间难以确定，推定没有其他继承人的人先死亡，这是指除了在同一事件中一起死亡的继承人之外，没有其他继承人的死者被推定为先死亡，目的是尽量避免出现遗产无人继承的情况；（3）死者都有其他继承人的，如死者的辈分不同，如父（母）子（女）之间、（外）祖孙之间，则推定长辈先死亡，目的是使继承尽量按照自然的顺序进行；（4）死者都有其他继承人的，如死者的辈分相同，如兄弟姐妹之间、配偶之间，则推定同时死亡，相互不发生继承，其遗产由他们各自的继承人分别继承。从死亡时间推定的角度理解，应当仅指上述后三个步骤和规则，"数个相互有继承关系的人在同一事件中死亡又难以确定实际死亡时间"，是适用死亡时间推定规则的前提。

对于因意外事件并经有关机关确认遇难的自然人，在其自然死亡时间不能确定的情况下，一般认为意外事件发生之日为其死亡的日期。严格来讲，这也是死亡时间的推定。

适用指引

一、继承编的死亡时间推定与保险法的死亡时间推定

死亡时间推定，是指数人在同一事件中死亡，不能确定死亡的先后顺序，为了判断保险金的归属或者解决遗产继承问题，需要推定数人死亡的先后顺序。包括继承编的死亡时间推定与《保险法》的死亡时间推定，二者的区别是：（1）适用目的不同，前者旨在解决遗产继承问题，后者用于判断保险金的归属。（2）适用前提不同，前者要求相互间有继承关系的数人在同一事件中死亡且不能确定死亡顺序，后者要求受益人与被保险人在同一事件中死亡且不能确定死亡顺序。（3）推定的结果不同，前者推定无其他继承人的人死亡在先，均有其他继承人的，推定长辈死亡在先，辈分相同的，推定同时死亡，彼此之间不发生继承；后者推定受益人死亡在先，如果没有其他受益人的，保险金作为被保险人的遗产。

可见，当被保险人与受益人之间存在继承关系时，就两者死亡时间的推定，《民法典》继承编第1121条第2款与《保险法》第42条第2款规定之间存在法律规范适用上的重合，在法律适用上以适用《保险法》第42条第2款的规定更为恰当，主要理由是基于特别法优于一般法的原则，保险金作为与被

保险人相关的一种特殊财产，《保险法》第 42 条是针对保险金作为遗产继承的专门规定，其第 1 款明确保险金作为遗产继承的几种情形，第 2 款单独就被保险人和受益人的死亡时间推定问题作出不同于《民法典》继承编的特别规定。因此，《保险法》第 42 条第 2 款有关死亡时间推定的规定是仅针对保险金作为遗产继承的情况，应优先适用。

二、被宣告死亡的人重新出现，其已经被继承的财产如何处理

被宣告死亡的人重新出现，本人或其利害关系人可以要求法院撤销死亡宣告，被撤销死亡宣告的人有权请求返还财产，其原物已被第三人合法取得的，第三人可不予返还，但依继承编取得原物的自然人或组织，应当返还原物，原物不存在的，应当给予适当补偿。

第一千一百二十二条　遗产是自然人死亡时遗留的个人合法财产。依照法律规定或者根据其性质不得继承的遗产，不得继承。

关联规定

一、法律、行政法规、司法解释

1.《中华人民共和国保险法》

第四十二条　被保险人死亡后，有下列情形之一的，保险金作为被保险人的遗产，由保险人依照《中华人民共和国继承法》的规定履行给付保险金的义务：

（一）没有指定受益人，或者受益人指定不明无法确定的；

（二）受益人先于被保险人死亡，没有其他受益人的；

（三）受益人依法丧失受益权或者放弃受益权，没有其他受益人的。

2.《中华人民共和国公司法》

第七十五条　自然人股东死亡后，其合法继承人可以继承股东资格；但是，公司章程另有规定的除外。

3.《中华人民共和国个人独资企业法》

第十七条　个人独资企业投资人对本企业的财产依法享有所有权，其有关权利可以依法进行转让或继承。

4.《中华人民共和国合伙企业法》

第五十条　合伙人死亡或者被依法宣告死亡的，对该合伙人在合伙企业中的财产份额享有合法继承权的继承人，按照合伙协议的约定或者经全体合伙人一致同意，从继承开始之日起，取得该合伙企业的合伙人资格。

有下列情形之一的，合伙企业应当向合伙人的继承人退还被继承合伙人的财产份额：

（一）继承人不愿意成为合伙人；

（二）法律规定或者合伙协议约定合伙人必须具有相关资格，而该继承人未取得该资格；

（三）合伙协议约定不能成为合伙人的其他情形。

合伙人的继承人为无民事行为能力人或者限制民事行为能力人的，经全体合伙人一致同意，可以依法成为有限合伙人，普通合伙企业依法转为有限合伙企业。全体合伙人未能一致同意的，合伙企业应当将被继承合伙人的财产份额退还该继承人。

第八十条 作为有限合伙人的自然人死亡、被依法宣告死亡或者作为有限合伙人的法人及其他组织终止时，其继承人或者权利承受人可以依法取得该有限合伙人在有限合伙企业中的资格。

5.《中华人民共和国著作权法》

第十条 著作权包括下列人身权和财产权：

……

（五）复制权，即以印刷、复印、拓印、录音、录像、翻录、翻拍、数字化等方式将作品制作一份或者多份的权利；

（六）发行权，即以出售或者赠与方式向公众提供作品的原件或者复制件的权利；

（七）出租权，即有偿许可他人临时使用视听作品、计算机软件的原件或者复制件的权利，计算机软件不是出租的主要标的的除外；

（八）展览权，即公开陈列美术作品、摄影作品的原件或者复制件的权利；

（九）表演权，即公开表演作品，以及用各种手段公开播送作品的表演的权利；

（十）放映权，即通过放映机、幻灯机等技术设备公开再现美术、摄影、视听作品等的权利；

（十一）广播权，即以有线或者无线方式公开传播或者转播作品，以及通过扩音器或者其他传送符号、声音、图像的类似工具向公众传播广播的作品的权利，但不包括本款第十二项规定的权利；

（十二）信息网络传播权，即以有线或者无线方式向公众提供，使公众可以在其选定的时间和地点获得作品的权利；

（十三）摄制权，即以摄制视听作品的方法将作品固定在载体上的权利；

（十四）改编权，即改变作品，创作出具有独创性的新作品的权利；

（十五）翻译权，即将作品从一种语言文字转换成另一种语言文字的权利；

（十六）汇编权，即将作品或者作品的片段通过选择或者编排，汇集成新作品的权利；

（十七）应当由著作权人享有的其他权利。

著作权人可以许可他人行使前款第五项至第十七项规定的权利，并依照约定或者本法有关规定获得报酬。

著作权人可以全部或者部分转让本条第一款第五项至第十七项规定的权利，并依照约定或者本法有关规定获得报酬。

第二十一条 著作权属于自然人的，自然人死亡后，其本法第十条第一款第五项至第十七项规定的权利在本法规定的保护期内，依法转移。

6.《中华人民共和国农村土地承包法》

第十六条 家庭承包的承包方是本集体经济组织的农户。

农户内家庭成员依法平等享有承包土地的各项权益。

第三十二条 承包人应得的承包收益，依照继承法的规定继承。

林地承包的承包人死亡，其继承人可以在承包期内继续承包。

第五十四条 依照本章规定通过招标、拍卖、公开协商等方式取得土地经营权的，该承包人死亡，其应得的承包收益，依照继承法的规定继承；在承包期内，其继承人可以继续承包。

7.《中华人民共和国社会保险法》

第十四条 个人账户不得提前支取，记账利率不得低于银行定期存款利率，免征利息税。个人死亡的，个人账户余额可以继承。

8.《中华人民共和国海域使用管理法》

第二十七条第三款 海域使用权可以依法继承。

9.《中华人民共和国台湾同胞投资保护法》

第五条 台湾同胞投资者投资的财产、工业产权、投资收益和其他合法权益，可以依法转让和继承。

10.《最高人民法院关于适用〈中华人民共和国民法典〉继承编的解释（一）》

第二条 承包人死亡时尚未取得承包收益的，可以将死者生前对承包所投入的资金和所付出的劳动及其增值和孳息，由发包单位或者接续承包合同的人

合理折价、补偿。其价额作为遗产。

第三十九条　由国家或者集体组织供给生活费用的烈属和享受社会救济的自然人，其遗产仍应准许合法继承人继承。

11.《最高人民法院关于审理涉及农村土地承包纠纷案件适用法律问题的解释》

第二十三条　林地家庭承包中，承包方的继承人请求在承包期内继续承包的，应予支持。

其他方式承包中，承包方的继承人或者权利义务承受者请求在承包期内继续承包的，应予支持。

二、司法指导性文件

《最高人民法院关于空难死亡赔偿金能否作为遗产处理的复函》

空难死亡赔偿金是基于死者死亡对死者近亲属所支付的赔偿。获得空难死亡赔偿金的权利人是死者近亲属，而非死者。故空难死亡赔偿金不宜认定为遗产。

条文释义

一、本条主旨

本条是关于遗产范围的规定。

二、条文演变

关于遗产的范围，原《继承法》第3条以“概括+列举”的模式规定：“遗产是公民死亡时遗留的个人合法财产，包括：（一）公民的收入；（二）公民的房屋、储蓄和生活用品；（三）公民的林木、牲畜和家禽；（四）公民的文物、图书资料；（五）法律允许公民所有的生产资料；（六）公民的著作权、专利权中的财产权利；（七）公民的其他合法财产。”原《继承法》起草制定时，我国的市场经济尚未确立，人民群众拥有的财产有限，私人财产观念也不强，列明遗产的范围在技术上易操作，也有利于提高人民群众的权利意识。随着社会主义市场经济的不断发展，经济生活中财产的种类丰富多样，新的财产类型不断出现，《民法典》总则编也规定了各种财产权的种类，同一部法典之内没有必要在继承编重复列明可作为遗产的各种财产类型。因此，《民法典》本条采“正面概括＋反面排除”模式规定可以继承的遗产的范围，一方面保留了原《继承法》第3条的概括式规定，即“遗产是自然人死亡时遗留的个人合法财产”，同时舍弃了原《继承法》第3条的列举式规定，增加反面排除的规定，明确“依照法律规定或者根据其性质不得继承的遗产，不得继承”。

三、条文解读

作为财产所有权转移的一种法律制度，继承开始时，首先要解决的问题就是确定遗产的范围。本条有两款，第1款概括地规定，遗产是自然人死亡时遗留的个人合法财产；第2款以排除方式规定，依照法律规定或者根据其性质不得继承的除外。两款相结合，明确了遗产的概念和遗产的范围。

（一）遗产的概念和性质

遗产是继承法律关系的客体、继承权的标的，其概念取决于立法所确定的界定遗产范围的依据。根据本条规定，遗产是指自然人死亡时遗留的个人合法财产，但是依照法律规定或者根据其性质不得继承的除外。关于遗产的性质，从其权利内容的角度，大陆法系国家和英美法系国家持不同的态度。大陆法系国家多秉承罗马法上的“总括继承原则”，在继承立法中将被继承人所遗留的各种权利和义务均纳入遗产的范畴，并在理论上将其区分为积极财产和消极财产，即财产权利和义务。而英美法系国家由于在遗产继承中实行遗产信托制度，被继承人生前所负债务不属于遗产，被继承人所遗留的财产首先扣除其债务，其余部分才交付继承人用于遗嘱继承或法定继承，因而遗产只包括财产权利不包括债务。结合《民法典》第1159条、第1162条关于遗产处理中在分割遗产或执行遗赠时，原则上应当先以遗产缴纳税款、清偿债务规定，可见我国实行有限继承，继承人在继承遗产时同时承担被继承人的债务，但只在继承遗产的限额内负担债务。通说认为，我国的遗产既包括积极遗产又包括消极遗产。积极遗产指被继承人生前享有的财产和可以继承的其他合法权益，如债权和财产权益等；消极遗产指被继承人生前所欠的税款和个人债务。

（二）遗产范围的规范模式选择

遗产范围的界定取决于规范模式的选择。目前，关于遗产范围界定的规则，通说认为有三种规范模式：（1）“正面概括 + 列举”模式。如原《继承法》第 3 条关于“遗产范围”的规范模式，先正面规定什么是遗产，然后列举遗产包括的主要财产形态并以“其他合法财产”兜底。（2）“正面概括 + 反面排除”模式。先正面规定什么是遗产，然后从反面对不属遗产的部分予以排除。（3）“正面列举 + 排除”模式。首先列举属于遗产的财产类型，然后对不属遗产的部分予以排除。如《葡萄牙民法典》，首先列举属于遗产的四类财产，然后将基于性质或法律规定随主体死亡而消亡的排除在外。

《民法典》采用了第二种即“正面概括 + 反面排除”模式，主要是为了避免单一规范模式的弊端：一方面，应避免列举式不适应社会发展的局限。现代社会的民事权利是一个开放的体系，财产权利会随着社会经济和社会生活的变化而变化，财产类型和内容不断丰富，列举遗产范围难免会出现漏洞，不利于法的稳定性和统一实施。另一方面，应弥补概括式忽视个例的不足。“正面概括”模式作为一种高度抽象的规则描述，必然存在不能涵盖的例外情形，如国有或集体所有资源的使用权益，特别是我国疆域辽阔，社会习惯、善良风俗也有较大差异，从反面对遗产范围作出限制，可以使法律具有更好的适应性。另外，从正、反两方面规范遗产范围的模式也为很多国家和地区所采用，如《日本民法典》《葡萄牙民法典》《瑞士民法典》《俄罗斯民法典》以及我国澳门特别行政区民法典等，均采用正面概括加反面排除的方式规定遗产范围。因此，对遗产范围的理解和确定，应综合运用“正向概括 + 反向排除”的逻辑思维路径。

（三）遗产范围的正面概括

遗产范围的正面概括可以从遗产的概念、特征把握以下要素。

1. 时间性

因被继承人死亡其财产才成为遗产，同时因继承发生财产所有权的转移，所以界定遗产的时间是特定的，被继承人的死亡时间是界定遗产范围的时间点。换言之，能够作为遗产的财产必须是在被继承人死亡前就已存在，死亡后产生的财产不能作为遗产，比如被继承人的死亡赔偿金产生于其死亡之后，不属于遗产。

2. 财产性

继承的对象只能是财产或财产性权益，所以能够作为遗产的客体必须具有财产性。非财产性权利，如人格权、身份权或相关权益不得作为遗产继承。如《著作权法》第 10 条第 1 款第 1 项至第 4 项规定的发表权、署名权、修改权和保护作品完整权只能由作者本人行使，具有身份属性，属于作者的人身权，不能作为遗产继承。但是随着社会经济的发展，财产权与人身权亦有融合，即财产权中含有人身权的内容，人身权中也含有财产权的内容。前者表现为一些通过财产而取得的身份可以成为继承的客体，比如通过投资而取得的股东地位等；后者如《著作权法》第 10 条第 1 款第 5 项至第 17 项规定的复制权、发行权、出租权等，著作权人可以通过许可他人行使或者予以转让获得报酬，属于财产性权利，这类客体，因其身份性表象之下含有财产性，可以作为遗产。

3. 个体性

遗产的所有者只能是自然人，而且能够作为遗产的财产只能以被继承人的个人财产为限，非以被继承人名义享有的财产不是其遗产，也不能将被继承人与他人共有的财产全部列入遗产。在我国，有些财产性权益只能属于家庭共有，比如根据《农村土地承包法》《土地管理法》的相关规定，获得土地承包经营权、宅基地使用权的主体以户为单位，这些权利的主体是家庭户，并不属于某个家庭成员，家庭中的个别成员死亡不能使这些权益转化为遗产。另外，被继承人与他人共有的财产，如夫妻共有财产、合伙共有财产，只有属于被继承人的份额才是遗产，财产未分割的不影响该份额的遗产性质。

4. 合法性

作为遗产的个人财产必须是合法取得的。本条第 1 款中的“合法财产”，就是指财产来源的合法性，应当是自然人基于合法依据取得的财产。依此规定，非法取得的财产，包括违反公序良俗取得的财产，是不能作为遗产的。如根据《民法典继承编解释（一）》第 39 条的规定：由国家或者集体组织供给生活费用的烈属和享受社会救济的自然人的遗产，因其来源合法，继承人可以继承。犯罪分子非法获得的财产，如诈骗、盗窃所得，不能作为遗产。

关于确定遗产范围应把握的时间性、财产性、个体性，在理论和实务中是有共识的，对于合法性要素则存在争议。

“肯定说”认为，应将遗产定位为“个人合法财产”，也即遗产的法律概括中必须包含合法性的限定，只有具有合法性的财产才能成为遗产。主要理由是：（1）作为规范遗产范围的立法，关于个人财产的界定必须符合法律的基本要求；（2）立法应当顺应我国民众的思维习惯，使之更容易被社会公众所接受；（3）继承是自然人通过法定形式取得财产的方式之一，如果不对个人财产进行合法性限定，可能会使原本非法取得的财产进入继承法律关系并由继承人继受，使之合法化而难以追回。所以，满足合法性应当是立法的选择。

“否定说”认为，合法性要素并非界定遗产内涵的必要限制，将“合法性”作为判定被继承人生前个人财产是否属于遗产的依据，虽从道德情感层面迎合了人们对于遗产的常规理解，但忽视了继承法关于遗产范围规则的定位，并不科学，应排除“合法性”的限定。主要理由有四个方面：（1）继承人无法判断财产的合法性，也没有相应的条件或资质；（2）继承人无义务也无责任辨明遗产的合法性；（3）不要求遗产的“合法性”并不意味着承认任何来源的财产均可通过继承合法化，一些国家和地区采取的方式是共同继承人之间对所继承遗产可能存在的权利瑕疵互负担保责任；（4）继承制度的初衷是解决财产主体的转化问题，以填补因被继承人死亡所产生的财产关系空白，并不解决或判断财产的合法性问题，该问题可以由继承法之外的其他法律规范解决。实际生活中，如果被继承人的生前个人财产确实存在不合法的情况，应当依照法律规定，承担相应的民事、刑事或行政责任。

两种观点比较，对财产的“合法性”不予限定的观点似更为科学、合理，但《民法典》本条仍沿用财产的“合法性”限制，其意义并不是从实际操作层面出发，也并非旨在解决继承人能否辨别、鉴定遗产合法性的问题，而在于表达法的宣示意义，这反映了立法的价值观，具有指引、评价、教育、预防功能，甚至具有相当的执行力和强制性。这无论对被继承人生前准备传承个人的财产，还是被继承人死亡后，继承人承受被继承人的财产，都具有规范意义，能够发挥潜在的规范效能。如果遗产非合法财产，则被继承人遗留的财产即使被继承，也具有不稳定性；而如果继承人知道被继承人遗产有非法性，则应对继承的财产承担风险。

（四）遗产范围的排除

遗产范围的排除，是指根据本条第2款的规定对遗产范围进行的反向排除，以明确被继承人死亡时哪些特殊财产不能作为遗产予以处理。

《民法典》本条关于遗产的排除明确了两个原则，即从两方面界定应当排除于遗产范围的财产：一是依照法律规定不得继承的；二是根据其性质不得继承的。

1. 依照法律规定不能继承的财产权利

这类权利包括自然资源使用权、宅基地使用权、土地承包经营权、生前基于合同关系占有的他人的财产、指定了受益人的保险金等。

（1）自然资源使用权。自然资源使用权并非法律概念，而是理论上对各类开发利用自然资源权利的统称。按自然资源的类别，自然资源使用权可以分为土地、草原、森林、矿产、水、海洋、野生动植物资源使用权等。从取得依据看，自然资源使用权有私法性质与公法性质之分。所以，广义上的自然资源使用权是指自然人、法人或者其他民事主体依法或依合同或依行政许可而获得的获取某种除土地与海域以外的特定资源的权利；狭义上的自然资源使用权仅指权利人依行政许可获得的对自然资源使用收益的权利，如探矿权、采矿权、取水权、养殖权和捕捞权等。这些权利具有物权性质，受物权法保护，但是基于权利主体资格的严格限制，其使用权只能由经政府许可的特定人享有，具有不可转让性，也不能作为遗产继承。享有自然资源利用权的自然人死亡后，继承人意欲取得自然资源使用权的，必须另行经主管部门批准，不能基于继承而当然取得。

（2）宅基地使用权。即农村宅基地使用权，是农村居民在依法取得的集体经济组织所有的宅基地上建造房屋及其附属设施，并对宅基地进行占有、使用和有限制处分的权利。它是我国特有的一项独立的用益物权，具有严格的身份性、无偿使用性、永久使用性、从属性及范围的严格限制性等特点。该权利因与集体经济组织成员资格、身份有关，具有专属性和福利性，只能由特定的民事主体享有。同时，宅基地是农村居民以户为单位取得，户的每位家庭成员对该户的宅基地均享有使用权。根据《土地管理法》规定，宅基地使用权不能向本集体经济组织成员以外的主体转让，在本集体经济组织成员之间转让的，需同时满足征得集体经济组织同意、与地上合法建造的房屋一并转让、符合“一户一宅”原则的要求；也不能单独成为继承的遗产。但因为宅基地与房屋不可分离，而法律并未限制房屋的转让和继承，故基于“房地一体原则”，在房屋被转让和继承时，宅基地使用权也随之转移。自然资源部经商有关部门于

2020年9月9日发布的《对十三届全国人大三次会议第3226号建议的答复》（自然资人议复字〔2020〕089号）中之“六”明确：“关于农村宅基地使用权登记问题。农民的宅基地使用权可以依法由城镇户籍的子女继承并办理不动产登记。根据《继承法》规定，被继承人的房屋作为其遗产由继承人继承，按照房地一体原则，继承人继承取得房屋所有权和宅基地使用权，农村宅基地不能被单独继承。《不动产登记操作规范（试行）》明确规定，非本农村集体经济组织成员（含城镇居民），因继承房屋占用宅基地的，可按相关规定办理确权登记，在不动产登记簿及证书附记栏注记‘该权利人为本农民集体经济组织原成员住宅的合法继承人’。”

（3）被继承人生前承租或借用他人的财产。承租的有关机器、设备、厂房、房屋等动产或不动产，被继承人虽有使用权，但并无所有权，法律禁止将此种财产性权利作为遗产继承，已普遍为我国民众接受。借用他人的财产，其财产所有权主体也非被继承人，如果划入遗产范围，将带来不必要的权利归属混乱。

（4）指定受益人的保险金。实践中，虽然被继承人交纳保险费，但如果该种保险指定的受益人并非被继承人自己，而是他人，当继承关系发生时，因受益人并非被继承人，该种财产性权利并不属于被继承人，则不能将之纳入遗产处理。

2. 根据权利性质不能继承的财产

主要指与被继承人人身有关的专属性权利。这类财产因具有严格的人身专属性和依附性，不具有可转让性。如被继承人基于婚姻家庭关系享有的扶养费请求权、抚养费请求权、赡养费请求权；被继承人基于侵权关系享有的人身损害赔偿请求权；被继承人基于特别信任关系享有的财产权利，如因劳动、雇佣、委托、演出合同等享有的权利等。上述法律关系中具有人身专属性的财产权利，权利人死亡将导致权利丧失，不能成为转让和继承的对象。

综上，除财产的“合法性”限定和《民法典》所作排除性规定外，一切个人的财产均可以作为遗产。这种正面概括规定，大大拓展了遗产的范围，将现有财产如物权、债权、知识产权、股权等全部纳入其中，而且为网络虚拟财产权、数据财产权等已经出现或未来可能出现的新型财产权等也留足了空间。

适用指引

实践中，认定遗产范围的难点集中于以下几种权利能否作为遗产。

一、关于土地承包经营权能否作为遗产

土地承包经营权的家庭承包方式是指以农村集体经济组织的每一个农户家庭全体成员为一个生产经营单位，作为承包人承包农民集体的耕地、林地、草地等农业用地，对于承包地按照本集体经济组织成员是人人平等地享有一份的方式进行承包。即家庭承包方式以户为生产经营单位，承包方只能是承包地所属的集体经济组织的成员，凡是集体经济组织成员应当人人有份的耕地、林地和草地等农村土地，都应当实行家庭承包的方式。

（一）土地承包收益属于遗产

在各类土地承包中，被继承人死亡时已经取得或者应当取得的收益，依法属于其遗产，也是实践中的共识。《民法典继承编解释（一）》第2条规定："承包人死亡时尚未取得承包收益的，可以将死者生前对承包所投入的资金和所付出的劳动及其增值和孳息，由发包单位或者接续承包合同的人合理折价、补偿。其价额作为遗产。"据此，承包人生前对土地所投入的资金、付出的劳动及其增值和孳息等，也应当属于承包人的财产，其价额作为遗产。

（二）土地承包经营权原则上不能继承

土地承包经营权本身能否作为遗产继承，对此问题的判断，应当基于农村土地承包经营权的社会保障性考量，并以相关的法律规定为依据。

根据《农村土地承包法》第16条第1款的规定，家庭承包的承包方是本集体经济组织的农户，即家庭承包是以农户为生产经营单位进行的承包，土地家庭承包经营权不属于某一个家庭成员，承包户家庭中部分成员死亡的，承包关系不变，其他成员以该户的名义继续承包经营，因此，不发生继承问题。非承包户成员不能基于继承权主张对土地承包经营的权利，否则会与农村集体土地制度保障"人人有份"的基本原则发生冲突。同时根据该条第2款规定，农户内家庭成员依法平等享有承包土地的各项权益，故农户家庭成员对土地承包经营权形成共同共有关系，部分成员死亡的，其内部权利义务关系适用

共同共有的规则进行调整，彼此不发生继承关系。家庭成员全部死亡的，因农户已不存在，家庭承包经营权因权利主体消灭而丧失，承包地应由村集体收回重新发包，不存在承包经营权的继承问题。所以，土地承包经营权原则上不得继承。

（三）林地家庭承包经营权可以继承

土地承包经营权不可继承在我国法律上也存在例外。《农村土地承包法》第 32 条第 2 款规定："林地承包的承包人死亡，其继承人可以在承包期内继续承包"；《农村土地承包纠纷解释》第 23 条第 1 款规定："林地家庭承包中，承包方的继承人请求在承包期内继续承包的，应予支持"。据此，林地承包的承包人在承包期内死亡的，其继承人可以基于继承权主张在承包期内继续承包。这主要是考虑种植树木的收益周期长，承包期相对也较长，故在承包期内允许继承人继承承包经营权。

（四）土地经营权可以继承

《农村土地承包法》第 54 条除规定以其他方式承包取得土地经营权的承包人死亡，其应得的承包收益依照继承法的规定继承外，还规定"在承包期内，其继承人可以继续承包"。以其他方式承包取得的土地经营权，承包主体没有身份限制，承包标的不具有社会保障性，发包方式呈现市场化属性，土地经营权的财产属性更为明显，《民法典》将其从原有的土地承包经营权体系中剥离，也是对此种承包方式主体平等性、权利配置市场性、权益财产性的尊重，因此，在承包期内允许继承人继承土地经营权。

二、关于虚拟财产能否继承

虚拟财产一般指狭义的数字化、非物化的财产形式，包括邮件账号、网络账号、金融管理账号、社交账号、网络游戏、游戏装备、虚拟货币、网络店铺、网络电子信息等，这些虚拟财产在一定条件下可以转化成现实中的财产。《民法典》第 127 条规定："法律对数据、网络虚拟财产的保护有规定的，依照其规定。"该条以委任性规则将虚拟财产的界定、性质、保障等交由其他法律另行规定。同时，随着现实社会向网络空间的扩张，网络空间与现实世界的联系愈加紧密，互联网经济、文化等社会活动中形成的虚拟财产种类日益繁多，虚拟财产的范围不断扩展，所以，司法领域对虚拟财产的范围认定、权利定性、救济方式还处于探索之中。在继承法领域，普遍认为虚拟财产可以继承，前提是虚拟财产需具备财产的三大属性，即可支配性、价值和使用价值，但是对于哪些属于个人的虚拟财产，尚未形成共识，也面临法律适用上的障碍。如淘宝网规定，店铺只有在法律规定或法律文书裁定且淘宝网同意的情况下才能被继承。随着法律和司法解释的进一步规定或明确，有关虚拟财产的保护范围将越来越广泛，其中可以作为继承客体的财产将越来越清晰。

三、因被继承人死亡而获得的死亡赔偿金能否作为遗产继承

死亡赔偿金是指被侵权人因侵权人的侵权行为而死亡，侵权人应当支付给被侵权人近亲属的金钱赔偿。其意义在于维持被侵权人近亲属与被侵权人死亡前大致相当的物质生活水平。从性质上看，死亡赔偿金是对近亲属自身利益受损进行的救济，而不是对被侵权人生命本身的赔偿；从权利主体上看，死亡赔偿金请求权是近亲属依据《民法典》侵权责任编自身享有的损害赔偿请求权，而不是依据《民法典》继承编从被侵权人继承所得的财产性权利；从时间上看，死亡赔偿金虽源于被继承人死亡，但其产生和取得是在被继承人死亡后。因此，死亡赔偿金不属于被继承人遗留的财产范围。对此，最高人民法院在《关于空难死亡赔偿金能否作为遗产处理的复函》(〔2004〕民一他字第 26 号）即已明确空难死亡赔偿金是基于死者死亡对死者近亲属所支付的赔偿，获得空难死亡赔偿金的权利人是死者近亲属，而非死者，故空难死亡赔偿金不宜认定为遗产。该复函对于各类死亡赔偿金归属的认定均有指导意义。

类案检索

徐某某、刘某 1 与刘某 2、刘某 3 法定继承纠纷案

关键词： 土地征收补偿款　农户成员死亡　家庭成员共同享有

裁判摘要： 土地征收补偿款的主要目的是对失地农民预期损失的补偿，是对农民将来生产、生活的保障，只有现有农户成员才能获得，已经死亡或者丧失农户成员资格的人，不能成为享受土地征收补偿的权利主体。故土地征收补

偿款不属于承包收益，不属于农户成员死亡时遗留的个人合法财产，不能依照继承法作为遗产继承，该款项应由同户籍家庭成员共同享有。

【案　　号】（2019）渝01民终961号

【审理法院】重庆市第一中级人民法院

第一千一百二十三条　继承开始后，按照法定继承办理；有遗嘱的，按照遗嘱继承或者遗赠办理；有遗赠扶养协议的，按照协议办理。

关联规定

法律、行政法规、司法解释

《最高人民法院关于适用〈中华人民共和国民法典〉继承编的解释（一）》

第三条　被继承人生前与他人订有遗赠扶养协议，同时又立有遗嘱的，继承开始后，如果遗赠扶养协议与遗嘱没有抵触，遗产分别按协议和遗嘱处理；如果有抵触，按协议处理，与协议抵触的遗嘱全部或者部分无效。

第四条　遗嘱继承人依遗嘱取得遗产后，仍有权依照民法典第一千一百三十条的规定取得遗嘱未处分的遗产。

第三十九条　由国家或者集体组织供给生活费用的烈属和享受社会救济的自然人，其遗产仍应准许合法继承人继承。

条文释义

一、本条主旨

本条是关于法定继承、遗嘱继承和遗赠、遗赠扶养协议效力的规定。

二、条文演变

该条全部来源于原《继承法》第 5 条的规定，即“继承开始后，按照法定继承办理；有遗嘱的，按照遗嘱继承或者遗赠办理；有遗赠扶养协议的，按照协议办理”。

三、条文解读

继承的结果是遗产的权利转移，所以继承是财产权利转移的方式之一。根据《民法典》第 230 条的规定，遗产的权利转移自继承开始时发生效力。关于被继承人死亡后其遗产的处理规则，《民法典》第 1123 条以“按照……办理”的句式，依次规定了法定继承、遗嘱继承或遗赠、遗赠扶养协议四种处理遗产的方式，可统称为继承方式。本条规定充分体现了法律对所有权人处分自己财产意思的尊重，权利人在生前可按照自己的意愿对自己的财产的处理方式作出安排，只有其生前未安排或者所作安排无效时，才适用法定的继承规范。

（一）遗产的继承方式

1. 法定继承

法定继承，是指根据法律直接规定的继承人范围、继承顺序、继承份额、遗产分配原则等继承被继承人遗产的一种继承方式。法定继承具有强行性。

2. 遗嘱继承

遗嘱继承又称“指定继承”，是指按照被继承人生前订立的合法有效的遗嘱确定的继承人、继承顺序、继承份额、遗产分配原则等继承被继承人遗产的一种继承方式。遗嘱继承体现了遗嘱人处分自己财产的自由意志。

3. 遗赠

遗赠，是指自然人通过遗嘱方式将其遗产的一部分或全部赠与法定继承人以外的个人、集体或国家，并于遗嘱人死亡时发生法律效力的行为。

4. 遗赠扶养协议

遗赠扶养协议，是指受扶养人（即遗赠人）与扶养人签订的关于扶养人承担受扶养人生养死葬的义务，受扶养人将自己的财产于死后赠与扶养人的协议。该方式主要出现在遗赠人无人赡养的情况下。

遗赠扶养协议和遗赠不是继承方式，但是因其都是处理遗产的方式，且具有优先适用的效力，《民法典》将其统一规定在一个条文之中。

（二）继承方式之间的关系

继承方式之间的关系主要是指继承开始后，各种继承方式的效力顺位关系。根据本条的规定，因各种继承方式的适用效力依次递增，在确定具体的继承方式时应逆向选择，即继承开始后，依次按遗赠扶养协议、遗嘱或遗赠、法定继承的先后顺序选择具体的继承方式。具体而言，首先，看是否有遗赠扶养协议，有遗赠扶养协议的应先按遗赠扶养协议的约定处理遗产；其次，没有遗赠扶养协议或者尚有协议未处理的遗产，就看是否有有效遗嘱，如有遗嘱且合法有效，由遗嘱继承人或受遗赠人取得遗产；最后，既没有遗赠扶养协议又没有有效遗嘱的，适用法定继承。可见，遗赠扶养协议效力最优，法定继承效力最弱。遗赠扶养协议具有优先于遗赠和遗嘱继承的效力，原因在于遗赠扶养协议性质上是双务有偿合同，而根据遗嘱获得利益的人（遗嘱继承人和受遗赠人）是无偿取得遗产。如上述继承方式都不能适用，按照《民法典》第 1160 条规定处理，即“无人继承又无人受遗赠的遗产，归国家所有，用于公益事业；死者生前是集体所有制组织成员的，归所在集体所有制组织所有”。

适用指引

一、继承方式并存的处理

本条针对各种继承方式的效力顺位进行了规定，但是实践中由于遗嘱效力问题、遗嘱意思表示冲突、遗嘱未处分全部财产、遗嘱对财产进行了多种处理、部分权利人放弃继承或者放弃接受遗赠等原因，经常导致对被继承人的遗产应当适用两种以上继承方式的情形。对于继承方式并存的，应区分不同情况处理：

第一，遗赠扶养协议与遗嘱并存的，即被继承人生前与他人订有遗赠扶养协议，同时又立有遗嘱。此种情形应适用《民法典继承编解释（一）》第 3 条规定选择继承方式：如果遗赠扶养协议与遗嘱没有抵触，遗产分别按协议和遗嘱处理；如果有抵触，应遵循遗赠扶养协议效力优先的规则，按协议处理，与协议抵触的遗嘱全部或者部分无效。

第二，遗嘱继承和遗赠并存的，即被继承人生前通过遗嘱对其财产既指定了继承人又设立了遗赠。如果二者不抵触，即被继承人对其不同的财产分别指定了继承人和受遗赠人，则分别按照遗嘱继承和遗赠处理；如果二者相抵触，即被继承人对其同一财产既指定了继承人又设立了遗赠，属于数份遗嘱内容相抵触的情形，根据《民法典》第 1142 条第 3 款的规定，应当以最后的遗嘱为

准，也就是要审查被继承人所立遗嘱的时间，以设立在后的遗嘱选择适用遗嘱继承或遗赠。

第三，法定继承和遗嘱继承等其他方式并存的，即先后适用遗赠扶养协议和遗嘱继承或遗赠后，尚有协议或遗嘱未处分的遗产，此时应当适用法定继承。《民法典继承编解释（一）》第 4 条规定："遗嘱继承人依遗嘱取得遗产后，仍有权依照民法典第一千一百三十条的规定取得遗嘱未处分的遗产。"此时，遗嘱继承人在法定继承中应根据法定继承的遗产分配原则确定能够继承的遗产份额，不受其是否已经通过遗嘱取得遗产以及取得遗产多少的影响。

二、几种特殊情形下遗产的处理

（一）遗产酌给制度的适用

遗产酌给，是指法定继承人以外的人根据法律规定可以请求分得遗产的制度，是《民法典》本条规定的继承方式之外的独立的处理遗产的方式。《民法典》第 1131 条规定："对继承人以外的依靠被继承人扶养的人，或者继承人以外的对被继承人扶养较多的人，可以分给适当的遗产。"可见，可以适当分得遗产的人的请求权基础源自扶养之事实，对依靠被继承人扶养的人酌给遗产，主要反映了死后扶养的思想基础；对扶养被继承人较多的人酌给遗产，是权利义务对等原则的体现。

继承开始后，可以适当分得遗产的人请求适当分得遗产的，应当与法定继承同时适用。酌情分得遗产权规定在《民法典》"法定继承"一章，因此，与被继承人有扶养关系的继承人以外的人仅在遗产按照法定继承办理时可以请求分给适当遗产。如果被继承人生前以有效的遗嘱或者遗赠扶养协议等处分了其全部遗产，没有为与其有扶养关系的继承人以外的人保留遗产份额，应当尊重被继承人的意思表示，不能以遗产酌给制度取代被继承人已明示的有效的意思表示。[①]

遗产酌给还适用于遗产归国家或者集体所有制组织所有的场合。根据《民法典继承编解释（一）》第 41 条的规定，遗产因无人继承又无人受遗赠归国家或者集体所有制组织所有时，可以分给适当遗产的人提出取得遗产的诉讼请

① 石宏主编：《〈中华人民共和国民法典〉释解与适用·婚姻家庭编继承编》，人民法院出版社 2020 年版，第 200 页。

求，人民法院应当视情况适当分给遗产。

（二）五保户遗产的处理

“五保户”是根据《农村五保供养工作条例》规定，由国家和集体经济组织给予吃、穿、住、医、葬方面的生活照顾和物质帮助的农村五保供养对象。2006年新制定的《农村五保供养工作条例》例第11条规定：“农村五保供养资金，在地方人民政府财政预算中安排。有农村集体经营等收入的地方，可以从农村集体经营等收入中安排资金，用于补助和改善农村五保供养对象的生活”；“中央财政对财政困难地区的农村五保供养，在资金上给予适当补助。”

《民法典继承编解释（一）》第39条规定：“由国家或者集体组织供给生活费用的烈属和享受社会救济的自然人，其遗产仍应准许合法继承人继承。”该规定与现行《农村五保供养工作条例》的立法精神是一致的。司法实践中，对于涉及五保户的遗产纠纷，可以根据《民法典继承编解释（一）》第39条规定的精神予以处理。[①]

① 郑学林、刘敏、王丹：《〈关于适用民法典继承编的解释（一）〉若干重点问题的理解与适用》，载《人民司法》2021年第16期。

第一千一百二十四条　继承开始后，继承人放弃继承的，应当在遗产处理前，以书面形式作出放弃继承的表示；没有表示的，视为接受继承。

受遗赠人应当在知道受遗赠后六十日内，作出接受或者放弃受遗赠的表示；到期没有表示的，视为放弃受遗赠。

关联规定

一、法律、行政法规、司法解释

《最高人民法院关于适用〈中华人民共和国民法典〉继承编的解释（一）》

第三十二条　继承人因放弃继承权，致其不能履行法定义务的，放弃继承权的行为无效。

第三十三条　继承人放弃继承应当以书面形式向遗产管理人或者其他继承人表示。

第三十四条　在诉讼中，继承人向人民法院以口头方式表示放弃继承的，要制作笔录，由放弃继承的人签名。

第三十五条　继承人放弃继承的意思表示，应当在继承开始后、遗产分割前作出。遗产分割后表示放弃的不再是继承权，而是所有权。

第三十六条　遗产处理前或者在诉讼进行中，继承人对放弃继承反悔的，由人民法院根据其提出的具体理由，决定是否承认。遗产处理后，继承人对放弃继承反悔的，不予承认。

第三十七条　放弃继承的效力，追溯到继承开始的时间。

第三十八条　继承开始后，受遗赠人表示接受遗赠，并于遗产分割前死亡的，其接受遗赠的权利转移给他的继承人。

二、司法指导性文件

《第八次全国法院民事商事审判工作会议（民事部分）纪要》

25. 被继承人死亡后遗产未分割，各继承人均未表示放弃继承，依据继承法第二十五条规定应视为均已接受继承，遗产属各继承人共同共有；当事人诉请享有继承权、主张分割遗产的纠纷案件，应参照共有财产分割的原则，不适用有关诉讼时效的规定。

条文释义

一、本条主旨

本条是关于继承、受遗赠的接受与放弃的规定。

二、条文演变

原《继承法》第四章“遗产的处理”第25条第1款、第2款分别规定了继承、受遗赠的接受或放弃，表述为“继承开始后，继承人放弃继承的，应当在遗产处理前，作出放弃继承的表示。没有表示的，视为接受继承”；“受遗赠人应当在知道受遗赠后两个月内，作出接受或者放弃受遗赠的表示。到期没有表示的，视为放弃受遗赠”。该条第1款仅规定继承人放弃继承应当作出明确表示，对于这种表示应采取何种方式，原《继承法》没有作出具体规定。原《继承法意见》第47条规定：“继承人放弃继承应当以书面形式向其他继承人表示。用口头方式表示放弃继承，本人承认，或有其他充分证据证明的，也应当认定其有效。”该条明确规定继承人放弃继承的意思表示应当以书面形式作出，但是同时有条件地承认口头意思表示的效力，即本人自认或者有其他证据证明。鉴于放弃继承无论是对于本人还是对于其他继承人或者利害关系人，都是一项重大的法律行为，《民法典》本条在沿袭原《继承法》第25条规定基本精神的基础上，吸收了原《继承法意见》第47条关于继承人放弃继承应当以书面形式作出表示的规定，将该种表示的方式限定为“书面”。本条第2款沿袭了原《继承法》第25条第2款的规定，只是将受遗赠人作出意思表示的期限由“知道受遗赠后两个月内”改为“知道受遗赠后六十日内”。

三、条文解读

（一）关于继承的放弃与接受

继承权是继承人依法享有的一种权利，继承人可以接受，也可以放弃，现代继承法以尊重继承人的真实意愿为原则，赋予继承人选择权，继承人选择接受或放弃继承，都属于其意思自治的范畴。

1. 放弃继承

放弃继承，是指继承人向遗产管理人或者其他继承人作出不接受继承、不参与遗产分配的意思表示。放弃继承的继承人既可以是法定继承人，也可以是遗嘱继承人。放弃的内容是继承人自己继承被继承人遗产的权利。这是继承人对自己权利的处分，只要不损害社会和他人利益，任何人不得干涉。继承人放弃继承权是一种单方法律行为，只要继承人的意思表示就可成立，无须获得他人认可。

（1）放弃继承的主体。放弃继承的意思表示应当由具有完全民事行为能力的继承人亲自作出。法定代理人一般不能代理无民事行为能力人或限制民事行为能力人作出放弃继承的意思表示，除非不放弃继承会对继承人有利益损害。

（2）放弃继承的形式。继承人放弃继承必须以书面方式作出，即放弃继承只能明示，不能以默示的方式作出。由于放弃继承是继承人对自己重大利益的处分并影响到其他继承人的继承份额，采书面方式可使其谨慎作出选择，并为解决当事人之间就遗产分配可能发生的争议保留证据，《民法典》将放弃继承设计为要式法律行为。《民法典》本条新增规定，放弃继承的意思表示应当以书面方式作出。关于书面形式的认定，可以参考《民法典》合同编第469条关于合同书面形式的规定，凡是能够有形地表现放弃继承意思表示的载体如放弃继承声明书、信函等都可以认定为书面形式，电子数据交换、电子邮件等数据电文能够有形地表现放弃继承意思表示并可以随时调取查用的，视为书面形式。

（3）放弃继承的对象。继承人放弃继承的意思表示可以向遗产管理人或者其他继承人作出，也可以在涉及遗产纠纷的诉讼中向人民法院作出。本条并未明确放弃继承意思表示的对象。但是《民法典》第1145条增设了遗产管理人制度，确定遗产管理人应当是遗产处理的前提，因此，放弃继承的意思表示应当向遗产管理人作出。同时，考虑到实践中大多数普通家庭结构相对简单、财产并不复杂，可能并不存在名义上的遗产管理人。而且，即便明确遗产管理人，也需要在继承开始后一段时间才能确定。因此，《民法典继承编解释（一）》第33条增加规定放弃继承的可以向遗产管理人提出，并保留了“向其他继承人表示”的规定。此外，当事人在遗产继承的诉讼中向人民法院表示放弃继承的，也应当认可该意思表示的合法性。

（4）放弃继承权的限制。《民法典》及现行司法解释对放弃继承权的限制未作明确规定。依理论分析，继承人可以放弃继承权，但是根据权利不得滥用的基本原则，放弃继承不得损害社会和他人利益，如果继承人因放弃继承导致其不能履行法定义务，则应当认定该放弃继承的行为无效。此处的法定义务主要是指依法负有的抚养、扶养或赡养义务。对于放弃继承导致不能履行合同义务的，是否因此认定放弃继承的行为无效，尚需权威解释。

（5）放弃继承的时间要求。放弃继承的意思表示必须在特定时间作出。《民法典继承编解释（一）》第35条进一步明确规定：“继承人放弃继承的意思表示，应当在继承开始后、遗产分割前作出。”所以，继承人放弃继承的，必须在继承开始后、遗产处理前作出表示，继承尚未开始前或者遗产分割之后放弃的，为无效意思表示。根据《民法典》第1121条规定，继承从被继承人死亡时开始。如果被继承人尚未死亡，因继承还未开始，继承人尚无继承地位和应继份额可言，其放弃继承的意思表示应当是无效的；如果遗产已经处理完毕，遗产的所有权已经确定地转移给各继承人、受遗赠人等，此时继承人放弃的不是继承权，而是所继承遗产的所有权，属于财产所有权处分的范畴。《民法典继承编解释（一）》第35条对此明确规定：“遗产分割后表示放弃的不再是继承权，而是所有权。”

（6）放弃继承的反悔。放弃继承作为单方法律行为，一经作出即生效，根据禁止反言原则，一旦放弃继承，原则上不允许反悔。但是现实生活中，权利人作出放弃继承的意思表示可能非其本意或者放弃继承的前提条件发生了变化，如自己的生活境况或继承人之间的关系恶化等。为了体现对继承权的切实保护，法律并不一律禁止放弃继承的反悔。《民法典继承编解释（一）》第36条规定：“遗产处理前或者在诉讼进行中，继承人对放弃继承反悔的，由人民法院根据其提出的具体理由，决定是否承认。遗产处理后，继承人对放弃继承反悔的，不予承认。”据此，继承人对放弃继承可以反悔，但是必须在遗产处理前，或者因继承纠纷进入诉讼的，在诉讼中亦可提出反悔，人民法院应当根据其提出的具体理由决定是否认可反悔的效力。遗产处理后，遗产的所有权已经转移给各继承人、受遗赠人等，不应允许对放弃继承予以反悔，否则会使遗产处理及其相关的财产关系长期处于不稳定状态，不利于遗产的利用和效益的发挥，也将使遗产分割后已经稳定的社会经济关系受到影响。

（7）放弃继承的效力。放弃继承的效力表现为：①该继承人丧失了对特定被继承人遗产的继承权，其不参与遗产分配，应继份归属其他继承人或国家、集体。法定继承人放弃继承的，其依法应分得的遗产份额转由其他继承人分配；遗嘱继承人放弃继承的，所涉遗产即按照法定继承办理；无人继承或受遗赠的财产归属国家或者集体所有。②该继承人不承担因继承遗产而产生的法定义务。如《民法典》第 1161 条第 2 款规定：继承人放弃继承的，对被继承人依法应当缴纳的税款和债务可以不负清偿责任。③放弃的效力溯及继承开始之时。放弃继承的意思表示可以在继承开始后、遗产处理前的任何时点作出，一旦作出，该意思表示的效力追溯至继承开始之时。④放弃继承的意思表示一般不得撤回。理由有三：其一，放弃继承作为单方法律行为，意思表示作出后不需经对方承诺即生效，对放弃权利的一方产生法律约束力；其二，民法的诚信原则要求民事主体从事民事活动时应当诚实、恪守承诺、严禁反言；其三，如果允许随时撤销放弃继承的意思表示，会影响其他继承人对遗产分配的既定安排和遗产的处理，破坏法律的严肃性。

2. 接受继承

接受继承，是指享有继承权的继承人参与继承、接受被继承人遗产的意思表示。继承的接受是一种单方法律行为，只要继承人的意思表示就可成立，无须获得他人认可。

（1）从主体看。接受继承的意思表示，可以是继承人本人作出，也可以是其代理人作出。

（2）从意思表示的形式看。《民法典》第 140 条分两款对意思表示的形式作了规定，明示、默示均为意思表示的形式；根据该条第 2 款规定，沉默本身不是意思表示的形式，但是在有法律规定、当事人约定或者符合当事人之间的交易习惯时，可以视为意思表示。沉默实质上是一种不作为，通过不作为推定行为人的意思表示，必须符合上述第 2 款的情形。从《民法典》本条第 1 款“没有表示的，视为接受继承”这种表达模式看，接受继承属于非要式法律行为，而且沉默可以视为继承人接受继承的意思表示。举轻明重，继承人当然可以明示或默示作出接受继承的意思表示。法律之所以规定沉默是接受继承的意思表示，是因为继承开始后继承人就依法取得继承权，其继承地位和应继份额是明确的，这是无须主张即享有的法定权利，非经继承人明确放弃，任何人不能非法剥夺。所以，无论继承人有无接受继承的明示或默示，只要没有明确放弃继承，即可推定其接受继承。这也是继承法转继承制度的规则基础。

（二）受遗赠的接受或放弃

受遗赠的接受或放弃是指受遗赠人作出接受或者放弃受遗赠的意思表示。接受或放弃的内容是遗嘱人通过遗嘱赠与受遗赠人的财产权益。这是受遗赠人对自己权利的处分，只要不损害社会和他人利益，任何人不得干涉。从遗嘱的角度，遗嘱人以遗嘱方式进行赠与不需要取得受遗赠人同意，不需要双方意思表示一致，所以，遗赠是单方法律行为且在遗嘱人死亡时生效，但是从赠与物所有权转移的角度，遗赠的法律性质与赠与相同，在某种程度上应当视为一种双方法律行为，遗赠人作出赠与的意思表示，受遗赠人需要表示接受，双方意思达成一致方能实现遗嘱人将遗产转移给受遗赠人所有的意愿，不能强迫受遗赠人接受遗赠人的意思。受遗赠人接受或放弃受遗赠，决定着能否按照遗嘱处理遗产。

1. 接受或放弃受遗赠的主体

接受遗赠的意思表示可以由受遗赠人本人作出，也可以由其代理人作出。法定代理人一般不能代理无民事行为能力人或限制民事行为能力人作出放弃受遗赠的意思表示，除非不放弃受遗赠会对继承人有利益损害。

2. 接受或放弃受遗赠的形式

本条第 2 款只是要求受遗赠人作出意思表示，并没有对意思表示的形式要求，所以，接受或放弃遗赠的意思表示既可以是明示，也可以是默示，放弃受遗赠还可以沉默方式为之，即受遗赠人在法定期限内不作出意思表示的视为放弃，但是接受遗赠的默示应是作为的默示，即以举动表达接受遗赠的意思，不能以沉默的方式为之。进一步理解，只要受遗赠人作出能够确认其接受或放弃受遗赠的意思表示即可，具体形式可以是书面、口头或其他方式，通过特定行

为能够表示接受或放弃受遗赠的也发生相应的效力，如受遗赠人实际占有使用了遗嘱人遗赠的房屋，即可认定其接受了遗赠。因此，受遗赠人应当在法定期限内作出接受或者放弃受遗赠的表示；受遗赠人在该法定期限内不作任何意思表示的，说明赠与的合意难以形成，法律推定继承人的意思为放弃受遗赠。

3. 接受或放弃受遗赠的时间要求

本条第 2 款规定受遗赠人应当在知道受遗赠后 60 日内，作出接受或者放弃受遗赠的表示。对于该 60 日期间的起算，应当注意两点：其一，对于“知道受遗赠”在理解上应当包括“应当知道受遗赠”，但是在认定上必须从严掌握。其二，该期间的起算时间，原则上应当是受遗赠人知道受遗赠之日，但是也应当结合遗赠的法律性质，参考本条第 1 款关于放弃继承意思表示的期间规定具体把握。因为遗赠是遗赠人死后生效的法律行为，将财产赠与他人的意思表示虽然是遗嘱人在生前作出的，但只有在遗赠人死亡后该遗赠才发生法律效力，所以，如果受遗赠人在遗嘱人生存时即已知道受遗赠的事实，也无法作出接受遗赠的表示，此种情况下，60 日的起算点应当是被继承人死亡之日。即如果受遗赠人在被继承人死亡前知道受遗赠，应当在被继承人死亡之日起 60 日内作出接受或放弃受遗赠表示；如果受遗赠人在被继承人死亡后知道受遗赠，应当在知道之日起 60 日内作出接受或放弃受遗赠的表示。

适用指引

一、关于口头放弃继承的效力认定

根据《民法典》本条第 1 款的规定，放弃继承意思表示只能以书面形式作出，不再承认口头放弃的效力，《民法典继承编解释（一）》也未保留原《继承法意见》关于有充分证据证明条件下认可口头方式表示放弃继承效力的规定，因此，口头方式表示放弃继承的，原则上不具有法律效力。但是，考虑到继承人的特殊情况，如有些继承人由于身体健康等方面的原因可能无法以书面方式作出意思表示，《民法典继承编解释（一）》保留了原《继承法意见》第 48 条的规定，即在诉讼中，继承人向人民法院以口头方式表示放弃继承的，要制作笔录，由放弃继承的人签名。这种情况下的口头表示方式，因为发生在诉讼中，继承人放弃继承的决定应当是慎重的选择，通过制作笔录并由放弃继承的人签名，达到了固定证据的效果，实质上已经转化为书面形式，能够保证放弃继承意思表示的真实性，不违背《民法典》本条的精神，而且可以最大限度满足人民群众的司法需求。

二、继承诉讼开始后，继承人、受遗赠人意思表示不明时的诉讼地位

继承或受遗赠的接受与放弃，决定着继承人或受遗赠人有无接受遗产的实体权利，进而决定着其在涉遗产纠纷中的诉讼地位，只有接受继承或受遗赠的，才能成为继承诉讼中的当事人。如果继承诉讼开始后，继承人、受遗赠人对于接受或受遗赠的意思表示不明，其诉讼地位如何，《民法典继承编解释（一）》第 44 条作出明确规定："继承诉讼开始后，如继承人、受遗赠人中有既不愿参加诉讼，又不表示放弃实体权利的，应当追加为共同原告；继承人已书面表示放弃继承、受遗赠人在知道受遗赠后六十日内表示放弃受遗赠或者到期没有表示的，不再列为当事人。"该规定符合《民法典》本条关于继承或受遗赠意思表示的要求，当事人仅是表示不愿参加诉讼，不能认定其放弃实体权利，所以应当追加为共同原告；只有能够认定当事人确有放弃实体权利意思表示的，才可因其不愿参加诉讼而不再列为当事人。

三、放弃继承反悔的承认

放弃继承的一般不得反悔，继承人在放弃继承权时应当对因放弃权利导致自己一定的不利益以及因放弃继承给其他继承人、利害关系人带来的影响有明确的预期，所以，不能仅以自己失去一定利益等原因而反悔。但是，继承法律的根本宗旨在于保护继承人的继承权，放弃继承是继承人对继承权利的放弃，绝对禁止其反悔可能会从实质上侵犯其权利，所以放弃继承不得反悔亦有例外。其一，放弃继承的反悔仅涉及继承人之间的私权利益分配，在其他继承人一致认可的情况下，法律对于放弃继承的反悔不应干涉。其二，放弃继承作为意思表示必须是真实有效的。如果继承人因受欺骗、胁迫或者继承人为非完全民事行为能力人等，使其违背真实意思而作出放弃继承的意思表示，则该意思表示具有可撤销或无效的属性。其三，放弃继承是继承人经过价值判断、利益平衡作出的选择，在其考量的基础如各继承人之间的情感关系、生活境况等因素发生重大变化时，从继承法律保护继承权的根本宗旨出发，法律应给予其反悔的机会。综上，在当事人因放弃继承的反悔发生争议时，是否承认继承人

反悔，应当根据放弃继承意思表示的效力情况，适用或参照适用《民法典》总则编关于民事法律行为撤销或者无效的规定以及继承法律关于放弃继承反悔的规定，以平衡好各继承人及相关民事主体的利益关系为宗旨，区分以下情形处理。

（一）放弃继承意思表示有效的，从严掌握承认反悔的条件

放弃继承意思表示不存在可撤销或无效的情形时，应当倾向于保护其他继承人的信赖利益，维护物权关系的稳定，继承人反悔的，一般不予承认。具体应当结合其反悔原因、提出反悔时间、对其他继承人的影响等因素综合判断，如认为反悔具备正当理由且符合相关条件的，可予承认。例如，受被继承人生前扶养的继承人放弃继承且因此导致生活陷入困境的，继承人放弃继承后劳动能力或生活来源丧失或减少的，对其在遗产处理前提出的反悔可予承认。仅仅因为失去经济利益而反悔的，不具有正当性、合理性，应不予承认。

（二）放弃继承意思表示具有法律行为可撤销因素的，一般应承认反悔

继承人对继承权放弃与否，应当尊重继承人的内心意思。放弃继承意思表示存在瑕疵的，会影响意思表示的效力，具体应当参照《民法典》总则编第 147 条至第 151 条关于重大误解、欺诈（含第三人欺诈）、胁迫、显失公平的规定进行审查，经确认有上述意思表示瑕疵的，应当允许继承权人反悔。关于提出反悔的时间，因继承法律对此有明确规定，应当优先适用《民法典继承编解释（一）》第 36 条的规定，即在遗产处理之前提出即可，不受《民法典》总则编第 152 条关于撤销权存续期间的限制。

（三）放弃继承意思表示无效的，法院应当依职权予以确认

放弃继承的意思表示无效和其他无效民事行为一样，都是法律禁止的行为。如果放弃继承的意思表示符合《民法典》总则编第 144 条至第 146 条以及第 153 条、第 154 条规定情形的，无论继承权人是否提出反悔，人民法院都应当根据无效民事行为制度认定该意思表示无效，形式上虽然与承认继承权人反悔具有同样的法律后果，但是其性质实为法律对无效民事行为的否定性评价，不属于放弃继承反悔的范畴。需要注意的是，根据《民法典》第 145 条规定，限制民事行为能力人实施的纯获利益或者与其年龄、智力、精神健康状况

相适应的民事法律行为以外的民事法律行为，经法定代理人同意或者追认后有效。但是，根据《民法典》第35条关于监护人应当按照最有利于被监护人的原则履行监护职责，监护人除为维护被监护人利益外，不得处分被监护人的财产的规定，放弃继承属于涉及权利人重大利益的行为，要求必须由完全民事行为能力人作出，所以即使限制行为能力的继承人作出放弃继承意思表示时经过法定代理人同意或者法定代理人的事后追认，也不能承认放弃继承意思表示的效力。

第一千一百二十五条　继承人有下列行为之一的，丧失继承权：

（一）故意杀害被继承人；

（二）为争夺遗产而杀害其他继承人；

（三）遗弃被继承人，或者虐待被继承人情节严重；

（四）伪造、篡改、隐匿或者销毁遗嘱，情节严重；

（五）以欺诈、胁迫手段迫使或者妨碍被继承人设立、变更或者撤回遗嘱，情节严重。

继承人有前款第三项至第五项行为，确有悔改表现，被继承人表示宽恕或者事后在遗嘱中将其列为继承人的，该继承人不丧失继承权。

受遗赠人有本条第一款规定行为的，丧失受遗赠权。

关联规定

法律、行政法规、司法解释

1.《最高人民法院关于适用〈中华人民共和国民法典〉继承编的解释（一）》

第五条　在遗产继承中，继承人之间因是否丧失继承权发生纠纷，向人民法院提起诉讼的，由人民法院依据民法典第一千一百二十五条的规定，判决确认其是否丧失继承权。

第六条　继承人是否符合民法典第一千一百二十五条第一款第三项规定的“虐待被继承人情节严重”，可以从实施虐待行为的时间、手段、后果和社会影响等方面认定。

虐待被继承人情节严重的，不论是否追究刑事责任，均可确认其丧失继承权。

第七条　继承人故意杀害被继承人的，不论是既遂还是未遂，均应当确认其丧失继承权。

第八条　继承人有民法典第一千一百二十五条第一款第一项或者第二项所

列之行为，而被继承人以遗嘱将遗产指定由该继承人继承的，可以确认遗嘱无效，并确认该继承人丧失继承权。

第九条 继承人伪造、篡改、隐匿或者销毁遗嘱，侵害了缺乏劳动能力又无生活来源的继承人的利益，并造成其生活困难的，应当认定为民法典第一千一百二十五条第一款第四项规定的“情节严重”。

第十七条 继承人丧失继承权的，其晚辈直系血亲不得代位继承。如该代位继承人缺乏劳动能力又没有生活来源，或者对被继承人尽赡养义务较多的，可以适当分给遗产。

2.《最高人民法院关于适用〈中华人民共和国民法典〉时间效力的若干规定》

第十三条 民法典施行前，继承人有民法典第一千一百二十五条第一款第四项和第五项规定行为之一，对该继承人是否丧失继承权发生争议的，适用民法典第一千一百二十五条第一款和第二款的规定。

民法典施行前，受遗赠人有民法典第一千一百二十五条第一款规定行为之一，对受遗赠人是否丧失受遗赠权发生争议的，适用民法典第一千一百二十五条第一款和第三款的规定。

条文释义

一、本条主旨

本条是关于继承权丧失及宽恕制度的规定。

二、条文演变

继承权是自然人享有的重要财产权，非法律明文规定的情形，任何个人、组织不得非法剥夺他人基于近亲属关系依法享有的继承权。原《继承法》第7条规定了四种丧失继承权的情形：（1）故意杀害被继承人；（2）为争夺遗产而杀害其他继承人；（3）遗弃被继承人，或者虐待被继承人情节严重；（4）伪造、篡改或者销毁遗嘱，情节严重。原《继承法意见》第13条规定：“继承人虐待被继承人情节严重的，或者遗弃被继承人的，如以后确有悔改表现，而且被虐待人、被遗弃人生前又表示宽恕，可不确认其丧失继承权。”《民法典》本

条共有3款，系对继承法上述规定的吸收和完善，第1款第1至4项延续原《继承法》第7条，第2款在原《继承法意见》第13条规定的基础上进行了完善，第1款第5项、第3款为新增条款，第1款第4项有新增内容。《民法典》本条新增内容以尊重被继承人意思自治、保护被继承人遗嘱自由为核心，通过拓展导致继承权和受遗赠权丧失的法定事由，加强对继承人和受遗赠人继承行为的引导和规制，维护社会的道德人伦和家庭秩序，确保被继承人处分财产的真实意愿得以实现；通过新增被继承人对继承人的宽恕制度，最大限度地尊重被继承人的意愿，促进家庭和睦；新增受遗赠人确定适用继承权丧失制度，弥补了原《继承法》的缺陷，完善了继承权丧失制度。

三、条文解读

继承权丧失，是指继承人因对被继承人或者其他继承人实施了法律所禁止的行为，而依法被取消继承被继承人遗产的资格。继承权丧失就是通过依法剥夺继承人之资格，使其不再享有获得被继承人遗产的权利，不再具有继承人的法律地位。导致继承权丧失的事由是法定的，一般是继承人对于被继承人或其他继承人实施的重大不法或不道德行为，或就遗嘱实施的不正当行为。继承权的丧失是指依法剥夺继承人的继承资格。继承权丧失不仅适用于法定继承也适用于遗嘱继承，不论是法定继承人还是遗嘱继承人，只要存在法律规定的事由，即依法丧失继承权。继承权丧失制度既影响原本享有继承权的当事人的利益，还关系其他继承人的利益。基于继承权丧失的重要性，近代各国民法都对继承权的丧失作出特别规定。

（一）继承权丧失的分类

1. 继承权绝对丧失和相对丧失

根据继承权依法丧失后是否可以恢复，将继承权丧失分为绝对丧失和相对丧失。本条针对不同的继承权丧失事由规定了不同的法律后果，从违法事由社会危害性和被继承人意思自治两个角度合理界定了继承权绝对丧失和相对丧失的适用范围，所以，我国采用的是绝对丧失与相对丧失相结合的立法模式。

继承权绝对丧失，是指继承人对被继承人的继承权一旦丧失便无可挽回，其继承权不可恢复。故意杀害被继承人和为争夺遗产而杀害其他继承人，是《民法典》规定的绝对丧失继承权的事由。原因在于，此两种行为以剥夺他人的生命权为目的，直接危害被继承人或其他继承人的人身安全，社会危害性极大，是十分严重的犯罪行为，继承权丧失后不适用被继承人宽恕制度，无论被继承人是否宽恕，都会导致继承权永久性丧失。如果被继承人在遗嘱中指定其为继承人，由于继承权丧失适用于遗嘱继承，所以无论该立遗嘱的行为在法定丧失事由发生之前还是之后，根据《民法典继承编解释（一）》第 8 条规定，人民法院均应确认继承人丧失继承权并认定该遗嘱无效。

继承权相对丧失，是指继承人对被继承人的继承权丧失后，在具备一定条件时其继承权可再恢复。其中“一定的条件”一般是指被继承人的宽恕。根据《民法典》本条第 2 款规定，继承人因第 1 款第 3 至第 5 项规定丧失继承权的，如果确有悔改且得到被继承人宽恕的，其继承权可以恢复。因此，我国法律规定的继承权相对丧失的事由包括：（1）遗弃被继承人或者虐待被继承人；（2）伪造、篡改、隐匿或者销毁遗嘱；（3）以欺诈、胁迫手段迫使或者妨碍被继承人设立、变更或者撤回遗嘱。上述三种违法行为均发生在近亲属之间，违法行为侵犯的法益限于民事权利，如果继承人有所悔改且得到被继承人宽恕，法律应当尊重被继承人的意志，恢复继承人的继承权，这也有利于鼓励实施了不法行为的继承人主动改过，促进家庭和谐。

2. 继承权当然丧失与宣告丧失

按照继承权丧失确认的程序和方式不同，可将继承权丧失分为当然丧失和宣告丧失。

当然丧失，是指丧失继承权的法定事由一旦发生，不需经过任何程序，继承人的继承权即自动丧失。如法国、日本采用当然丧失的立法体例。

宣告丧失，是指丧失继承权的法定事由发生后，并不当然导致继承人的继承权丧失，而是需经过司法程序确认，才产生继承权丧失的法律后果。如《德国民法典》规定：继承权的丧失程序要通过提出请求，主张撤销遗产的取得权来实现，且遗产取得权丧失自判决发生法律效力之日起生效，即不经过法定程序，继承权并不当然丧失。所以，德国采用宣告丧失的立法体例。

我国《民法典》对继承权丧失采用当然丧失主义，但是，在因是否丧失继承权产生纠纷的情况下，又需经司法程序确认继承权丧失的法律后果，而且只有人民法院才能通过判决确认继承人丧失继承权，其他任何单位或者个人都无此权利。

（二）继承权丧失的效力

继承权丧失的效力表现为时间上的效力和对人的效力。

1. 时间效力

《民法典》对继承权丧失的时间效力没有明确规定，但是从我国对继承权丧失采当然丧失的态度看，如果丧失继承权的法定事由出现在继承开始之前，则该事由发生时就应产生相应的法律效力，即继承权即时丧失；如果丧失继承权的法定事由出现在继承开始之后，则其失权效力追溯至继承开始之时；因是否丧失继承权产生纠纷后，人民法院对继承人丧失继承权的确认，亦溯及至继承开始时发生法律效力。

2. 对人的效力

首先，继承权的丧失具有特定性，即继承人丧失的是其对特定被继承人的继承权，仅对特定的被继承人发生效力，并不影响其对其他被继承人的继承权。其次，继承权的丧失对继承人的晚辈直系血亲发生效力，即继承人丧失继承权的，其晚辈直系血亲不得代位继承。《民法典》对于代位继承的法律性质采代表权说，认为代位继承是代位继承人代表被代位继承人参加继承，行使被代位继承人的权利，在被代位继承人丧失继承权的情况下，代位继承人失去了权源基础。而且继承人丧失继承权的仍可以由其直系晚辈血亲代位继承，违背了丧失继承权制度的目的，容易引发道德风险，也不符合社会公众对于公平正义的期待。据此，《民法典继承编解释（一）》第17条保留了原《继承法意见》第28条的规定该条规定：继承人丧失继承权的，其晚辈直系血亲不得代位继承。由于《民法典》将代位继承制度的适用范围扩大到被继承人的兄弟姐妹的子女，即被继承人的侄（女）、甥（女）也纳入了代位继承人的范围，根据《民法典继承编解释（一）》第17条规定的精神，兄弟姐妹之间丧失继承权的，其子女亦不得代位继承。最后，继承权的丧失不影响代位继承人依法申请酌分遗产，法律也不禁止被继承人以遗嘱分给其一定遗产。如果代位继承人缺乏劳动能力又没有生活来源，或者对被继承人尽赡养义务较多的，可以适当分给遗产。其理由在于，代位继承人符合酌分遗产条件的，是以其自己的名义参加遗产分配，不受继承人丧失继承权的影响；被继承人以遗嘱分给代位继承人一定遗产，属于被继承人处分自己财产的范畴，法律应予尊重。

（三）继承权丧失与放弃的区别

继承权丧失与放弃的法律后果都是导致继承人的继承权消灭，失去了继承被继承人遗产的资格，效力均追溯到继承开始之时。但二者在以下方面有实质的区别。

1. 性质不同

丧失继承权是在发生继承人对被继承人或者其他继承人有特定犯罪行为或者其他违法行为的法定事由时，法律对继承人继承权的剥夺，继承人的行为具有违法性；继承权放弃是继承人行使继承权的方式，是法律允许的行为。

2. 是否与继承人的意志有关不同

丧失继承权的事由是由法律规定的，在继承人出现法律规定的事由时即被依法剥夺继承权，非依法定事由，不得剥夺继承人的继承权，所以，权利的消灭不以继承人的意志为转移；放弃继承权是继承人自愿放弃取得被继承人遗产的权利，是继承人对自身权利的主动选择，是其真实意思表示，只要不具有法定无效情形，法律就认可其效力。

3. 发生的时间不同

丧失继承权的事由可以发生于继承开始之前，也可以发生于继承开始之后；放弃继承权必须在继承开始之后遗产处理之前作出书面意思表示。

4. 确认形式不同

是否丧失继承权，应当由人民法院依法判决确认；符合法律规定的放弃继承权的意思表示一经作出即发生法律效力，不需经特别的形式确认。

5. 继承权可否恢复及事由不同

在继承权相对丧失的情况下，继承人可因被继承人的宽恕不丧失继承权，但是一经人民法院裁判确认丧失继承权，则不能恢复；放弃继承的意思表示一般不得撤回，但是在遗产处理前或在诉讼过程中可以提出反悔，是否承认由人民法院裁判。

（四）继承权丧失的具体事由

本条第 1 款规定了丧失继承权的五种法定事由。

1. 故意杀害被继承人

即故意剥夺被继承人生命。具体要求：（1）主观上，继承人具有杀人的故

意，不包括过失或者因正当防卫致人死亡；犯罪动机上，不区分行为目的，既可以为了取得被继承人的遗产，也可以是出于其他原因。（2）犯罪的对象是被继承人。（3）客观上，实施了杀害被继承人的行为，只要继承人实施了故意杀害被继承人的犯罪行为，不论犯罪行为是既遂还是未遂，也不论是否受到刑事责任的追究，都将导致丧失继承权。

2. 为争夺遗产而杀害其他继承人

为争夺遗产而杀害其他继承人，即为争夺遗产而故意剥夺其他继承人生命。具体要求：（1）主观上，继承人具有杀害的故意，但是动机上应当区分其实施犯罪的目的，只有为争夺遗产而杀害其他继承人，才丧失继承权；如果是因为其他原因杀害其他继承人的，即使行为人受刑事责任追究，也不能因此丧失继承权。区分时应当注意，当事人实施行为可能具有多重目的，只要是以争夺遗产为主，即可认定其具有本条规定所要求的主观目的。（2）犯罪的对象是其他继承人。（3）客观上，实施了杀害的行为，不论行为实施于继承开始之前还是继承开始之后，也不论犯罪行为是既遂还是未遂，是主犯还是从犯，是实行犯还是帮助犯，也不论是否受到刑事责任的追究，都构成丧失继承权的法定事由。

3. 遗弃被继承人或者虐待被继承人情节严重

这是对被继承人实施的行为，包括两种情况：一是遗弃被继承人。遗弃被继承人是指继承人对老、幼、病、残或者没有独立生活能力的被继承人，依法负有扶养义务且具有扶养能力但拒绝履行扶养义务的行为。遗弃行为违反了《民法典》婚姻家庭编关于禁止家庭成员间的虐待和遗弃的基本原则，不仅是一种严重的不道德行为，也是一种违法行为，侵害了被继承人在家庭成员中的平等权利。只要行为人实施了遗弃被继承人的行为，不论这种行为是否情节严重、是否构成犯罪，即依法丧失继承权。二是虐待被继承人情节严重。虐待被继承人，是指继承人以打骂、禁闭、捆绑、冻饿、有病不给治疗、强迫过度体力劳动等方式对被继承人实施肉体上、精神上的摧残、折磨的行为。虐待被继承人情节严重构成丧失继承权的法定事由。“情节严重”的认定属于综合性判断，《民法典继承编解释（一）》第6条给出了考量因素，法官可以从实施虐待行为的时间、手段、后果和社会影响等方面认定，但是并不要求达到追究刑事责任的标准。

4. 伪造、篡改、隐匿或者销毁遗嘱，情节严重

这是继承人对遗嘱本身实施的行为。遗嘱是立遗嘱人按照自己的意愿处分自己财产的意思表示，任何人不能代替被继承人作出此意思表示。如果遗嘱被他人篡改、隐匿或者销毁，就歪曲了立遗嘱人的真实意思，伪造遗嘱更是如此。而且遗嘱继承优先于法定继承适用，侵犯被继承人遗嘱自由使其处分财产的意思表示产生瑕疵的，不仅侵犯了被继承人自由处分财产的权利，也侵犯了其他继承人的继承权。因此，为尊重被继承人的意愿，伪造、篡改、隐匿或者销毁遗嘱，情节严重的，构成丧失继承权的法定事由。伪造遗嘱，是指继承人假冒被继承人名义制作假的遗嘱；篡改遗嘱，是指继承人擅自改变被继承人所立遗嘱的内容；隐匿遗嘱，是指继承人隐瞒、藏匿被继承人所立的遗嘱；销毁遗嘱，是指继承人破坏、毁灭被继承人所立的遗嘱。伪造、篡改、隐匿或者销毁遗嘱的行为，违背了被继承人生前的真实意愿，侵犯了被继承人生前对其财产的处分权，侵害了其他继承人的继承权，为自己谋取不正当利益，破坏正常的财产继承秩序。情节严重的，构成丧失继承权的事由。根据《民法典继承编解释（一）》第 9 条规定，继承人伪造、篡改、隐匿或者销毁遗嘱，侵害了缺乏劳动能力又无生活来源的继承人的利益，并造成其生活困难的，应当认定为“情节严重”。

5. 以欺诈、胁迫手段迫使或者妨碍被继承人设立、变更或者撤回遗嘱，情节严重

这是对被继承人遗嘱变动实施的行为。遗嘱是遗嘱人生前作出，于遗嘱人死亡时发生法律效力的法律行为。被继承人设立、变更或者撤回遗嘱是支配自己身后财产的自主意愿，受民法意思自治原则的保护。以欺诈、胁迫手段迫使或妨碍被继承人设立、变更或者撤回遗嘱的，同样侵犯了被继承人自由处分财产的权利和其他继承人的继承权。欺诈，是指继承人故意隐瞒真实情况或者告知虚假的情况，欺骗被继承人，诱使被继承人陷入错误判断并基于此错误判断作出违背其本意的设立、变更或者撤回遗嘱的意思表示。胁迫，是指继承人以将要发生的损害或者以直接实施损害相威胁、恐吓等不法手段，使被继承人产生恐惧心理并基于此恐惧心理作出违背其本意的设立、变更或者撤回遗嘱的意思表示。继承人实施上述行为情节严重的判断，可综合考察欺诈或胁迫行为本身的恶劣程度、行为对被继承人造成影响的持续程度、损害其他继承人合法权益的程度、谋取不当利益的情况等因素。

（五）受遗赠权的丧失

本条新增第3款规定，受遗赠人有第1款规定行为的，丧失受遗赠权。即受遗赠人与继承人一样，存在丧失继承权的法定事由时，应依法剥夺其取得遗赠人遗产的资格。丧失受遗赠权属于绝对丧失，受遗赠人一旦实施了本条第1款规定的行为，即永久丧失受遗赠权，不得再恢复。这一点从《民法典时间效力规定》第13条关于丧失继承权和丧失受遗赠权的法律适用的区别规定得到印证，前者适用本条第1款和第2款，即应当适用第2款关于被继承人宽恕的规定，后者则不能适用宽恕制度，不能因被继承人的宽恕恢复受遗赠人接受遗产的权利。

适用指引

一、丧失继承权的确认之诉

在出现继承权丧失的法定事由之后，我国理论界和司法实务普遍认为，应当采当然丧失主义，认为只要法定事由出现就丧失继承权，继承权的丧失不以经过司法确认为前提。但是实践中，当事人往往会对继承权是否丧失发生争议，对此，《民法典继承编解释（一）》第5条明确规定："在遗产继承中，继承人之间因是否丧失继承权发生纠纷，向人民法院提起诉讼的，由人民法院依据民法典第一千一百二十五条的规定，判决确认其是否丧失继承权。"该诉在性质上属于确认之诉，而且该条规定实际上确认了当然丧失主义，因为只是在继承人之间因继承权丧失与否有争议的，才需提起该诉。确认之诉不同于形成之诉，不引起民事法律关系的变动或消灭，只是对某种民事法律关系的确认或否认。因此，不应当适用调解程序，如果人民法院经过审理，认为该继承人符合本条规定的某项情形而判决确认其丧失继承权的，则该继承人丧失继承权的时点不是判决生效之时，而是追溯至继承开始之时。

受遗赠人丧失受遗赠权的，与继承人丧失继承权的情形相同。继承人与受遗赠人或者受遗赠人之间因是否丧失受遗赠权发生纠纷的，与丧失继承权与否的纠纷性质相同，应当同样适用《民法典继承编解释（一）》第5条处理。

二、被继承人宽恕制度的适用条件

被继承人宽恕制度，是指继承人在相对丧失继承权后确有悔改表现，被继承人表示宽恕或者事后在遗嘱中将其列为继承人的，该继承人不丧失继承权。其核心在于通过“悔改、宽容、饶恕”化解家庭恩怨、重塑亲情，充分体现了意思自治原则及对私有财产权的保护，体现了法律调整家庭关系的温度。对于该制度的适用应同时具备以下条件：

首先，被继承人宽恕制度只适用于继承人相对丧失继承权的情形，即本条第 1 款第 3 项和第 5 项规定的情形。此为前提性要件。该制度不能适用于继承人绝对丧失继承权的情形，包括本条第 1 款第 1 项、第 2 项规定的情形，因为故意杀害被继承人或为争夺遗产而杀害其他继承人的，属于十分严重的刑事犯罪，丧失被宽恕的基础。

其次，继承人确有悔改表现。此为基础性要件。悔改意指悔过、改正，主观上要追悔所犯错误，客观上要加以改正。继承人确有悔改表现，也应当从主客观两方面判断，主观上要真正认识到其所实施行为的违法性、不道德性以及给当事人和家庭带来的危害；客观上主动实施了具有实质意义的改正行为。例如，因遗弃、虐待被继承人丧失继承权的，“认错”后积极“改错”，确实从精神或物质上给被继承人以慰藉或扶助的；隐匿遗嘱的，认错后主动交出的，可认定为确有悔改。而单纯的口头认错或被动的“改正”，不是悔改。

最后，被继承人宽恕。此为决定性要件。其性质为被继承人恢复继承人继承权的意思表示，包括明确表示宽恕或者事后在遗嘱中将其列为继承人。被继承人有处分自己财产的自由，也可能有化解家庭矛盾的愿望，法律应当允许被继承人自由表达这些意愿。（1）明确表示宽恕。这是指被继承人明确原谅继承人，对其所犯错误予以饶恕。这种意思表示必须是明示的，既可以书面形式作出，也可以口头形式作出；既可以向丧失继承权的继承人作出，也可以向其他人作出。（2）被继承人事后在遗嘱中将其列为继承人。这是指发生丧失继承权的法定事由之后，被继承人在遗嘱中仍将该继承人列为继承人，包括在遗嘱中指定其为遗嘱执行人，也包括在遗嘱中确定其可以作为继承人参加法定继承。被继承人是否表示宽恕，决定着继承人已经丧失的继承权能否得以恢复。

被继承人宽恕既适用于法定继承，也适用于遗嘱继承，其法律后果是继承权的恢复。

三、继承人对遗嘱实施的行为“情节严重”认定的把握

继承人对遗嘱实施违法行为，目的是侵害其他继承人利益而使自己获得更多遗产，要求情节严重才能剥夺其继承人资格。针对继承人伪造、篡改、隐匿或者销毁遗嘱，《民法典继承编解释（一）》第9条仅将“侵害了缺乏劳动能力又无生活来源的继承人的利益，并造成其生活困难”作为“情节严重”的情形。在理解上，应当认为这只是情节严重情形中的一种，实践中需要法官根据个案的实际情况，综合其本人获利和其他继承人所受损失来判断其行为是否构成情节严重，进而认定是否丧失继承资格。比如，因继承人伪造、篡改、隐匿或者销毁遗嘱，导致其本人获得巨额财产，或者其他继承人未能参与遗产分配而致生活困难的，可以认定为情节严重。

典型案例

王某某、许某某与阎某某、许某3继承析产纠纷案

关键词：遗嘱　销毁　丧失继承权

裁判摘要：继承人伪造、篡改或者销毁遗嘱，情节严重的丧失继承权。故意将被继承人的遗嘱烧毁构成销毁遗嘱，故丧失继承权。

基本案情：王某某、许某某系夫妻，共生育两儿子即被继承人许某1和案外人许某2。阎某某系许某1的配偶，二人生育许某3。2009年1月29日晚，许某1因患重病经抢救恢复神智后主动在病房里写下自书遗嘱，并要求值班医生证明其神志清楚后在遗嘱上签名确认。许某1将该文件交给其哥哥许某2后于次日死亡。许某2将文件交给王某某、许某某，王某某、许某某未告知阎某某、许某3，就将之销毁。许某1去世后留下两处房产等遗产，王某某、许某某向法院起诉要求分割许某1的遗产。

生效裁判认为，有证据证明一方当事人持有证据无正当理由拒不提供，如果对方当事人主张该证据的内容不利于证据持有人，可以推定该主张成立。现王某某、许某某自认被继承人许某1生前自书的文书交给其保管，却称该文件并非遗嘱，而阎某某、许某3对此毫不知情，故除非王某某、许某某提供该份文书以证明其并非遗嘱，否则法院推定该份文书系被继承人的自书遗嘱且内

容有利于阎某某、许某3。继承法规定，伪造、篡改或者销毁遗嘱，情节严重的、丧失继承权。王某某、许某某在未告知被继承人妻女的情况下销毁遗嘱，不尊重被继承人的真实意思表示，其已经丧失了继承权。

【案　　号】（2009）浦民一（民）初字第23387号

【审理法院】上海市浦东新区人民法院

【来　　源】《中国审判案例要览（2011年民事审判案例卷）》

第二章　法定继承

第一千一百二十六条　继承权男女平等。

关联规定

法律、行政法规、司法解释

《中华人民共和国宪法》

第十三条　公民的合法的私有财产不受侵犯。

国家依照法律规定保护公民的私有财产权和继承权。

国家为了公共利益的需要，可以依照法律规定对公民的私有财产实行征收或者征用并给予补偿。

第三十三条　凡具有中华人民共和国国籍的人都是中华人民共和国公民。

中华人民共和国公民在法律面前一律平等。

国家尊重和保障人权。

任何公民享有宪法和法律规定的权利，同时必须履行宪法和法律规定的义务。

第四十八条　中华人民共和国妇女在政治的、经济的、文化的、社会的和家庭的生活等各方面享有同男子平等的权利。

国家保护妇女的权利和利益，实行男女同工同酬，培养和选拔妇女干部。

条文释义

一、本条主旨

本条是关于继承权男女平等原则的规定。

二、条文演变

中华人民共和国成立后，我国妇女地位得到了根本性改变，为实现继承权男女平等提供了有利条件。中华人民共和国成立后陆续颁布的法律也重视对妇女权益的保护：1950 年颁布的原《婚姻法》规定了男女权利平等，夫妻之间、父母子女之间有互相继承遗产的权利。1982 年通过的《宪法》规定：中华人民共和国妇女在政治的、经济的、文化的、社会的和家庭的生活等各方面享有同男子平等的权利。1985 年颁布的原《继承法》规定：继承权男女平等。1986 年颁布的原《民法通则》规定：妇女享有同男子平等的民事权利。1992 年颁布的《妇女权益保障法》在 2005 年修正时规定：实行男女平等是国家的基本国策。《民法典》延续男女平等这一原则，在法定继承一章强调公民不分性别平等地享有继承权。

三、条文解读

"继承权男女平等"原则主要体现在以下三个方面：

首先，继承权的取得不因自然人的性别不同而有所差异。法定继承方面，在继承人范围上，同一顺位继承人的继承顺序不因男女而有差别；在继承份额上，如果没有法律规定的多分、少分或者不分遗产的情形，同一顺位的继承人继承遗产的份额一般应当均等，不能以性别不同作为划分遗产多少的依据。遗嘱继承方面，自然人可以通过设立遗嘱来处分自己的财产，无论男女均有权按照自己的意愿处分自己的财产；同时，遗嘱继承人也不会因性别有异而权利不同，男女均平等地作为遗嘱继承人或者受遗赠人。

其次，代位继承和转继承不因自然人的性别不同而不同。在代位继承中，被继承人的子女先于被继承人死亡的，由被继承人的子女的晚辈直系血亲代位继承。该代位继承既可以适用于男性，也可以适用于女性。在转继承中，继承开始后，遗产分割之前，继承人死亡的，该继承人应当继承的遗产转给其继承人，该继承人的继承人在男女性别上亦无差别。

最后，夫妻双方继承权平等，有相互继承对方遗产的继承权。夫妻彼此是对方的第一顺位法定继承人。丈夫可以继承妻子的遗产，同理妻子也可以继承丈夫的遗产。夫妻共同所有的财产，除双方约定以外，如发生继承时，首先将夫妻共同财产分割，属于被继承人一份的作为遗产进行分割。

适用指引

一、继承权男女平等是权利能力的平等，不等于权利实现形式和结果的平等

继承的开始须以一定的法律事实的出现，即被继承人拥有合法的私人财产、被继承人已经死亡、继承人未放弃或丧失继承权。继承权男女平等强调的是同等顺位同等情况下的平等，不意味着分割形式的绝对平等，遗产分割应遵循有利生产、方便生活和互谅互让的精神，在充分发挥物的最大效用的基础上满足继承人的生产、生活需要，照顾缺乏劳动能力和生活困难、无居住场所等特殊人群的需要；继承权男女平等也不意味着遗产分割份额的均等，遗产份额的最终分割需结合其他法条的规定，考虑扶养情况、必留份额等因素综合判断。

二、处理继承案件时需要注意不要遗漏女性继承人

法院在处理继承案件时注意对出嫁女的继承权，需要查明继承人的范围。如果有初步证据证明存在其他未参加诉讼的继承人存在时，法院应当依职权核实追加。确实存在其他未参加诉讼的继承人，如无法找到或者难以通知的，可以在保留其遗产份额的情况下先行分割，并为未分割遗产指定遗产保留份额的保管人或保管单位。对于那些出嫁较久，家庭内部成员之间已经通过协议等事先确定了遗产分割方式和已经处理完毕，再回来要求法院处理的，在查明不存在协议无效或可撤销等情况下，应当尊重当事人协商处理的结果，不宜再重新分割。尤其对继承法实施以前已经处理完毕的，法院不应该再处理，利于维护社会的稳定。

类案检索

黄某1等与黄某2法定继承纠纷案

关键词：男女平等　出嫁女

裁判摘要：继承权是公民的法定权利，无论男女，均依法享有继承权，出

嫁女也能继承自己父母的遗产。子女均是父母的第一顺序法定继承人，在父母没有立遗嘱或与他人签订抚养协议的情况下，应当按照法定继承来平均分配遗产。

【案　　号】（2018）闽05民终1569号

【审理法院】福建省泉州市中级人民法院

第一千一百二十七条 遗产按照下列顺序继承：

（一）第一顺序：配偶、子女、父母；

（二）第二顺序：兄弟姐妹、祖父母、外祖父母。

继承开始后，由第一顺序继承人继承，第二顺序继承人不继承；没有第一顺序继承人继承的，由第二顺序继承人继承。

本编所称子女，包括婚生子女、非婚生子女、养子女和有扶养关系的继子女。

本编所称父母，包括生父母、养父母和有扶养关系的继父母。

本编所称兄弟姐妹，包括同父母的兄弟姐妹、同父异母或者同母异父的兄弟姐妹、养兄弟姐妹、有扶养关系的继兄弟姐妹。

关联规定

法律、行政法规、司法解释

1.《最高人民法院关于适用〈中华人民共和国民法典〉继承编的解释（一）》

第十条 被收养人对养父母尽了赡养义务，同时又对生父母扶养较多的，除可以依照民法典第一千一百二十七条的规定继承养父母的遗产外，还可以依照民法典第一千一百三十一条的规定分得生父母适当的遗产。

第十一条 继子女继承了继父母遗产的，不影响其继承生父母的遗产。

继父母继承了继子女遗产的，不影响其继承生子女的遗产。

第十二条 养子女与生子女之间、养子女与养子女之间，系养兄弟姐妹，可以互为第二顺序继承人。

被收养人与其亲兄弟姐妹之间的权利义务关系，因收养关系的成立而消除，不能互为第二顺序继承人。

第十三条 继兄弟姐妹之间的继承权，因继兄弟姐妹之间的扶养关系而发生。没有扶养关系的，不能互为第二顺序继承人。

继兄弟姐妹之间相互继承了遗产的，不影响其继承亲兄弟姐妹的遗产。

2.《最高人民法院关于适用〈中华人民共和国保险法〉若干问题的解释（三）》

第九条 投保人指定受益人未经被保险人同意的，人民法院应认定指定行为无效。

当事人对保险合同约定的受益人存在争议，除投保人、被保险人在保险合同之外另有约定外，按以下情形分别处理：

（一）受益人约定为“法定”或者“法定继承人”的，以民法典规定的法定继承人为受益人；

（二）受益人仅约定为身份关系，投保人与被保险人为同一主体的，根据保险事故发生时与被保险人的身份关系确定受益人；投保人与被保险人为不同主体的，根据保险合同成立时与被保险人的身份关系确定受益人；

（三）约定的受益人包括姓名和身份关系，保险事故发生时身份关系发生变化的，认定为未指定受益人。

条文释义

一、本条主旨

本条是关于法定继承人范围及继承顺序的规定。

二、条文演变

本条基本上保留了原《继承法》第10条的规定，对法定继承人的范围和继承顺序作了规定。

三、条文解读

法定继承，属于继承制度的一种，是指由法律直接规定继承人的范围、继承顺序以及遗产分配原则的继承方式。继承制度中包含法定继承和遗嘱继承两种方式，在没有遗赠扶养协议又没有遗嘱的情况下，被继承人的遗产按照法定继承处理。法定继承具有身份性、法定性和强制性等特征，法定继承人的范围主要是基于血亲、婚姻关系而确定，同继承顺序一样具有法定性和强制性，不得由当事人变更。

（一）法定继承人的范围

法定继承人的范围，是指在适用法定继承方式时，赋予哪些人以法定继承权作为被继承人遗产的继承人。关于法定继承人的范围，包括配偶、子女、父母、兄弟姐妹、祖父母、外祖父母以及对公婆尽了主要赡养义务的丧偶儿媳和对岳父母尽了主要赡养义务的丧偶女婿。

1. 配偶

法定继承人的“配偶”，是指被继承人生前具有合法婚姻关系的另一方。合法的婚姻关系，需满足以下条件：（1）依法登记结婚并且取得结婚证；（2）完成登记后，存在宣告婚姻无效的事由，但未经法定程序宣告无效；（3）完成登记后，存在撤销婚姻的事由，但未依法律规定撤销；（4）原《婚姻登记管理条例》公布实施（1994 年 2 月 1 日）以前，虽未进行结婚登记，但以夫妻名义同居的男女双方已具备结婚的实质要件，在没有补办结婚手续的情况下，以事实婚姻认定其婚姻的合法性；但自 1994 年 2 月 1 日起，没有配偶的男女，未办理结婚登记即以夫妻名义同居生活的，按非法同居关系处理，在其符合《民法典》第 1131 条规定下，可根据相互扶助的具体情况处理。

2. 子女

本条第 3 款规定：“本编所称子女，包括婚生子女、非婚生子女、养子女和有扶养关系的继子女。”

婚生子女，是基于合法婚姻关系存续期间生育的子女。婚生子女无论随父姓还是随母姓，均有继承父母遗产的权利。非婚生子女，是指不具有合法婚姻关系的男女所生育的子女。《民法典》第 1071 条规定：“非婚生子女享有与婚生子女同等的权利，任何组织或者个人不得加以危害和歧视。”因此，婚生子女与非婚生子女在父母财产的继承方面亦享有同等的继承权。

养子女，是指因收养关系成立而与养父母发生拟制血亲的父母子女关系的子女。收养关系成立后，养子女取得与养父母的亲子女同等的法律地位，二者的继承权没有区别。

有扶养关系的继子女。继子女是指妻与前夫或者夫与前妻所生的子女。继子女能否继承继父母的遗产，主要在于他们之间是否形成了扶养关系。扶养关系的判定可以从以下三方面考虑：（1）继父母对未成年的继子女履行抚养职责；（2）继父母对无民事行为能力或者限制民事行为能力的成年继子女履行扶养职责；（3）继子女对继父母履行了赡养义务。继子女继承继父母的遗产，不影响其继承生父母的遗产。

3. 父母

本条第 4 款规定："本编所称父母，包括生父母、养父母和有扶养关系的继父母。"

父母和子女有互相继承遗产的权利，子女有权继承父母的遗产，父母也有权继承子女的遗产。继承编界定的父母范围，要比婚姻家庭编的规定宽泛，增加了"有扶养关系的继父母"，这既包括继父母抚养继子女的情形，也包括了继父母被继子女扶养的情形。继父母抚养继子女可以适用父母子女关系的规定。如果继子女在其未成年时期未受到继父母的抚养，而继子女仍赡养继父母的，此时继父母属于"有扶养关系的继父母"，具有第一顺序继承人的地位。继父母继承了继子女遗产的，不影响其继承生子女的遗产。

4. 兄弟姐妹

本条第 5 款规定："本编所称兄弟姐妹，包括同父母的兄弟姐妹、同父异母或者同母异父的兄弟姐妹、养兄弟姐妹、有扶养关系的继兄弟姐妹。"

对于养兄弟姐妹，因收养关系的成立产生的法律拟制的血缘关系，此时养子女与养父母的亲生子女无异，双方可以互为第二顺序的法定继承人。被收养人与其亲兄弟姐妹之间的权利义务关系，因收养关系的成立而消除，不能互为第二顺序继承人。对于继兄弟姐妹，《民法典》赋予"有扶养关系的继兄弟姐妹"等同于亲兄弟姐妹关系的法律地位，彼此均可作为第二顺序的法定继承人享有继承权。反之，没有扶养关系的继兄弟姐妹，则不能互为第二顺序继承人。继兄弟姐妹之间相互继承了遗产的，不影响其继承亲兄弟姐妹的遗产。

5. 祖父母、外祖父母

《民法典》第 1074 条规定："有负担能力的祖父母、外祖父母，对于父母已经死亡或者父母无力抚养的未成年孙子女、外孙子女，有抚养的义务。有负担能力的孙子女、外孙子女，对于子女已经死亡或者子女无力赡养的祖父母、外祖父母，有赡养的义务。"因此，祖父母、外祖父母作为第二顺序继承人享有对孙子女、外孙子女遗产的继承权。

6. 尽了主要赡养义务的丧偶儿媳和丧偶女婿

《民法典》第 1129 条规定："丧偶儿媳对公婆，丧偶女婿对岳父母，尽了

主要赡养义务的，作为第一顺序继承人。”具体关于丧偶儿媳和丧偶女婿的继承问题，将在《民法典》第1129条专门论述。

（二）法定继承的顺序

法定继承的顺序，是指法律规定具有继承权利的人继承遗产的先后顺序。法定继承的顺序主要依据继承人与被继承人之间的血缘、姻亲关系的亲疏远近以及共同生活的密切程度予以确定。《民法典》继承编将法定继承人划分为两种继承顺序：第一顺序为配偶、子女和父母；第二顺序为兄弟姐妹、祖父母、外祖父母。法定继承规定的继承顺序具有优先性和排他性，两类不同顺序的继承人不能同时继承，仅在前一顺序的继承人不存在时，后一顺序的继承人才能继承遗产。

在第一顺序继承人中，如果子女先于被继承人死亡的，则适用代位继承制度，即子女的子女可以代位继承，此时视为第一顺序的继承人继承。对公婆尽了主要赡养义务的丧偶儿媳和对岳父母尽了主要赡养义务的丧偶女婿，也是列为第一顺序的继承人。

适用指引

一、关于养子女能否继承生父母的遗产问题

养子女与养父母因收养关系的成立而产生。《民法典》第1105条第1款规定：“收养应当向县级以上人民政府民政部门登记。收养关系自登记之日起成立。”收养关系成立后，养父母和养子女之间成立拟制的血亲关系，产生两个后果：一是确立了养父母和养子女之间的权利义务，与子女和亲生父母之间的权利义务关系相同；二是解除了养子女与其亲生父母之间的权利义务。收养关系成立对养子女的继承权有以下两方面的影响：一方面，对养父母及养父母的亲属，养子女与养父母的婚生子女享有同样的继承权；另一方面，对其亲生父母及亲生父母的亲属，养子女不再享有继承权。如果养子女对生父母扶养较多，也只可依《民法典》第1131条分得适当遗产或者依照生父母的遗嘱或遗赠获得，并不是作为法定继承人继承遗产。

二、继子女与继父母形成扶养关系的认定标准

继父母子女能否以第一顺序法定继承人的身份继承对方遗产，以继父母与继子女之间是否形成扶养关系为标准。司法实践中，对于再婚时未满18周岁的未成年继子女与继父母之间形成抚养关系，认识较为统一。但是对于再婚时18周岁以上的成年继子女与其继父母之间形成扶养关系的标准则分歧较大。继子女与继父母是否存在扶养关系可从以下几个方面考虑：（1）扶养时间的长期性，司法实践中尚未确定统一的扶养年限的要求，应结合被扶养人的年龄、健康状况、家庭情况来确定合理的扶养期限，以确定是否符合扶养时间的长期性要求；（2）具有经济的支持和生活的照顾，如扶养费的负担、生活上的照顾；（3）家庭身份的融合性，继父母与继子女能够共同生活，互相照料。

三、法定继承的案由规定

继承纠纷案件中，“法定继承纠纷”和“遗嘱继承纠纷”并列为第三级案由，其中“法定继承纠纷”第三级案由项下列出“转继承纠纷”和“代位继承纠纷”，作为第四级案由。

根据《民法典》有关规定，法定继承须在下列情况下使用：（1）被继承人生前未立有遗嘱；（2）遗嘱继承人放弃继承或受遗赠人放弃受遗赠；（3）遗嘱继承人丧失继承权；（4）遗嘱继承人、受遗赠人先于遗嘱人死亡；（5）遗嘱无效或遗嘱部分无效所涉及的遗产；（6）遗嘱未处分的遗产。

典型案例

邹某2与高某某、孙某、陈某法定继承纠纷案

关键词： 法定继承纠纷　抚养关系解除　继子女的继承权

裁判摘要： 离婚中，作为继父母的一方对受其抚养教育的继子女，明确表示不继续抚养的，应视为继父母与继子女关系自此协议解除。继父母去世时，已经解除关系的继子女以符合继承法中规定的“具有抚养关系的继子女”情形为由，主张对继父母遗产进行法定继承的，人民法院不予支持。

基本案情： 被继承人孙某某与邹某1于1974年3月登记结婚，1974年12

月22日生育一女名孙某1，后更名邹某2，即本案原告。孙某某与邹某1于1981年9月28日经新疆昌吉市人民法院调解离婚。孙某某与陈某某于1984年12月8日再婚，婚后陈某某与其前夫所生之子陈某随孙某某、陈某某共同生活在上海市重庆北路某处住所，1991年10月17日孙某某与陈某某协议离婚。后孙某某与刘某某再婚，婚后未生育子女，并于2000年11月16日协议离婚。2002年5月16日孙某某与高某某登记结婚，婚后生育一女名孙某。孙某某于2016年5月3日死亡，其父母均先于其死亡。

上海市西藏北路某室房屋（以下简称系争房屋）于2000年办理产权登记，登记产权人为孙某某。孙某某于2016年5月3日死亡后，高某某、孙某于2016年5月9日向上海市闸北公证处申请办理孙某某的继承公证，后以（2016）沪闸证字第2171号公证书（2016年8月22日出具）确定系争房屋由高某某、孙某共同继承。2016年8月23日高某某、孙某申请变更系争房屋的产权登记，2016年9月5日系争房屋核准变更登记权利人为高某某、孙某各享有1/2产权份额。

审理中，被继承人孙某某的哥哥到庭陈述，邹某2是孙某某与邹某1所生女儿，孙某某与陈某某再婚后，孙某某、陈某某及陈某某与前夫所生之子陈某共同生活在上海市重庆北路某处住所，孙某某与陈某某离婚后，陈某某与其儿子均迁走，孙某某与刘某某再婚后，并未生育子女，也没有子女与其共同生活。

法院依职权追加陈某为被告并向上海市公安局出入境管理局调取了陈某自1998年出国后至2018年8月24日的出入境记录，记录如下：陈某于2003年1月26日入境，同年3月10日出境；2007年2月7日入境，同月27日出境；2009年5月20日入境，同月27日出境。

另查明，被继承人孙某某与陈某母亲陈某某于1991年7月1日在民政局登记备案的《自愿离婚协议书》约定："一、子女抚养：女方同前夫所生男孩，陈某……仍由女方抚养直至工作，男方不承担其他费用……三、分居住宿安排：女方和子（陈某）仍迁回原户口所在地居住，男方住户口所在地。离婚后，男方住重庆北路某处住所，户口落实重庆北路该处。女方住周家嘴路某处住所，户口落实周家嘴路该处。"

邹某2提出诉请，要求继承本案被继承人孙某某的系争房屋，并与孙某某的其他法定继承人均等继承。

法院经审理认为，根据我国《继承法》第10条[①]规定，判断继父母子女之间是否享有继承权，以是否形成扶养关系为标准。继承法上的扶养包含一定范围内的亲属间相互供养和扶助的法定权利和义务，包括抚养、扶养、赡养，即长辈对晚辈的抚养、晚辈对长辈的赡养和平辈亲属间的扶养。继父母子女在事实上形成了扶养关系的，由直系姻亲转化为拟制血亲，从而产生法律拟制的父母子女间的权利义务。确定是否形成扶养关系应以继承实际发生时为节点。本案中，陈某两岁时，因生母陈某某与被继承人孙某某结婚，确实与孙某某共同生活，形成事实上的继父子关系，孙某某与陈某某共同抚养教育过陈某，后陈某某与孙某某协议离婚。根据《最高人民法院关于人民法院审理离婚案件处理子女抚养问题的若干具体意见》第13条[②]规定："生父与继母或生母与继父离婚时，对曾受其抚养教育的继子女，继父或继母不同意继续抚养的，仍应由生父母抚养。"根据上述规定，法院认为，继父母与继子女是基于姻亲而发生的一种事实上的抚养关系，这种关系是法律拟制的，离婚后，在继父母不愿意继续抚养的情况下，应视为继父母子女关系的解除，他们之间父母子女的权利义务不复存在。本案中，陈某曾经由孙某某抚养过，但是在其生母陈某某与孙某某离婚时，陈某九岁还尚未成年，且孙某某、陈某某在离婚协议中明确约定陈某由陈某某继续抚养，孙某某不再承担抚养费用。在此情形下，应当认定孙某某不再继续抚养是对原已形成抚养事实的终止，孙某某与陈某之间的继父子关系视为解除。而且，陈某与孙某某的继父子关系解除之后至孙某某病故时，期间长达二十余年之久，双方再无来往。陈某于1998年出国至今仅回国三次，短时间停留，其成年后也不存在赡养孙某某的事实。故法院认为，陈某与被继承人孙某某之间虽存在过抚养事实，但因孙某某与陈某生母陈某某离婚后不再抚养陈某，以及陈某成年后未履行赡养义务，本案继承发生时，陈某与被继承人孙某某之间继父子关系已解除，双方的权利义务不复存在，陈某不符合继承法规定的有扶养关系的继子女情形。综上，陈某对被继承人孙某某的遗产不享有继承权。一审判决认定陈某为法定继承人不当，依法予以纠正。

遗产是公民死亡后遗留的个人合法财产，公民依法享有财产继承权。继承开始后，没有遗嘱的，按照法定继承办理。一审判决根据在案证据以及一审庭审中证人孙某某当庭作证的证人证言，认定邹某2为被继承人孙某某与前妻邹

① 现为《民法典》第1127条。
② 已失效。

某1所生之女，将其列为法定继承人，并无不妥，予以确认。本案中，系争房屋系原登记在被继承人孙某某个人名下的产权房屋，被继承人孙某某生前未立遗嘱，其遗产应按法定继承处理。邹某2作为孙某某与前妻邹某1所生女儿，高某某作为孙某某的配偶，孙某作为孙某某与高某某的婚生女儿，依法均应作为孙某某的第一顺位法定继承人继承系争房屋产权。同时，鉴于高某某长期与孙某某共同生活，对被继承人尽了主要的扶养义务，故在分配遗产时，依法可以适当多分。

【案　　号】（2017）沪02民终10068号

【审理法院】上海市第二中级人民法院

【来　　源】《最高人民法院公报》2020年第6期

类案检索

许某1与周某1、周某2继承纠纷案

关键词：民事　法定继承　亲子认定　同胞关系鉴定　类比推定

裁判摘要：（1）被继承人死亡后，原告方向人民法院起诉请求确认与被继承人存在亲子关系并要求继承被继承人财产的，应当提供必要证据予以证明；原告方要求与被告方做同胞或半同胞关系鉴定，被告方明确予以拒绝的，人民法院不得直接推定原告方与被继承人存在亲子关系。（2）原告方已经提供必要且充分的证据予以证明，被告方要求与其做同胞或半同胞关系鉴定的，原告方拒绝做同胞或半同胞关系鉴定的，人民法院可以推定原告方主张不成立。

【案　　号】（2017）京02民终4366号

【审理法院】北京市第二中级人民法院

第一千一百二十八条　被继承人的子女先于被继承人死亡的，由被继承人的子女的直系晚辈血亲代位继承。

被继承人的兄弟姐妹先于被继承人死亡的，由被继承人的兄弟姐妹的子女代位继承。

代位继承人一般只能继承被代位继承人有权继承的遗产份额。

关联规定

法律、行政法规、司法解释

1.《最高人民法院关于适用〈中华人民共和国民法典〉继承编的解释（一）》

第十四条　被继承人的孙子女、外孙子女、曾孙子女、外曾孙子女都可以代位继承，代位继承人不受辈数的限制。

第十五条　被继承人的养子女、已形成扶养关系的继子女的生子女可以代位继承；被继承人亲生子女的养子女可以代位继承；被继承人养子女的养子女可以代位继承；与被继承人已形成扶养关系的继子女的养子女也可以代位继承。

第十七条　继承人丧失继承权的，其晚辈直系血亲不得代位继承。如该代位继承人缺乏劳动能力又没有生活来源，或者对被继承人尽赡养义务较多的，可以适当分给遗产。

2.《最高人民法院关于适用〈中华人民共和国民法典〉时间效力的若干规定》

第十四条　被继承人在民法典施行前死亡，遗产无人继承又无人受遗赠，其兄弟姐妹的子女请求代位继承的，适用民法典第一千一百二十八条第二款和第三款的规定，但是遗产已经在民法典施行前处理完毕的除外。

条文释义

一、本条主旨

本条是关于代位继承的规定。

二、条文演变

原《继承法》第 11 条规定："被继承人的子女先于被继承人死亡的，由被继承人的子女的晚辈直系血亲代位继承。"该条规定将被代位人的范围限定为被继承人的子女。此条规定虽保障了遗产向被继承人的直系晚辈血亲流转，但由于人口老龄化的进程加快，中国家庭人口结构普遍出现了倒金字塔形结构，可能会出现独生子女丧失继承权后被继承人的遗产无人继承，最终收归国家的结果。因此，扩大继承人的范围势在必行，除了被继承人的直系晚辈血亲外，被继承人的兄弟姐妹是被继承人血缘关系最近的旁系血亲，兄弟姐妹的子女即被继承人的侄子女、甥子女也与被继承人在血缘和情感上有较为紧密的关系。另外，基于对养老送终的考虑，在没有直系晚辈血亲的情况下，按照习惯大多数人也会在第一时间想到自己的侄子女、甥子女为其养老送终。因此，《民法典》继承编在原《继承法》第 11 条规定的基础上将被继承人的兄弟姐妹的子女纳入代位继承人范围，亦是为了促进亲属之间相互扶助，尽量减少遗产无人继承情况的发生。

三、条文解读

代位继承，又称"间接继承"，是指出现具有法定继承权的人先于被继承人死亡的情形时，由继承人的直系晚辈血亲按照该继承人的继承地位和顺序，继承被继承人遗产的制度。其中，具有法定继承权的人称为被代位继承人，简称被代位人。代替被代位人继承遗产的人称代位继承人，简称代位人。基于被代位人享有的继承权而派生的权利，称为代位继承权。

代位继承作为法定继承的一项重要制度，必须符合以下四个条件。

（一）代位继承的发生原因系被代位人先于被继承人死亡

被代位人在继承开始前死亡，系发生代位继承的前提条件。如果继承人在继承开始后死亡的，此时因继承已经开始，继承人已经取得继承权利，只能发生转继承而不是代位继承，即由继承人继承的遗产份额由其法定继承人或者遗嘱继承人承受。

（二）被代位人为被继承人的子女或者兄弟姐妹

根据《民法典》第1127条的规定，子女包括婚生子女、非婚生子女、养子女和有扶养关系的继子女，兄弟姐妹包括同父母的兄弟姐妹、同父异母或者同母异父的兄弟姐妹、养兄弟姐妹、有扶养关系的继兄弟姐妹。

（三）代位人必须是被继承人的子女的直系晚辈血亲或者被继承人的兄弟姐妹的子女

首先，被继承人的子女的代位继承人与被继承人的兄弟姐妹的代位继承人的亲等限制有所不同。被继承人子女的代位继承人为其直系晚辈血亲，不受辈分的限制，如子女、孙子女、外孙子女、曾孙子女、外曾孙子女都可以代位继承。子女可以代父或母之位，继承祖父母或者外祖父母的遗产，孙子女可以代祖父母或者外祖父母之位，继承曾祖父母或者外曾祖父母的遗产。被继承人的兄弟姐妹被列为被代位人时，代位人则仅限于被代位人的子女而非其晚辈直系血亲。

其次，被继承人的子女的晚辈直系血亲与被继承人的兄弟姐妹的子女不能同时代位继承。根据法定继承的顺序，继承开始后，先由第一顺序的继承人继承，被继承人的子女在法定继承顺序中属于第一顺序继承人，其直系晚辈血亲在代位继承时是以第一顺序继承人的身份参与继承；而被继承人的兄弟姐妹在法定继承顺序中为第二顺序继承人，兄弟姐妹的子女在代位继承时亦是以第二顺序继承人的身份参与继承。因此，只有在没有第一顺序继承人继承，也没有被继承人的子女的直系晚辈血亲代位继承时，被继承人兄弟姐妹的子女才能代位继承被继承人的遗产。

（四）代位继承的遗产份额以被代位继承人有权继承的遗产份额为限

代位继承的遗产份额，是指代位继承人通过代位继承的方式继承被代位继承人有权取得被继承人的遗产份额，即如果没有发生代位继承原因的，被代位继承人正常进行继承所能够继承被继承人的遗产份额。《民法典》本条规定，一般情况下，代位继承人只能继承被代位继承人有权继承的遗产份额。

适用指引

一、代位继承仅适用于法定继承

代位继承属于法定继承中的一项重要制度，其不能适用于遗嘱继承或者遗赠中。即遗嘱继承中，如果遗嘱人通过遗嘱指定了子女以外的人作为继承人，如果该继承人先于立遗嘱人死亡的，该继承人的晚辈直系血亲不能通过代位继承的方式继承被继承人的遗产。遗嘱继承或者遗赠体现被继承人对自己财产的处分，当遗嘱继承指定的继承人或者受遗赠人先于立遗嘱人死亡的，则会产生遗嘱或遗赠无效的法律效果，被继承人的遗产只能按照法定继承予以处理。

二、如何确定代位继承人

在代位继承中要注意充分理解晚辈直系血亲的概念。一般而言，晚辈直系血亲，是指与被继承人有直接血缘关系的晚辈亲属，主要有以下人员：被继承人的孙子女、外孙子女、曾孙子女、外曾孙子女。代位继承并不受辈数的限制，只要存在晚辈直系血亲就会发生代位继承。

在法律规定中还有一种拟制血亲亲属，也同样享有代位继承的权利，主要有以下人员：被继承人的养子女、已形成扶养关系的继子女的生子女；被继承人亲生子女的养子女；被继承人养子女的养子女；与被继承人已形成扶养关系的继子女的养子女。上述人员也可以代位继承。

三、诉讼程序中代位继承主体的范围确定

《民法典》施行后，如果符合本条规定的代位继承人为多人，因遗产继承发生争议而提起诉讼的，人民法院应当按照当事人诉请列明被告，其他符合条件的代位继承人中有既不愿参加诉讼，又不表示放弃实体权利的，依据《民法典继承编解释（一）》第 44 条的规定，法院应当将其追加为共同原告。如果符合本条规定的代位继承人为一人，且遗产未被侵害的，不需要提起诉讼，可以通过公证途径代位继承。

代位继承发生的原因是继承人先于被继承人死亡，因此，确定代位继承人

的范围就要查明已死亡的继承人是否有晚辈直系血亲以及有几位晚辈直系血亲，并且征求其是否参与遗产分配的意见，如果其明确表示参与遗产的分配，应当将其列为继承案件的当事人。

四、被继承人的兄弟姐妹的子女代位继承溯及适用的条件

被继承人于《民法典》施行后死亡，直接适用《民法典》本条规定即可。这里的“死亡”既包括自然死亡也包括宣告死亡。被继承人在《民法典》施行前死亡，按照原《继承法》的规定，被继承人的遗产无人继承又无人受遗赠，此时如果满足本条第2款规定的条件，被继承人的兄弟姐妹的子女可以请求代位继承，《民法典》施行后，人民法院在裁判时可以溯及适用《民法典》关于被继承人的兄弟姐妹的子女代位继承的规定。但是，遗产在《民法典》施行前已经处理完毕的，代位继承不得溯及适用。如果被继承人的遗产中，部分遗产在《民法典》施行前已经处理完毕，部分遗产因各种原因未在《民法典》施行前处理完毕的，对于已经处理完毕的部分，不得溯及适用；对于尚未处理完毕的部分，可以溯及适用。之所以设置这一限制条件，主要是为了维护既已稳定的财产关系和社会关系，避免溯及适用带来的负面影响。

典型案例

一、苏某1与李某1等法定继承纠纷案

关键词：代位继承　遗产酌给

裁判摘要：本案是适用《民法典》关于侄甥代位继承制度的典型案例。侄甥代位继承系《民法典》新设立的制度，符合我国民间传统，有利于保障财产在血缘家族内部的流转，减少产生遗产无人继承的状况，同时促进亲属关系的发展，引导人们重视亲属亲情，从而减少家族矛盾、促进社会和谐。本案中，审理法院还适用了遗产的酌给制度，即对继承人以外的对被继承人扶养较多的人适当分给遗产，体现了权利义务相一致原则，弘扬了积极妥善赡养老人的传统美德，充分体现了社会主义核心价值观的要求。

基本案情：被继承人苏某2于2018年3月死亡，其父母和妻子均先于其死亡，生前未生育和收养子女。苏某2的姐姐苏某乙先于苏某2死亡，苏某2

无其他兄弟姐妹。苏某1系苏某乙的养女。李某1是苏某2堂姐的儿子，李某2是李某1的儿子。苏某2生前未立遗嘱，也未立遗赠扶养协议。上海市徐汇区华泾路某弄某号某室房屋的登记权利人为苏某2、李某2，共同共有。苏某2的梅花牌手表1块及钻戒1枚由李某1保管中。苏某1起诉请求，依法继承系争房屋中属于被继承人苏某2的产权份额，及梅花牌手表1块和钻戒1枚。

裁判结果： 生效裁判认为，当事人一致确认苏某2生前未立遗嘱，也未立遗赠扶养协议，故苏某2的遗产应由其继承人按照法定继承办理。苏某1系苏某2姐姐苏某乙的养子女，在苏某乙先于苏某2死亡且苏某2的遗产无人继承又无人受遗赠的情况下，根据《民法典时间效力规定》第14条，适用《民法典》第1128条第2款和第3款的规定，苏某1有权作为苏某2的法定继承人继承苏某2的遗产。另外，李某1与苏某2长期共同居住，苏某2生病在护理院期间的事宜由李某1负责处理，费用由李某1代为支付，苏某2的丧葬事宜也由李某1操办，相较苏某1，李某1对苏某2尽了更多的扶养义务，故李某1作为继承人以外对被继承人扶养较多的人，可以分得适当遗产且可多于苏某1。对于苏某2名下系争房屋的产权份额和梅花牌手表1块及钻戒1枚，法院考虑到有利于生产生活、便于执行的原则，判归李某1所有并由李某1向苏某1给付房屋折价款人民币60万元。

【来　　源】 2022年2月25日最高人民法院发布《人民法院贯彻实施民法典典型案例（第一批）》

二、朱某、朱某5、朱某1、朱某2、袁某、朱某3、朱某4、朱某6与张某继承纠纷案

关键词： 代位继承　转继承

裁判摘要： 被继承人的子女先于被继承人死亡的，由被继承人的子女的晚辈直系血亲代位继承。本案原告的母亲先于其外祖母死亡，因此原告可对其母亲应继承的遗产份额进行代位继承。

基本案情： 原告朱某与顾某某夫妇共生6个子女，即长子朱某某、次子朱某2、三子朱某4、长女朱某1、次女朱某7（系袁某之母，于2002年6月4日死亡）、三女朱某3。1976年，朱某某与蔡某某结婚，于1977年生一女朱某5。1979年，蔡某某死亡。1989年，朱某某与被告张某再婚，于1990年生一女朱某6。1994年，朱某某、张某夫妇向他人购得住房一处。2003年3月26

日，朱某某死亡。2004年9月3日，顾某某死亡。

2007年9月11日，朱某某与张某于1994年购置的房屋需拆迁，盐城经济开发区土地储备中心（甲方）与张某（乙方）订立“盐城经济开发区房屋拆迁补偿安置协议书”，该协议书约定，甲方应付乙方拆迁补偿安置费用：房地产评估补偿金额125 561元，搬迁补助费620元，临时安置补助费2125元，装饰装潢及附属设施补助费15 348元，其他905元，合计补偿费用144 559元；乙方在2007年10月5日前搬清房屋内的动产，交付甲方拆迁，则甲方另行奖励给乙方10 528元。上述协议订立后，房屋已被拆除。原告得知该协议签订后，遂诉至法院，主张对拆迁协议中列明的“房地产评估补偿金额125 561元”中应得的份额进行继承。原告朱某、朱某1、朱某2、袁某、朱某3、朱某4还表示，从朱某某的遗产中所继承的财产份额，全部赠与原告朱某5，朱某5亦表示接受赠与。原告朱某6表示，从朱某某的遗产中所继承的财产份额，全部赠与被告张某。

法院经审理认为，国家依照法律规定保护私人的继承权。本案中，因被继承人朱某某死亡而发生继承。由于朱某某生前未立遗嘱，也未与他人订立遗赠扶养协议，故依法应适用法定继承。（1）法定继承人的范围。根据继承法的规定，被继承人的配偶、子女、父母是第一顺序的法定继承人。本案所涉第一顺序的法定继承人为：张某（配偶），朱某5、朱某6（子女），朱某、顾某某（父母）。由于顾某某于2004年死亡时，朱某某的遗产尚未分割，顾某某生前也未表示放弃对朱某某遗产的继承，所以，朱某2、朱某4、朱某1、朱某3基于转继承的规定，取得对朱某某遗产的继承权；袁某主张继承朱某某的遗产，除基于转继承的规定外，还因袁某的母亲朱某7先于顾某某死亡，而发生相对于顾某某的代位继承。因此，本案七名原告均享有继承朱某某遗产的权利。但是，原告朱某2、朱某4、朱某3、袁某、朱某1，此5人所继承的总额，只应当为顾某某可继承朱某某遗产份额的5/6；顾某某可继承朱某某遗产份额的另1/6，应当由顾某某的配偶朱某基于转继承的规定取得。（2）关于朱某某遗产的分配。原告要求分割的125 561元，属于朱某某、张某夫妻共同财产。在夫妻共同财产分割后，尚有62 780.5元，属于朱某某的遗产。对于该遗产的分配，应当根据《继承法》第13条[①]的规定，结合本案的实际情况予以

① 现为《民法典》第1130条。

处理。考虑到被告张某是残疾人，缺乏劳动能力，生活困难；且在朱某某生前尽了主要扶养义务，故其要求适当照顾多分朱某某遗产的意见，法院依法采信。故在朱某某 62 780.5 元的遗产中，被告张某得 20 926.8 元、原告朱某 6 得 10 463.4 元、原告朱某得 12 207.4 元、原告朱某 5 得 10 463.4 元、原告朱某 2 得 1743.9 元、原告朱某 4 得 1743.9 元、原告朱某 3 得 1743.9 元、原告袁某得 1743.9 元、原告朱某 1 得 1743.9 元。（3）原告朱某、朱某 1、朱某 2、袁某、朱某 3、朱某 4 表示，将自己从朱某某遗产中继承的财产，赠与原告朱某 5，朱某 5 亦表示愿意接受赠与。该赠与不违背法律的规定，亦符合善良风俗，法院依法照准。原告朱某 6 表示将自己从朱某某遗产中继承的财产，赠与被告张某，法院亦依法照准。（4）关于被告张某辩称的被继承人朱某某生前治病所生债务，该债务属于朱某某、张某夫妻共同债务，且被告张某已向债权人清偿，故法院不再理涉。

【案　　号】（2007）亭民一初字第 2876 号

【审理法院】江苏省盐城市亭湖区人民法院

【来　　源】《中国审判案例要览（2008 年民事审判案例卷）》

类案检索

闫某某与闫某 1 代位继承纠纷案

关键词：代位继承　主要赡养义务

裁判摘要：确定代位继承人的遗产份额时，应考虑被代位继承人对于被继承人是否尽到主要的赡养义务。我国继承法在确立代位继承的性质上采用“代表权利说”，即代位继承人继承被继承人的遗产，是代表被代位继承人的地位参与继承，取得被代位继承人的应继份额。如果被代位人生前已放弃继承或被剥夺继承权，其子女无权代位继承。同理，被代位继承人应得的遗产份额所考量的因素，同样适用于代位继承中代位继承人份额的确定。

【案　　号】（2013）朝民初字第 38119 号

【审理法院】北京市朝阳区人民法院

第一千一百二十九条　丧偶儿媳对公婆，丧偶女婿对岳父母，尽了主要赡养义务的，作为第一顺序继承人。

关联规定

法律、行政法规、司法解释

《最高人民法院关于适用〈中华人民共和国民法典〉继承编的解释（一）》

第十九条　对被继承人生活提供了主要经济来源，或者在劳务等方面给予了主要扶助的，应当认定其尽了主要赡养义务或主要扶养义务。

条文释义

一、本条主旨

本条是关于尽了主要赡养义务的丧偶儿媳、丧偶女婿的继承权的规定。

二、条文演变

本条沿用了原《继承法》第12条的规定。法定继承的产生主要以继承人与被继承人之间存在血缘或者婚姻关系为前提。儿媳和公婆、女婿和岳父母是基于婚姻关系产生的姻亲关系，双方之间并无扶养、赡养的权利和义务，也无法定继承权。但现实社会中，有些儿媳和女婿在丧偶后仍然继续赡养公婆或岳父母，故原《继承法》第12条规定对公、婆尽了主要赡养义务的丧偶儿媳或对岳父、岳母尽了主要赡养义务的丧偶女婿为第一顺序法定继承人，可以获得遗产。《民法典》继承编继续沿用了原《继承法》的规定，将尽了主要赡养义务的丧偶儿媳和丧偶女婿列入法定继承人的范围，不仅符合权利义务相一致原则，而且符合我国社会主义核心价值观，有利于弘扬优良家风，促进家庭内部和谐，让老人老有所养。

三、条文解读

根据本条规定，丧偶儿媳和丧偶女婿对公婆和岳父母尽了主要赡养义务，就应作为第一顺序继承人享有遗产继承权。需要注意以下五点。

第一，必须存在丧偶的情形。儿媳与公婆、女婿与岳父母之间是姻亲关系，他们之间没有相互扶养、赡养的权利和义务。如果丈夫或妻子在世，若公婆或岳父母死亡，基于夫妻关系存续期间一方继承的遗产为夫妻共同财产的规定，儿媳或女婿可以通过在世的丈夫或妻子参加继承获得遗产。因此，只有发生丧偶时，儿媳或女婿才有可能以自己的名义作为继承人继承公婆或岳父母的遗产。

第二，丧偶儿媳和丧偶女婿应对公婆、岳父母尽了主要赡养义务，才能获得法定继承权，且获得第一顺序继承人的法律地位继承公婆、岳父母的遗产。

第三，丧偶儿媳和丧偶女婿对其公婆、岳父母遗产享有的继承权，具有独立的性质，不受子女代位继承权的影响和限制。即丧偶儿媳的丈夫或丧偶女婿的妻子先于公婆或岳父母死亡时，其子女可以代位继承祖父母、外祖父母的遗产。其子女的代位继承权与丧偶儿媳和丧偶女婿作为第一顺序继承人继承公婆或者岳父母遗产的权利并不冲突。

第四，丧偶儿媳和丧偶女婿的再婚与否不影响其对公婆、岳父母遗产的继承权。只要丧偶儿媳和丧偶女婿对其公婆、岳父母尽了主要赡养义务，依法就作为第一顺序继承人享有继承权，不因家庭关系发生变化而否认其获得的对公婆、岳父母遗产的继承权。

第五，丧偶儿媳和丧偶女婿依法继承其公婆或者岳父母遗产后，仍有权继承其父母的遗产。儿媳、女婿与公婆、岳父母发生的姻亲关系，并没有终止他们与其父母间原有的亲子关系。因此，儿媳、女婿是否继承公婆、岳父母的遗产，都不影响其对父母遗产的继承权。

适用指引

如何认定“尽了主要赡养义务”

对于如何认定“尽了主要赡养义务”，《民法典继承编解释（一）》第19

条规定“对被继承人生活提供了主要经济来源，或者在劳务等方面给予了主要扶助的，应当认定其尽了主要赡养义务或主要扶养义务”。因此，是否尽了主要赡养义务，主要结合几个要素判断：一是在扶养时间上要具有长期性，如果丧偶儿媳和丧偶女婿只是偶尔关心、看望公婆、岳父母，则不能视为尽了主要赡养义务，则无从获得继承权；二是在扶养程度上，丧偶儿媳和丧偶女婿应提供了公婆、岳父母经济上的主要供养、扶助，或者主要照料公婆、岳父母的日常生活起居，才能作为第一顺序继承人继承遗产。

类案检索

一、陈某等与马某3等法定继承纠纷案

关键词： 主要赡养义务　第一顺序继承人

裁判摘要： 对被继承人生活提供了主要经济来源，或在劳务等方面给予了主要扶助的，应当认定尽了主要赡养义务或主要扶养义务。儿媳在其丈夫去世后继续与公婆共同生活、照料长达十几年，应当认定其对公婆尽了主要赡养义务，可以作为第一顺序继承人。

【案　　号】（2021）京02民终2025号

【审理法院】 北京市第二中级人民法院

二、宋某与潘某等遗嘱继承纠纷案

关键词： 偶尔探视和陪护　主要赡养义务

裁判摘要： 继承开始后，按照法定继承办理；有遗嘱的，按照遗嘱继承或者遗赠办理。案涉遗嘱为夫妻共同订立，处理的系其夫妻共同财产，符合自书遗嘱的形式要件，合法有效，应当按照遗嘱内容继承遗产；丧偶儿媳在丈夫去世后再婚出国，只是在回国和公婆生病期间探视和陪护，未尽到主要赡养义务，因此，不能确定其对公婆的遗产享有继承权。

【案　　号】（2021）京民申741号

【审理法院】 北京市高级人民法院

第一千一百三十条 同一顺序继承人继承遗产的份额，一般应当均等。

对生活有特殊困难又缺乏劳动能力的继承人，分配遗产时，应当予以照顾。

对被继承人尽了主要扶养义务或者与被继承人共同生活的继承人，分配遗产时，可以多分。

有扶养能力和有扶养条件的继承人，不尽扶养义务的，分配遗产时，应当不分或者少分。

继承人协商同意的，也可以不均等。

关联规定

法律、行政法规、司法解释

《最高人民法院关于适用〈中华人民共和国民法典〉继承编的解释（一）》

第十六条 代位继承人缺乏劳动能力又没有生活来源，或者对被继承人尽过主要赡养义务的，分配遗产时，可以多分。

第十九条 对被继承人生活提供了主要经济来源，或者在劳务等方面给予了主要扶助的，应当认定其尽了主要赡养义务或主要扶养义务。

第二十二条 继承人有扶养能力和扶养条件，愿意尽扶养义务，但被继承人因有固定收入和劳动能力，明确表示不要求其扶养的，分配遗产时，一般不应因此而影响其继承份额。

第二十三条 有扶养能力和扶养条件的继承人虽然与被继承人共同生活，但对需要扶养的被继承人不尽扶养义务，分配遗产时，可以少分或者不分。

第四十三条 人民法院对故意隐匿、侵吞或者争抢遗产的继承人，可以酌情减少其应继承的遗产。

条文释义

一、本条主旨

本条是关于法定继承中遗产份额的分配原则的规定。

二、条文演变

本条沿袭了原《继承法》第13条的规定。发生法定继承，若在同一继承顺序的继承人范围中仅有一个法定继承人，此时不存在遗产分配的处理问题，被继承人的全部遗产统归该继承人所有。若同一继承顺序中有若干个法定继承人，此时发生同一顺序的法定继承人对被继承人的遗产如何分配的问题。《民法典》本条沿袭了原《继承法》第13条关于法定继承中遗产份额的分配原则，同一顺序继承人继承遗产的份额，一般应当均等。如出现特殊事由，同一顺序继承人继承遗产的份额可以不均等。

三、条文解读

本条第1款规定遗产分配的总原则，第2款至第5款则规定在特殊情况下，同一顺序继承人继承遗产的份额可以不均等。

（一）遗产分配的总原则：同一顺序继承人继承份额一般应均等

一般情况下，同一顺序的各个法定继承人，因其与被继承人在亲疏远近和对被继承人所尽的赡养义务等方面条件相同或相近，所应继承的份额应当均等，这符合法定继承的平等原则。

（二）对生活有特殊困难又缺乏劳动能力的继承人，分配遗产时应当予以照顾

生活有特殊困难，是指继承人难以维持最起码的生活水平。缺乏劳动能力，是指继承人尚无劳动能力或因年迈、病残等原因，丧失或部分丧失劳动能力的情况。同时满足上述两个条件的继承人，属于应当予以照顾的情形，在取得遗产份额时应多于其他继承人。

（三）对被继承人尽了主要扶养义务或者与被继承人共同生活的继承人，分配遗产时可以多分

尽了主要扶养义务的，是指继承人对被继承人在生活方面承担了主要的照顾义务或者在经济上给予了主要帮助。与被继承人共同生活，是指继承人与被继承人长期生活在一起，相互照顾体贴。本款规定的分配原则不具有强制性，对于以上两种继承人，在分配遗产时可以多分，但不是应当多分。

（四）有扶养能力和有扶养条件的继承人，不尽扶养义务的，分配遗产时，应当不分或者少分

不尽扶养义务，通常指继承人具有扶养被继承人的能力和经济条件，且被继承人处于需要被扶养的情形，继承人却不尽扶养义务的情况。继承人有扶养能力和扶养条件却不尽扶养义务，在分配遗产时“应当”不分或者少分，以充分发挥遗产的扶助功能，保障被继承人老有所依。此外，如果被继承人具备固定收入和劳动能力条件，不需要继承人扶养或者继承人客观上不具备扶养能力和扶养条件的，一般不应因此而影响继承人应继份额。

（五）允许继承人之间协商，对遗产作不均等的分配

同一顺序的继承人在不违背法律和道德的情况，经过一致同意，可以自行协商各个继承人之间的遗产继承份额，以充分尊重继承人之间协商处理遗产分割的意愿，体现继承人之间互谅互让、团结和睦的精神。

典型案例

汪某 2 与汪某 1 继承纠纷案

关键词：生活有特殊困难　缺乏劳动能力

裁判摘要：汪某 1 对被继承人履行了较多的赡养义务，同时对于遗产有较大贡献，进而认定其有权继承遗产的 70%。从法律层面分析，似乎并无不当。但是，继承法同时规定，对于生活有特殊困难、缺乏劳动能力的继承人，分配遗产时应当予以照顾。本案中，汪某 2 及其配偶均身有残疾，其家庭经区民政

局审核享受最低生活保障。汪某2生活具有特殊困难，符合继承法关于遗产分配时照顾有困难的特殊人群的规定。鉴于此，二审法院在遗产分配时，从照顾汪某2生活需要的角度出发，在一审判决的基础上，对遗产分配比例进行了调整，较好地实现了法理与情理的有机统一。

基本案情： 汪某2为持证智力残疾人，残疾等级贰级，经当地民政局审核，符合农村居民最低生活保障政策有关规定，享受最低生活保障。汪某某系汪某2之父，汪某1系汪某某养子。1988年，汪某某将汪某1、汪某2共同居住的房屋翻新重建。1996年，因洪水冲毁部分房屋，汪某1重新建设了牛栏等附属房屋；后又建设厨房、洗澡间各一间，并对房屋进行了修缮。汪某某去世后，2019年，案涉房屋被列入拆迁范围，汪某1与某人民政府签订《房屋拆迁安置补偿协议》，约定含主体房屋、附属房及简易房、附属物在内的拆迁补偿价款共490 286.7元，汪某1实际领取。汪某2认可其中部分房屋由汪某1建设，扣除相应补偿款后剩余款项为314 168元。汪某2起诉请求汪某1返还其中的230 000元。

一审法院经审理认为，汪某1作为养子，对汪某某进行赡养并承担了汪某某的丧葬事宜。汪某2享有低保且生活困难，分配遗产时亦应对其进行照顾。综合考虑案涉房屋及部分附属设施的建造、管理以及继承人赡养汪某某等实际情况，酌定汪某2继承的财产份额为30%，即94 250元（314 168元 ×30%）。遂判决汪某1向汪某2支付94 250元。一审宣判后，汪某2不服一审判决，向二审法院提起上诉。二审法院经审理认为，汪某2系智力残疾人，其家庭为享受最低生活保障的特殊家庭。依据《继承法》第13条第2款[①]有关“对生活有特殊困难的缺乏劳动能力的继承人，分配遗产时，应当予以照顾”的规定，人民法院在确定遗产继承份额时应给予汪某2特殊照顾及倾斜保护。汪某1应向汪某2支付拆迁补偿款157 084元（314 168元 ×50%）。遂撤销一审判决，改判汪某1支付汪某2拆迁补偿款157 084元。

【案　　号】（2020）皖18民终1431号

【审理法院】安徽省宣城市中级人民法院

【来　　源】最高人民法院、中国残疾人联合会残疾人权益保护十大典型案例

---

① 现为《民法典》第1130条第2款。

第一千一百三十一条　对继承人以外的依靠被继承人扶养的人，或者继承人以外的对被继承人扶养较多的人，可以分给适当的遗产。

关联规定

法律、行政法规、司法解释

《最高人民法院关于适用〈中华人民共和国民法典〉继承编的解释（一）》

第十条　被收养人对养父母尽了赡养义务，同时又对生父母扶养较多的，除可以依照民法典第一千一百二十七条的规定继承养父母的遗产外，还可以依照民法典第一千一百三十一条的规定分得生父母适当的遗产。

第十七条　继承人丧失继承权的，其晚辈直系血亲不得代位继承。如该代位继承人缺乏劳动能力又没有生活来源，或者对被继承人尽赡养义务较多的，可以适当分给遗产。

第二十条　依照民法典第一千一百三十一条规定可以分给适当遗产的人，分给他们遗产时，按具体情况可以多于或者少于继承人。

第二十一条　依照民法典第一千一百三十一条规定可以分给适当遗产的人，在其依法取得被继承人遗产的权利受到侵犯时，本人有权以独立的诉讼主体资格向人民法院提起诉讼。

第四十一条　遗产因无人继承又无人受遗赠归国家或者集体所有制组织所有时，按照民法典第一千一百三十一条规定可以分给适当遗产的人提出取得遗产的诉讼请求，人民法院应当视情况适当分给遗产。

条文释义

一、本条主旨

本条是关于继承人以外的与被继承人具有扶养关系的人适当分得遗产的规定。

二、条文演变

由于法定继承一般是将被继承人的遗产分配给与被继承人具有血缘、婚姻关系的人，对于继承人以外的人，如果属于依靠被继承人扶养或对被继承人扶养较多的人，可以在继承开始后分配给他们一定的遗产。原《继承法》第 14 条规定："对继承人以外的依靠被继承人扶养的缺乏劳动能力又没有生活来源的人，或者继承人以外的对被继承人扶养较多的人，可以分配给他们适当的遗产。"在《民法典》编纂过程中，大多数意见认可保留对继承人以外与被继承人之间具有扶养关系的人可以分得适当遗产的规定。为此，《民法典》沿袭了这一规定，但删除了"缺乏劳动能力又没有生活来源"的限制条件，原因在于，多数人认为限制条件较为苛刻，要求既缺乏劳动能力又没有生活来源，既不符合我国全面建成小康社会的基本国情，也实质上排除大部分被继承人扶养的人分得适当遗产的机会。删除"缺乏劳动能力又没有生活来源"实质上扩大了酌情分得遗产的适用主体范围，有利于充分发挥遗产的扶养功能。

三、条文解读

本条规定两种继承人以外的人可以适当分得被继承人的遗产：一种是依靠被继承人生前扶养的人；另一种是对被继承人生前扶养较多的人。这里的"扶养"，还包括抚养、赡养情形，指的是提供经济上的支持和生活上的帮助等。

（一）依靠被继承人生前扶养的人

扶养关系常存续于夫妻之间、父母之间、祖孙之间、兄弟姐妹之间，其中配偶、子女、父母均为法定继承中的第一顺序继承人，因其对被继承人负有法定扶养义务，法律已经通过法定继承人的范围和顺序的规定对其加以保护；而祖父母、外祖父母、孙子女、外孙子女、兄弟姐妹，如属于被继承人生前扶养的群体，其若不在法定继承优先继承的范围内，则可以作为继承人以外由被继承人生前扶养的主体，分给适当的遗产以满足基本生活所需。

（二）对被继承人生前扶养较多的人

对被继承人生前扶养较多的人，是指在被继承人生前对其在经济上支持、生活上予以照料帮助的继承人之外的自然人。该类主体对被继承人进行的扶

养，不是基于身份关系而存在法律规定必须履行的扶养义务，而是出于社会道义自愿提供的帮助与照料。在没有遗嘱或遗赠情况下，此类主体不能继承任何遗产，可能会出现不公平的局面。为此，法律赋予此类主体酌情分得遗产的权利，既体现权利义务相一致的原则，也能够充分发挥遗产扶养功能，体现法律对赡养老人传统美德的鼓励与发扬。

适用指引

一、继承人以外的人依法取得被继承人遗产的权利受到侵害时，有权独立提起诉讼

《民法典继承编解释（一）》第21条规定：“依照民法典第一千一百三十一条规定可以分给适当遗产的人，在其依法取得被继承人遗产的权利受到侵犯时，本人有权以独立的诉讼主体资格向人民法院提起诉讼。”继承人以外的人在其依法取得被继承人遗产的权利受到侵犯时，既可以原告身份提起侵权责任纠纷之诉，也可以有独立请求权的第三人的身份参加原、被告的继承纠纷之诉。如果是以有独立请求权的第三人身份参加诉讼，在继承纠纷之诉中原告撤诉的，有独立请求权的第三人仍然有权在另案中以原告的身份提起诉讼。

二、“可以分给适当的遗产”的考虑因素

可以分给适当遗产的人，分给他们遗产时，按具体情况可以多于或者少于继承人。因对“可以分给适当的遗产”没有具体统一的标准，在分配遗产时，可以由当事人之间协商确定或者由法院确定。其中，《民法典继承编解释（一）》第20条中规定的“按具体情况可多于或少于继承人”，其考虑的因素主要包括：（1）依靠被继承人扶养的程度。如是否全部由被继承人扶养，还是与其他人共同扶养，以后是否需要长期扶养等。（2）对被继承人照顾扶养的程度。按照扶养时间的长短、扶养方式，以及扶养人与被继承人之间的关系来判定。分给扶养人遗产的数额应以其对被继承人所尽扶养义务相一致为原则。如果对被继承人扶养的程度高于继承人所尽扶养义务的程度，则可以在遗产分割上多于继承人。（3）遗产情况和继承人情况。分配遗产需要考虑遗产的数量、种类，还要考虑继承人的情况。如继承人中有既无劳动能力又无生活来源的人，应首先保障该继承人的基本生活需要，再予以考虑继承人以外的可以酌给遗产的人。

典型案例

高某2与高甲、高乙、高丙继承纠纷案

关键词：酌情分得遗产　中华孝道

裁判摘要：本案中，高某2虽没有赡养祖父母的法定义务，但其能专职侍奉生病的祖父母多年直至老人病故，是良好社会道德风尚的具体体现，应当予以鼓励。

基本案情：高某1与李某分别系高某2的祖父母，高某2没有工作，专职照顾高某1与李某生活直至二人去世，高某1与李某后事由高某2出资办理。高某1与李某去世前立下代书遗嘱，主要内容为因高某2照顾老人，二人去世后将居住的回迁房屋送给高某2。高甲、高乙、高丙为高某1与李某的子女，案涉回迁房屋系高某1、李某与高甲交换房产所得。高甲、高乙、高丙认为案涉代书遗嘱的代书人是高某2的妻子，且没有见证人在场，遗嘱无效。高某2以上述三人为被告提起诉讼，请求确认高某1、李某所立案涉遗嘱合法有效，以及确认其因继承取得案涉回迁房屋的所有权。

法院认为，高某2提供的代书遗嘱因代书人是高某2的妻子，在代书遗嘱时双方是恋爱关系，这种特殊亲密的关系与高某2取得遗产存在身份和利益上的利害关系，属于《继承法》第18条[①]规定的禁止代书人，因此，其代书行为不符合代书遗嘱的法定形式要求，应属无效。本案应当按照法定继承进行处理。高某2虽然不是法定第一顺序继承人，但其自愿赡养高某1、李某，并承担了丧葬费用，根据《继承法》第14条[②]的规定，继承人以外的对被继承人扶养较多的人，可以分配给他们适当的遗产，高某2可以视为第一顺序继承人。

《继承法》第14条[③]所规定的“适当分配遗产”，是指与非继承人所行扶

① 现为《民法典》第1140条。
② 现为《民法典》第1131条。
③ 现为《民法典》第1131条。

养行为相适应，和其他有赡养义务的继承人所尽赡养义务相比较的适当比例。高某2虽没有赡养祖父母的法定义务，但其能专职侍奉生病的祖父母多年直至老人病故，使老人得以安享晚年，高某2几乎尽到了对高某1、李某两位被继承人生养死葬的全部扶养行为，这正是良好社会道德风尚的具体体现，并足以让社会、家庭给予褒奖。而本案其他继承人有能力扶养老人，但仅是在老人患病期间轮流护理，与高某2之后数年对患病老人的照顾相比，高甲、高乙、高丙的行为不能认为尽到了扶养义务。据此，高某2有权获得与其巨大付出相适应的继承案涉回迁房屋的权利。

【案　　号】（2019）辽03民终1345号

【审理法院】辽宁省鞍山市中级人民法院

【来　　源】人民法院大力弘扬社会主义核心价值观十大典型民事案例

类案检索

黄某某与南京浦镇车辆公司继承纠纷案

关键词：对被继承人扶养　帮扶照顾　精神慰藉

裁判摘要：继承人以外的对被继承人扶养较多的人，可以分给他们适当的遗产。对被继承人的扶养不应仅限于经济上的资助和供养，还应包括照料日常生活起居等劳务上的付出和精神上的陪伴抚慰。被继承人死亡前，其邻居、朋友等非负有法定赡养义务的人对被继承人的生活起居给予较多的帮扶照顾和精神慰藉的，有权依照上述法律规定适当分得被继承人的遗产。

【案　　号】（2015）宁民终字第2447号

【审理法院】江苏省南京市中级人民法院

第一千一百三十二条　继承人应当本着互谅互让、和睦团结的精神，协商处理继承问题。遗产分割的时间、办法和份额，由继承人协商确定；协商不成的，可以由人民调解委员会调解或者向人民法院提起诉讼。

关联规定

法律、行政法规、司法解释

1.《中华人民共和国民事诉讼法》

第三十四条　下列案件，由本条规定的人民法院专属管辖：

（一）因不动产纠纷提起的诉讼，由不动产所在地人民法院管辖；

（二）因港口作业中发生纠纷提起的诉讼，由港口所在地人民法院管辖；

（三）因继承遗产纠纷提起的诉讼，由被继承人死亡时住所地或者主要遗产所在地人民法院管辖。

2.《中华人民共和国涉外民事关系法律适用法》

第三十一条　法定继承，适用被继承人死亡时经常居所地法律，但不动产法定继承，适用不动产所在地法律。

3.《最高人民法院关于适用〈中华人民共和国民事诉讼法〉的解释》

第七十条　在继承遗产的诉讼中，部分继承人起诉的，人民法院应通知其他继承人作为共同原告参加诉讼；被通知的继承人不愿意参加诉讼又未明确表示放弃实体权利的，人民法院仍应将其列为共同原告。

条文释义

一、本条主旨

本条是关于处理继承问题的精神和遗产分割方式的规定。

二、条文演变

本条沿袭原《继承法》第15条的规定，未作变更。

三、条文解读

（一）互谅互让、和睦团结是处理继承问题的指导原则

紧密的家庭和人身关系是法定继承制度的一大特点。互谅互让、和睦团结作为继承法律的一项基本原则，既是社会主义核心价值观的要求，也是法律的倡导性规范。

（二）遗产分割的时间、办法和份额，由继承人协商确定

遗产分割的时间、办法和份额，由于每个家庭的情况各异，法律不宜硬性规定，继承人之间优先协商处理，有利于充分表达当事人的意愿，切实消除矛盾冲突，促进家庭关系的和谐。

关于遗产分割的时间，一般由继承人之间协商确定，既可以在继承开始后请求分割，也可以约定在一定的期间后或者特定的条件成就时再分割遗产。[①]

关于遗产分割的办法，需要根据遗产的形态进行确定，一般分为实物分割、变价分割、折价补偿分割、保留共有。（1）实物分割，一般适用于可分物，即分割并不损害其经济用途、降低其经济价值或改变其性质的物，如粮食、酒等，对此类物可通过直接分割的方式分配给各个继承人。（2）变价分割，一般适用于双方均无意愿保留遗产实物，而是将实物作价出卖后对所得价金进行分割。（3）折价补偿分割，主要适用于不可分物，即一经分割就可能显著改变其经济用途、降低其经济价值或者改变其性质的物，如房屋、汽车等。对此类物，由继承人中某人取得该项遗产的所有权，然后由取得遗产所有权的继承人分别向其他继承人按照其他继承人应继份额补偿相应价款。（4）保留共有，适用遗产不宜实物分割，继承人又均愿意取得遗产，或者各个继承人愿意继续保留共有状态的情形。保留共有是由各继承人按照应继份额，确定各继承人对遗产的权利义务。

---

① 黄薇主编：《中华人民共和国民法典继承编释义（上）》，法律出版社2020年版，第71页。

关于遗产分割的份额，在确定遗产分割的份额时，必须依法先扣除下列遗产部分：（1）被继承人生前所欠他人债务或拖欠应当缴纳给国家的税款。（2）根据合法有效的遗嘱处置的部分遗产。（3）依法应当给予法定继承人之外的依靠被继承人扶养或对被继承人尽扶养义务较多的人的照顾份额。（4）为胎儿保留的必要遗产继承份额。在扣除了上述必要的遗产部分之后，才能将剩余部分依法确定由各法定继承人取得。

（三）遗产分割方式

遗产分割方式以协商优先，如果协商不成，则可由人民调解委员会进行调解或者向人民法院提起诉讼。人民调解和诉讼两种方式可选择适用其一。人民调解，是指人民调解委员会通过说服、疏导等方法，促使当事人在平等协商的基础上自愿达成调解协议，解决民间纠纷的活动。其中人民调解委员会是在基层人民政府和基层人民法院的指导下，依法设立的调解民间纠纷的群众性组织。人民调解委员会调解继承纠纷，需要在双方当事人完全自愿的情况下进行，不违背法律、法规和国家政策，采取形式多样的方式，促使双方当事人达成解决纠纷的调解协议。经人民调解委员会调解解决的纠纷，有民事权利义务内容的，或者当事人要求制作书面调解协议的，应当制作书面调解协议。双方当事人应当自觉履行调解协议确定的内容。经人民调解委员会调解达成调解协议后，当事人之间就调解协议的履行或者调解协议的内容发生争议的，一方当事人可以向人民法院提起诉讼。经人民调解委员会调解达成调解协议后，双方当事人认为有必要的，可以自调解协议生效之日起30日内共同向人民法院申请司法确认，人民法院应当及时对调解协议进行审查，依法确认调解协议的效力。人民法院依法确认调解协议有效，一方当事人拒绝履行或者未全部履行的，对方当事人可以向人民法院申请强制执行。人民法院依法确认调解协议无效的，当事人可以通过人民调解方式变更原调解协议或者达成新的调解协议，也可以向人民法院提起诉讼。

当事人也可以不经过调解程序直接向法院起诉。诉讼解决继承纠纷是最终的、具有强制执行力的方式。因继承纠纷提起的诉讼，由被继承人死亡时住所地或者主要遗产所在地人民法院管辖。被继承人死亡时住所地和主要遗产所在地不一致的，则两个法院都有管辖权，当事人可以任选其中一个法院管辖。如果被继承人的遗产分散在几个法院辖区，应以遗产的数量和价值来确定主要遗

产所在地，进而确定管辖法院。如果主要遗产是不动产，应当按照遗产纠纷来确定法院，即此类案件由被继承人死亡时住所地或者主要遗产所在地人民法院确定管辖法院，而不是按照不动产纠纷来确定管辖法院。[①] 关于继承纠纷的诉讼参与主体，根据《民事诉讼法解释》第 70 条的规定，在继承遗产的诉讼中，部分继承人起诉的，人民法院应通知其他继承人作为共同原告参加诉讼；被通知的继承人不愿意参加诉讼又未明确表示放弃实体权利的，人民法院仍应将其列为共同原告。当事人通过诉讼解决继承纠纷，如果双方在诉前或者诉中达成调解意见，法院依法出具调解文书。调解不成的，人民法院依法进行裁判。

适用指引

一、继承案件中遗漏继承人参加诉讼，如何处理

对于继承案件中是否存在遗漏继承人参加诉讼的情形，人民法院可依职权进行调查。如果当事人提交的证据表明可能存在未参加诉讼的其他继承人存在的，但是又无法找到该继承人时，在分割遗产时，要保留其应继承的遗产，并确定该遗产的保管人或者保管单位。

二、继承纠纷当事人就房屋分割达成的调解协议可否申请司法确认

根据《民事诉讼法解释》第 355 条第 1 款第 5 项的规定，调解协议内容涉及物权确权的情形，当事人申请司法确认的，人民法院应当裁定不予受理或驳回申请。依据该规定，继承纠纷中涉及房屋所有权分割问题或分割后需办理房屋过户手续，当事人经调解达成调解协议并申请司法确认的，由于房屋所有权分割属于确权类纠纷，不符合司法确认程序的适用条件，不宜由司法确认程序处理，应当通过诉讼程序解决。当事人申请司法确认上述调解协议的，应裁定不予受理。

三、遗产分布在不同法院辖区的，如何确定主要遗产所在地

继承人因继承遗产所引发的纠纷诉至法院的，依照由被继承人死亡时住所

① 王胜明主编：《中华人民共和国民事诉讼法释义》，法律出版社 2012 年版，第 53 页。

地或者主要遗产所在地法院管辖。如果存在被继承人的遗产分配在多个不同的法院辖区，此时需要确定主要遗产所在地，进而确定管辖法院。主要遗产所在地一般是以遗产的价值的大小为衡量标准。遗产作为被继承人生前合法拥有的私人财产，包括动产和不动产。由于目前大部分家庭的遗产分割中，往往不动产是家庭财产价值最大的遗产，因此，一般以不动产所在地作为主要遗产所在地。值得注意的是，将不动产所在地作为主要遗产所在地，并非违反以主要遗产所在地来确定管辖，而是考虑在家庭财产较少的情况下，房产基本上可以等同于主要遗产，如果被继承人除了房屋以外，还有其他遗产的数量和价值大于房产的，则应当以主要遗产所在地的标准来确定管辖。

典型案例

张某5、张某3与张某2、张某4、张某1法定继承纠纷案

关键词：协议处理　竞价

裁判摘要：本案中，5名当事人的经常居住地分别在中国、美国和意大利，已经多年未见面。就本案继承纠纷事宜，5名当事人均通过电子邮件作出各自的意思表示。基于地域限制，各方当事人不能通过协商签订一份书面的协议，因此，当事人诉讼到法院之后，一个关键点就是对各方当事人通过电子邮件作出的意思表示是否形成一份生效的协议以及协议的具体内容有哪些进行准确判断。如果各方对于遗产的处理达成生效协议，属于共同共有人之间就共同财产的分配协议，法院应尊重当事人的处分权，可以按照协议约定的内容进行处理。如果各方未达成协议，则由法院按照法定继承的相关原则进行处理。遗产继承中以竞价方式解决不动产继承问题，将付款期限作为补充条款时，事前没有以“默示”形式作出意思表示的约定，且之前也无类似惯例的，继承人作作出表示的，不能当然推定补充条款有效。

基本案情：案涉被继承人张某某与杨某某系夫妻关系，杨某某于2003年8月31日去世，张某某于2006年11月3日去世。二人之父母在此前早已去世。张某某与杨某某一共有5位子女，分别为：张某1、张某2、张某3、张某4、张某5。北京市西城区（原宣武区）某房屋登记在张某某名下，于1993年12月17日取得房屋所有权证。张某某和杨某某去世后，对于上述房屋，5

位子女之间曾于2007年8月达成“五人协议”，即房屋归张某2继承，张某2向其余4人每人支付12.5万元；同时约定，张某2应在两个月内向其余各方付清前述房款，否则，协议失效。在此之后，张某2没有按约在2007年10月26日前付清房款，故原告张某5、张某4、张某3主张“五人协议”已经失效。现各方子女之间就遗产继承的问题始终协商未果。现原告张某5、张某4、张某3诉至法院，请求按照法定继承的原则依法分割被继承人张某某名下的坐落于北京市西城区某房屋；请求按照法定继承的原则依法分割张某某名下的银行存款，本案诉讼费用由被告张某2承担。张某2不予认可，追加原告张某1在陈述中亦不认可。关于两个月内付清款项这一事实，当时系张某1所提出，张某1电子邮件中的相关原文是：“我建议：1.任何人标得祖屋之后，须在一个时间之内付出款项，方能拥有房子的所有权。小军提的是1个月，我觉得应该稍微增加一点，比如两个月，让出资方有时间去调集头寸。”张某1在本案中提交书面意见，陈述其当时只是作过一个估计，就是通过协议之后两个月可以付清款项，从不认为协议会因没付清款项而作废。2007年8月27日，张某2向张某5支付房产折价款12.5万元。同日，张某2、张某5到北京市公证处办理公证手续，张某2申请进行的公证事项为由其继承案涉房产，张某5申请进行的公证事项为放弃对案涉房产的继承权并提交放弃继承声明书一份。张某5在当日的公证处接谈笔录中陈述放弃继承是由于各方已经商量达成一致。2007年8月28日，张某2向其余继承人发送电子邮件，告知各方办理公证所需手续。2007年10月11日，张某1到北京市公证处办理公证手续，申请进行的公证事项为放弃对案涉房产的继承权并提交放弃继承声明书一份。2008年9月9日，张某5到北京市公证处提交“撤销放弃继承权声明”，其中陈述：兄弟姐妹5人达成协议，对于父母遗留房产采取竞标的形式，中标者继承房产，按标值付给其他4人房款。但一年多来，公证无法办理，现本人声明撤销原声明，撤销原因为兄弟姐妹没有履行原竞标规则。后公证部门未予办理继承权公证。2009年10月，张某2通过张某1向张某3付款12.5万元，后张某3将该款退还张某2，同时，张某3在电子邮件中提出，将原有协议予以修改，给张某4、张某5的房屋折价款从原来的12.5万元提高到16万元。案涉房屋由张某2在2010年装修并居住至今。本案审理中，原告方要求对案涉房屋进行价值评估，并明确表示同意依法自行承担评估费用等相应诉讼风险。经法院委托杜鸣联合房地产评估（北京）有限公司进行评估，确定案涉房产的市场价值估价结果为人民币225.53万元，原告张某5一方预付估价费18 042元。关于被继承人的存款情况，本案审理中，在法院依法调查的基础上，双方当事人达成一致，要求对金融机构就以下账号出具的查询材料所列款项余额进行处理：（1）张某某名下中国银行的4050600-00××××-900229087账号，余额为4527.37美元；（2）张某某名下中国银行的4050600-××××-035678-2账号，余额为117.32美元；（3）张某某名下的中国工商银行的02×××17账号，余额为133 852.58元；（4）张某某名下的中国工商银行的02×××13账号余额为31 222.44元；（5）张某某名下的中国工商银行的02×××14账号，余额为1.53元。另查明：在未经其余全部继承人认可的情况下，张某4将张某某的藏书予以处分。本案5位继承人中，张某5、张某2在国内定居，对被继承人尽了较多的赡养义务。

北京市西城区人民法院于2011年12月15日作出（2011）西民初字第05284号民事判决：（1）北京市西城区某房屋由张某2继承其所有权；（2）自本判决生效后7日内，张某2向张某1、张某4、张某3各支付房屋折价款人民币12.5万元；（3）张某某名下的银行存款由张某5、张某2各继承35%，由张某1、张某4、张某3各继承10%。后张某5、张某4、张某3不服一审判决，上诉二审法院，二审法院于2012年12月19日作出（2012）一中民终字第05298号民事判决：驳回上诉，维持原判。

作出生效裁判文书的法院认为：本案中的争议焦点为：第一，双方当事人通过电子邮件就案涉房屋达成的竞价协议中，两个月的付款期限是否是竞价协议的内容？第二，张某2未在两个月的付款期限内付清款项，原协议是否失效？第三，原协议是否因双方当事人对房产分割的再协商而失效？

本案中，5名继承人基于居住地域的限制，于2007年8月26日通过电子邮件就案涉房产的分割达成的竞价协议，系各方的真实意思表示，不违反相关法律法规的强制性规定，依法成立并有效，应作为本案所涉房产分割的依据。关于两个月的付款期限，上诉人张某5、张某3认为，两个月的付款期限是竞价协议的内容和失效条款，理由是：在2007年7月16日，张某3发的电子邮件中，内容为："不过有一条我可得帮其他兄弟姐妹们把关——任何人在总款未凑齐之前，不具备房屋所有权，也不能开始转交手续。时间拖过一个月（大家商定），已成交易应该作废。"同日，张某1的电子邮件中表示："对于竞标问题，小军提出了一个重要补充，我完全同意，并建议：1. 任何人标得祖屋之后，须在一个时间之内付出款项，方能拥有房子的所有权。小军提的是1个月，我觉得应该稍微增加一点，比如两个月，让出资方有时间去调集头寸。”在该建议中，增加了“两个月具体付款期限”的内容。同时，张某1在电子邮件中明确表示“大家有意见可提出，请继续竞标”。由于在之后的竞标过程中无人就付款期限提出其他意见，所以，应当视为双方当事人就两个月的付款期限以“默示”的形式达成一致。

法院认为，所谓“默示”，分为作为的默示和不作为的默示。作为的默示即当事人实施某种积极的行为，以此推定该当事人的某种意思表示；不作为的默示即有法律规定或者双方当事人明确约定的情况下以“沉默”的形式表达某种意思表示。本案中，从双方电子邮件的全部内容来看，双方当事人对于每次竞价加价5万元的竞价规则达成了一致意见，双方当事人均按照该规则进行了竞价。在竞价过程中，涉及具体付款时间问题，是双方对于竞价规则的进一步完善，但是“付款期限”究竟是多长时间，依据现有证据，双方当事人并没有达成一致意见。张某1在邮件中提出“比如两个月”的付款时间，是一项建议，本意在于让竞标当事人有比较充裕的时间筹集购房款，在产生竞价结果后尽快履行竞价协议。其他四个继承人对此并未作出明确的意思表示。之前，双方当事人也未有以“默示”形式作出意思表示的约定，或者双方当事人之间在之前有类似的惯例。综合本案具体情形，上诉人张某5和张某3称双方均以“默示”的形式达成“两个月付款期限”的协议，即“两个月付款期限”系竞价协议的内容和失效条件的主张，依据不足，法院不予支持。

此外，在协议履行陷入僵局后，双方重新协商的行为是否推翻了竞标结果也是焦点问题之一。张某5、张某3认为：在2007年8月的协议失效两年多以后，兄弟姐妹5人又继续讨论如何进行房产分配，表明包括张某2和张某1在内的所有5人都不认为2007年8月的协议继续有效。张某2认为，张某3和张某4提出的方案对其充满故意的歧视和报复，于情于法都无法相容，对原协议的妥协和退让是为了息事宁人和尽快了事，但因张某3和张某4的态度改变而坚持原协议有效。张某1称，重新协商分配房产是在原协议陷入僵局的时候提出的，张某5因希望得到房产不接受他的意见，张某3、张某4也不同意，故认为房产的分配应以原协议为准。依据双方在协商中表现出的态度以及现有的证据，张某1提出的方案是对原协议进行修改的提议，因未得到大家的一致认可，并不构成对原协议的否定。

【案　　号】(2012)一中民终字第05298号

【审理法院】北京市第一中级人民法院

【来　　源】《中国审判案例要览(2013年民事审判案例卷)》

类案检索

杨某某与杨某1、杨某2继承纠纷案

关键词：协议　真实意思表示

裁判摘要：继承人之间就遗产分割在平等自愿、协商一致基础上达成协议，未违反法律强制性规定，应认定该协议有效。

【案　　号】(2011)皇民一初字第1067号

【审理法院】辽宁省沈阳市皇姑区人民法院

第三章　遗嘱继承和遗赠

第一千一百三十三条　自然人可以依照本法规定立遗嘱处分个人财产，并可以指定遗嘱执行人。

自然人可以立遗嘱将个人财产指定由法定继承人中的一人或者数人继承。

自然人可以立遗嘱将个人财产赠与国家、集体或者法定继承人以外的组织、个人。

自然人可以依法设立遗嘱信托。

关联规定

一、法律、行政法规、司法解释

1.《中华人民共和国信托法》

第八条　设立信托，应当采取书面形式。

书面形式包括信托合同、遗嘱或者法律、行政法规规定的其他书面文件等。

采取信托合同形式设立信托的，信托合同签订时，信托成立。采取其他书面形式设立信托的，受托人承诺信托时，信托成立。

2.《最高人民法院关于适用〈中华人民共和国民法典〉继承编的解释（一）》

第二十五条　遗嘱人未保留缺乏劳动能力又没有生活来源的继承人的遗产份额，遗产处理时，应当为该继承人留下必要的遗产，所剩余的部分，才可参照遗嘱确定的分配原则处理。

继承人是否缺乏劳动能力又没有生活来源，应当按遗嘱生效时该继承人的具体情况确定。

第二十六条 遗嘱人以遗嘱处分了国家、集体或者他人财产的，应当认定该部分遗嘱无效。

二、部门规章及规范性文件

《遗嘱公证细则》

第十三条 遗嘱应当包括以下内容：

（一）遗嘱人的姓名、性别、出生日期、住址；

（二）遗嘱处分的财产状况（名称、数量、所在地点以及是否共有、抵押等）；

（三）对财产和其他事务的具体处理意见；

（四）有遗嘱执行人的，应当写明执行人姓名、性别、年龄、住址等；

（五）遗嘱制作的日期以及遗嘱人的签名。

遗嘱中一般不得包括与处分财产及处理死亡后事宜无关的其他内容。

条文释义

一、本条主旨

本条是关于立遗嘱处分个人财产以及遗嘱继承、遗赠含义的规定。

二、条文演变

原《继承法》第16条规定："公民可以依照本法规定立遗嘱处分个人财产，并可以指定遗嘱执行人。公民可以立遗嘱将个人财产指定由法定继承人的一人或者数人继承。公民可以立遗嘱将个人财产赠给国家、集体或者法定继承人以外的人。"《民法典》本条前3款沿袭了原《继承法》第16条的内容，规定自然人可以依照《民法典》规定立遗嘱处分个人财产，并可以指定遗嘱执行人，明确了自然人通过立遗嘱的方式处分个人财产的权利。同时《民法典》还沿袭原《继承法》有关遗嘱继承与遗赠继承的区分标准。也就是根据取得遗产的人的身份对遗嘱继承与遗赠继承予以区分：如果按照遗嘱的内容，取得遗产的人为法定继承人范围之内的人的，则属于遗嘱继承；如果按照遗嘱的内容，取得遗产的人为法定继承人之外的人的，则属于遗赠。这种立法例不失严谨，

比较符合中国的实际情况，也为广大民众接受与熟悉，所以，《民法典》继承编沿用了这一标准，仍然按照取得遗产的人的身份区分遗嘱继承与遗赠继承。

《民法典》本条前3款与原《继承法》相比，在文字表述上有以下变化：一是将“公民”修改为“自然人”，与总则编表述一致；二是纯文法修改，包括：将“由法定继承人的一人或者数人继承”修改为“由法定继承人中的一人或者数人继承”；将“公民可以立遗嘱将个人财产赠给……”修改为“自然人可以立遗嘱将个人财产赠与……”；将“国家、集体或者法定继承人以外的人”修改为“国家、集体或者法定继承人以外的组织、个人”。不过，最后一处修改并非扩大了受遗赠人的范围，只是更加清晰。原《继承法》原有表述“国家、集体或者法定继承人以外的人”中的“人”应当理解为包括自然人、法人以及非法人组织。

本条第4款新增规定，自然人可以依法设立遗嘱信托。设立遗嘱信托是自然人生前对自己的财产进行安排和处理的一种重要制度，是自然人立遗嘱处分个人财产的一种方式，与遗嘱继承、遗赠并列。现行《信托法》第13条规定：“设立遗嘱信托，应当遵守继承法关于遗嘱的规定。遗嘱指定的人拒绝或者无能力担任受托人的，由受益人另行选任受托人；受益人为无民事行为能力人或者限制民事行为能力人的，依法由其监护人代行选任。遗嘱对选任受托人另有规定的，从其规定。”与原《继承法》相比，《民法典》本条第4款规定的遗嘱信托属于新增内容，但《信托法》对遗嘱信托已有规定，所以《民法典》作为民事领域基本法只是作出衔接性规定，将《信托法》纳入民法体系。同时表明遗嘱信托主要应当适用《信托法》予以规范。

三、条文解读

本条第1款规定了自然人可以依法立遗嘱处分个人财产，第2款明确了遗嘱继承的含义，第3款明确了遗赠继承的含义，第4款是有关遗嘱信托的指引性规定。

（一）对遗嘱的基本理解

立遗嘱，是指自然人生前在法律允许的范围内，按照法律规定的方式预先处分其个人财产，安排与此有关的事务，并于其死亡时发生法律效力的单方民事法律行为。

遗嘱继承具有重要意义。首先，允许立遗嘱处分个人财产，有利于明确遗产的范围。由于多种原因，继承人可能并不了解甚至根本无从了解被继承人遗产数量及处所，而被继承人生前可能不愿意或者不便告知继承人。其次，允许立遗嘱有利于确定继承人的范围。非婚生子女依法享有与婚生子女同等的权利，但被继承人死亡之后，若无遗嘱，如何证明非婚生子女与被继承人之间的关系存在困难。若存在有效遗嘱，则较易解决这一困难。最后，遗嘱继承有助于减少道德与法律之间的冲突。一方面，遗嘱继承能够在一定程度上满足人们的感情需求。毕竟遗嘱人最熟悉其家庭成员或其亲属的性格、生活与工作状况，特别是亲属对遗嘱人的照顾情况和感情投入程度，遗嘱表达了遗嘱人对亲属的情感取舍与愿望，其对遗产处理最妥当，有利于对遗嘱的维护与执行。另一方面，立遗嘱作为单方法律行为，出现道德与法律冲突时，应当以完全符合法律效力的要求执行。

遗嘱继承是一种与法定继承相对应的继承方式。其中，立遗嘱的人叫遗嘱人，根据遗嘱规定有权继承遗嘱人遗产的继承人称为遗嘱继承人。遗嘱继承人在按照遗嘱继承了遗产以后，不影响其作为法定继承人继承其应得的法定继承份额。遗嘱继承具有如下法律性质。

1. 立遗嘱是单方法律行为

只要立遗嘱人按照法定方式和要求订立遗嘱，就具有法律效力。因而遗嘱人根据自己的意愿还可变更或撤销自己所立的遗嘱。同时，在解释遗嘱时，应以立遗嘱人的内心真实意思为准，即采意思主义（主观说），而非对一般民事法律行为解释所采取的表示主义（客观说）。毕竟遗嘱继承是继承人无偿取得财产，遗嘱不可能给相关人员造成诸如合同那样的信赖利益损失。

2. 遗嘱是遗嘱人自己进行意思表示的民事法律行为

遗嘱必须由遗嘱人本人设立，不能通过代理进行。因为设立遗嘱，是遗嘱人对自己财产所作的最终处分，是一项严肃的人身权利，具有严格的人身属性。遗嘱人可以在不违反法律规定的前提下，根据自己的需要和认识决定通过遗嘱处理哪些财产以及相关事项如何处理。

3. 遗嘱是遗嘱人死后生效的法律行为

立遗嘱人死亡后，不可能再向其了解立遗嘱时的真实想法，因而对于遗嘱的内容出现解释上的争议时，往往要考虑社会伦理因素、民族心理和传统观念的影响，并结合裁判者的经验。同时，遗嘱虽然是遗嘱人生前所立，但要在遗嘱人死亡时才能发生法律效力。即只有在遗嘱人死亡以后，遗嘱继承人或遗嘱受领人才能取得其在遗嘱中所指定的遗产。

4. 遗嘱是一种严格的要式法律行为

遗嘱的成立必须符合法律规定的形式。这是为了保证遗嘱的真实性。各国和地区多明确规定，非依法定形式订立的遗嘱原则上无效。《民法典》第1134~1139条对遗嘱继承的形式要件作出了具体规定。不过，遗嘱的形式要求可能影响遗嘱人真实意思的实现。因而，对于遗嘱的形式，既要考虑现代技术条件下遗嘱形式的多样性，更应注意到遗嘱之所以为要式民事法律行为是为了保障遗嘱为立遗嘱人的真实意思，故不可仅因形式上的瑕疵而否定遗嘱的效力。

（二）对遗赠的基本理解

遗赠，是指自然人以遗嘱的方式表示在其死后将其遗产的一部分或者全部赠给国家、集体或者法定继承人以外的人的法律行为。遗赠是遗赠人死亡后才生效的单方、无偿的民事法律行为，遗嘱人不得在遗赠的同时，把有关的债务转移给受赠人。立遗嘱人为遗赠人，接受遗赠的人称为遗赠受领人。遗赠具有以下特征。

1. 遗赠是单方民事法律行为

遗赠并非协议，不以遗赠对象的知情或同意为要件，遗赠人只要把赠与财产的意思在遗嘱中表示出来，自遗嘱生效之日起，即为有效。不过，与遗嘱继承基于与被继承人的继承法律关系直接继承遗产不同，受遗赠人基于被继承人遗嘱的指定从遗产执行人处取得遗赠财产而不直接参与继承。因而《民法典》规定，遗嘱继承人自继承开始至遗产分割前未明确表示放弃继承的，即视为接受继承，受遗赠人自知道受遗赠后60日内未作出接受遗赠的表示的，视为放弃遗赠。受遗赠人表示接受遗赠的，有权请求遗嘱执行人向其移转遗赠的标的物，继承人只能继承执行遗赠后剩余的遗产。

2. 遗赠是给予他人财产利益的无偿行为

遗赠人只能给受遗赠人以财产利益，这种财产利益可以是财产权利，也可以是财产义务的免除。不过，清偿遗赠人的债务优先于执行遗赠。执行遗赠，不得妨碍清偿遗赠人依法应当缴纳的税款和应当清偿的债务。

3. 遗赠的相对人，即受遗赠人可以是国家、集体或者法定继承人以外的组织、个人

受遗赠人和遗嘱继承人的范围不同。依遗嘱继承接受遗产的对象只能是法定继承人中的一人或者数人，只是不受法定继承顺序和继承份额的限制，不能是法定继承人以外的自然人或者组织；依遗赠接受遗产的人可以是国家、集体或者法定继承人以外的组织、个人，但不能是法定继承人范围之内的人。

4. 遗赠是一种遗赠人死后发生效力的行为

遗赠是遗赠人生前作出的意思表示，但只有在遗赠人死亡后才发生法律效力。如上所述，如果遗嘱中包括对受遗赠人财产权利的免除，也应当在遗赠人死亡后才发生法律效力。

5. 受遗赠权不能转让

遗赠体现了遗赠人对受遗赠人特定身份的认同，只能由遗赠人指定的国家、集体或者法定继承人以外的组织、个人享有。

（三）对遗嘱执行人的基本理解

遗嘱执行人，是指有权按立遗嘱人的意志使遗嘱发生法律效力的人。在各继承人接受遗产之前，遗嘱执行人负责保护和管理遗产。遗嘱执行人包括以下三类：

第一，立遗嘱人在遗嘱中指定的遗嘱执行人。这种情况比较普遍，通过指定值得信赖的遗嘱执行人，能保证遗嘱人意愿的充分实现。

第二，如果遗嘱中没有指定遗嘱执行人，或者遗嘱中指定的人因患重病而丧失行为能力等各种原因不能执行遗嘱的，应由全体法定继承人作为共同的遗嘱执行人，以保证遗产的公平、合理分割。

第三，如果遗嘱中未指定遗嘱执行人也没有法定继承人，或者虽有法定继承人但其不能执行遗嘱时，遗嘱由遗嘱人生前所在单位或者继承开始地点的基层组织（如村委会、居委会）等执行。

（四）遗嘱的具体内容

遗嘱可以对遗产取得人以及分配的份额、方式、条件等内容作出具体规定。既体现了法律规定的遗嘱自由原则，也便于遗嘱得到执行。不过，《民法典》未对遗嘱的内容作出正面的指引性规定，即未明确遗嘱应当包括哪些具体

内容。依据《遗嘱公证细则》第 13 条的规定，遗嘱应当包括遗嘱人的姓名、性别、出生日期、住址；遗嘱处分的财产状况（名称、数量、所在地点以及是否共有、抵押等）；对财产和其他事务的具体处理意见；有遗嘱执行人的，应当写明遗嘱执行人的姓名、性别、年龄、住址等；遗嘱制作的日期以及遗嘱人的签名。同时，遗嘱中一般不得包括与处分财产及处理死亡后事宜无关的其他内容。当然，虽然该细则使用了“应当”的表述，但在司法实践中，即使遗嘱不完全具备上述内容，并不因此而影响其法律效力。通常情况下，遗嘱一般包括以下内容。

1. 指定遗嘱继承人、受遗赠人

指定继承人或者受遗赠人是实现设立遗嘱处分财产所必需。依据《民法典》本条的规定，遗嘱继承人只能是法定继承人范围之内的人，受遗赠人是法定继承人以外的任何人。受遗赠人必须为遗嘱生效时生存的人，包括遗赠人死亡时已受孕的胎儿。

当然，遗嘱中，还可以明确指定的继承人或者受遗赠人因故不能继承遗产或者接受遗赠时，由哪些人继承遗产或者接受遗赠。这是因为，按照《民法典》第 1125 条的规定，继承人可能因法定原因丧失继承权；依《民法典》第 1144 条的规定，人民法院可以依法取消继承人或者受遗赠人接受部分遗产的权利。

遗嘱中必须明确区分遗嘱继承人和受遗赠人的范围。这种区分具有重要意义。依照《民法典》第 1159 条规定，分割遗产，应当清偿继承人依法应当缴纳的税款和债务；按照《民法典》第 1163 条规定，对于被继承人应当缴纳的税款和债务，超过法定继承遗产实际价值部分，由遗嘱继承人和受遗赠人按比例以所得遗产清偿。

遗嘱继承人有权参与被继承人其余遗产的继承。被继承人通过遗嘱只将其财产的一部分指定由法定继承人中的一人或者数人继承时，对其余未作处理的财产应当依照法定继承处理。遗嘱继承人依照遗嘱接受遗嘱指定的遗产后，仍然有权以法定继承人的身份与同一顺序的其他法定继承人继承被继承人的其余遗产。理由如下：首先，法定继承权和遗嘱继承权都由法律确认并加以保护，但法定继承基于法律的规定，遗嘱继承基于被继承人在法律允许条件下的个人意愿。二者所产生的依据有本质的不同，互不排斥。其次，两种继承有不同的制度功能，不能互相替代。法律并不因继承人依遗嘱继承取得遗产而否定其依法定继承取得其他遗产的权利，也不因继承人依法定继承取得遗产而否定其依遗嘱继承而取得其他遗产权利。接受遗嘱继承的人，并不丧失法定继承人的资格，反之亦同。只要具备法定继承人的身份，就享有法定继承权；只要被继承人所立遗嘱不违背法律规定，遗嘱指定的继承人就享有遗嘱继承权。值得注意的是，如果被继承人在遗嘱中明确遗嘱继承人只能继承遗嘱指定的部分遗产，其余遗产归其他法定继承人继承时，只要遗嘱合法有效，遗嘱继承人就只能取得遗嘱指定的部分遗产，其他法定继承人（实际上亦属遗嘱继承人）取得其他遗产。另外，遗嘱继承人依遗嘱取得遗产后，主动放弃其余遗产部分的继承权，则不再参与其余遗产的分配。

2. 指定遗产的具体分配份额和分割办法

遗产分割方法的确定。分割方法包括遗嘱分割、协议分割和裁判分割等。遗嘱人可以在遗嘱中设定分割方法，也可以在遗嘱委托他人代定分割方法。基于遗嘱自由原则，只要不违反法律的限制性规定，应当遵照遗嘱。如果遗嘱没有明确分割方法，可以由继承人以协议的方式予以明确。协议时，可以参照《民法典》第 1132 条有关法定继承中遗产分割的规定。如果继承人协商不成时，可以向人民法院起诉，由法院裁判分割。审判实践中，可以依照遗产的性质和法律规定，比照一般共有物的分割规则予以分配。通常而言，适宜分割的遗产，可进行实物分割；不宜分割的遗产，可以采取折价、适当补偿或者共有等方式处理。如果遗嘱中禁止分割遗产，现行法律对这一内容的效力未予明确。不过，《民法典》第 1156 条规定："遗产分割应当有利于生产和生活的需要，不损害遗产的效用。不宜分割的遗产，可以采取折价、适当补偿或者共有等方法处理。"因而，如果遗嘱中禁止分割遗产的内容不利于生产和生活所需，或者损害遗产的效用，其效力会受到影响。

3. 附加遗嘱继承人或受遗赠人的义务

如果没有明确，应当视为对遗嘱继承人没有附加义务。遗嘱人设立遗嘱时，除了表达自己处分财产的意思外，有时会在遗嘱中附加要求遗嘱继承人或者受遗赠人履行一定的义务。《民法典》第 1144 条规定了继承人或者受遗赠人接受遗产时应当履行遗嘱中所附义务。法律允许遗嘱人在遗嘱中附加遗嘱继承人或者受遗赠人一定的义务，目的在于充分实现立遗嘱人的意思自治，保护私有财产权。

4. 指定遗嘱执行人

立遗嘱人除了可以在遗嘱中直接指定遗嘱执行人以外，还可以在遗嘱中委托他人代替自己指定遗嘱执行人。遗嘱的执行是实现遗嘱意志的必要程序。立遗嘱人可以在遗嘱中指定法定继承人或者法定继承人以外的人担任遗嘱执行人，也可以委托他人指定遗嘱执行人。遗嘱执行人可以是具有完全民事行为能力的自然人，也可以是法人或者非法人组织。不过，继承人以外的人被指定为遗嘱执行人的，其有权决定是否担任遗嘱执行人；不愿担任遗嘱执行人的，应当及时通知继承人、受遗赠人或者其他利害关系人。依据《民法典》第1145条的规定，遗嘱执行人即为遗产管理人。遗嘱执行人在执行遗嘱时，应当按照法律要求和遗嘱人的意愿忠实地履行自己的职责。如果遗嘱执行人不能适当地履行自己的职责，遗嘱继承人、受遗赠人以及其他利害关系人可以申请人民法院撤销遗嘱执行人的资格。

以上内容是一般情况，立遗嘱人可以根据自己的实际需要，在遗嘱中写明上述部分内容，或者增加其他内容。总之，只要遗嘱人清楚、明确地表示了遗嘱的内容，遗嘱便于操作执行即可。

（五）遗嘱信托

1. 遗嘱信托的含义及意义

按照《信托法》的规定，信托，是指委托人基于对受托人的信任，将其财产权委托给受托人，由受托人按委托人的意愿以自己的名义，为受益人的利益或者特定目的，进行管理或者处分的行为。遗嘱信托，是指遗嘱人在遗嘱中明确表示将其遗产的全部或部分在其死后委托于受托人，由受托人依信托目的为遗嘱人所指定的受益人或者其他特定目的管理及处分信托财产。遗嘱信托非为遗嘱的下位概念，实属信托中的特别方式。与其他信托最大的不同是，只有委托人死亡后，遗嘱信托才生效。简而言之，遗嘱信托就是委托人以立遗嘱的方式设立的信托。

遗嘱信托制度的重要意义。首先，遗嘱信托制度有助于被继承人为照顾特定人而作出财产规划，保障自己的财产在死后按自己的意愿运用，尽可能避免遗产继承人缺乏管理能力或者任意挥霍而使遗产流失，保障被继承人死亡或者丧失民事行为能力的情形下其财产还能得到有效的管理。遗嘱信托既有立遗嘱防纷争的特点，又因采用信托的规划方式而使遗产受益人的生活更有保障。例如，受益人为无民事行为能力人、限制民事行为能力人，或者虽然具有完全民事行为能力但缺乏管理财产的专业能力，从而可以避免直接采取遗嘱继承或者遗赠的方式可能带来财产的贬损。这是遗嘱信托具有超越遗嘱继承和遗赠制度的优越性，是《民法典》本条允许自然人设立遗嘱信托的基本原因。其次，遗嘱信托可以对未来可能出生的后代的利益实现充分保护。遗赠虽是单方民事法律行为，但如果不存在现实的受遗赠人，遗嘱人就不可能进行直接的遗赠。通过遗嘱信托，可以将在设立信托时并不存在，但未来可能出生的后代作为受益人。即使受益人连胎儿都不是，也不影响信托的成立。

2. 遗嘱信托的设立及生效

《民法典》和《信托法》均未对遗嘱信托如何设立作出具体规定。依据《信托法》的规定和实践，遗嘱信托设立通常应注意两方面的问题：一是遗嘱信托的遗嘱的内容。结合《信托法》的规定，遗嘱人可以在遗嘱中明确记载信托的宗旨、目的、信托财产、受托人和受益人、信托成立的时间、信托的存续期限等。二是遗嘱信托的形式。依据《信托法》第 8 条的规定，所有信托均须采取要式主义，信托不能通过口头方式设立，也不能通过默示行为设立。书面形式包括信托合同、遗嘱或者法律、行政法规规定的其他书面文件。遗嘱信托所采取的形式比《民法典》继承编有关遗嘱形式要严格。按照《民法典》继承编的规定，遗嘱的有效形式包括自书遗嘱、代书遗嘱、打印遗嘱、录音录像遗嘱、口头遗嘱、公证遗嘱。考虑到当今电子信息技术已经广泛运用于社会各方面，录音录像遗嘱甚至更能再现事实的原态，包括各种细节，故可否将其解释为书面形式之一，值得实践中探讨。

依《信托法》第 10 条之规定，设立信托，对于信托财产，有关法律、行政法规规定应当办理登记手续的，应当依法办理信托登记。未依照规定办理信托登记的，应当补办登记手续；不补办的，该信托不产生效力。信托财产是受托人因承诺信托而取得的财产，结合遗嘱生效及遗嘱信托成立规则，受托人因承诺信托而取得遗嘱人遗产的时点应当是遗嘱人死亡时。如果受托人取得的遗嘱信托财产依据有关法律、行政法规规定无须办理登记手续，则此类遗产的遗嘱信托在遗嘱人死亡时生效；如果受托人取得的遗嘱信托财产依据有关法律、行政法规规定应当办理登记手续，则涉及此类遗产的遗嘱信托自办理登记手续时生效，且其效力溯及至信托成立时，即遗嘱人死亡时。

3. 遗嘱信托相关当事人

首先，受托人的选定。依据《信托法》第24条的规定，具有完全民事行为能力的自然人、法人均可成为受托人。《信托法》第13条第2款规定受益人可以选任新受托人。这是因为遗嘱人（信托委托人）已死亡而受托人拒绝时，没有其他人可行使受托人的指定权。其次，遗嘱信托人与遗嘱执行人的关系。遗嘱人通过遗嘱设立信托后，遗嘱人死亡时，遗产即成为信托财产，应由遗嘱执行人按照遗嘱人的意愿执行，将遗产转移给遗嘱信托的受托人。遗嘱人设立遗嘱信托时，可以指定受托人为遗嘱执行人，也可以指定其他人为遗嘱执行人。最后，遗嘱信托的受益人，可以是继承人中的一人或者数人，也可以继承人之外的人。

4. 需要注意继承法与信托法的衔接问题

《民法典》本条第4款所谓“依法”，就是指遗嘱信托要同时符合《民法典》继承编和《信托法》的规定。[①]《信托法》有2条3款涉及遗嘱信托，《民法典》只1款涉及遗嘱信托。目前这两部法律涉及遗嘱信托制度都比较抽象，尚需进一步的具体规定。

适用指引

一、处理遗产时，遗嘱继承优先于法定继承

就法定继承与遗嘱继承表达被继承人的意思而言，是一般与个别的关系，法定继承是以一般人的立场，对被继承人意志的法律推定，而遗嘱继承则属于特定被继承人对自己意志的特殊表达。个人自由是政治、经济、社会和法律制度的基本价值。继承法中虽然存在大量的技术性和强制性规定，但同时尊重个人自由。遗嘱继承优先于法定继承、遗赠扶养协议优先于遗嘱继承的继承制度表明被继承人对遗产的安排具有优越地位。这一优越地位体现了个人自由这一基本价值。因而，自然人死亡后遗留的个人合法财产，既可以通过法定继承方式进行分配，也可以根据自然人所立的遗嘱内容进行分配。在自然人立有合法有效的遗嘱时，优先适用遗嘱分配遗产。相较于法定继承由法律直接规定继承

① 石宏主编：《〈中华人民共和国民法典〉理解与适用·婚姻家庭编继承编》，人民法院出版社2020年版，第206页。

人的范围和顺序、继承遗产的份额等，按照遗嘱分配遗产，可以由自然人自主决定在其死亡后如何对其个人财产分配与处置，在分配的对象、方式、份额、条件等方面都具有较大的自由度和灵活性，充分体现了对自然人意思自治的尊重以及私有财产权利的保障。在审判实务中，人民法院受理继承纠纷案件后，首先要查清是否存在合法有效的遗嘱。只有被继承人生前未立遗嘱或者所立遗嘱无效时，才能按照法定继承制度处理继承纠纷。

二、遗嘱得以执行应具备相应的条件

（一）遗嘱继承不能对抗遗赠扶养协议中约定的条件

《民法典》第 1123 条规定："继承开始后，按照法定继承办理；有遗嘱的，按照遗嘱继承或者遗赠办理；有遗赠扶养协议的，按照协议办理。"遗赠扶养协议是自然人生前与继承人以外的自然人或者组织签订的协议。当事人之间签订的合法有效的协议，对双方当事人都法律约束力。依照遗赠扶养协议，扶养人承担被扶养人生养死葬的义务，同时享有获得遗赠的权利；被扶养人生前有权要求扶养人照顾自己，同时也有义务在死亡后将自己的遗产赠与扶养人。从法律性质上分析，遗赠扶养协议是一种双务合同。这种协议体现了被扶养人生前的自主意思，就应当得到尊重；同时这种协议体现了双方当事人的意思，理应比仅体现一方意思的遗嘱效力优先。所以，自然人生前与他人签订了遗赠扶养协议时，当然应当以遗赠扶养协议优先处理所涉遗产。当然，遗赠扶养协议约定的扶养人受遗赠的财产范围之外的遗产，如果被扶养人生前立有遗嘱，则按照遗嘱处理；如果没有遗嘱，则应当按照法定继承处理。需要注意的是，如果同一财产，遗赠扶养协议和遗嘱都涉及时，应当优先按照遗赠扶养协议处理。

（二）被继承人立有合法有效的遗嘱

立遗嘱的主体为自然人，遗嘱的内容为处分个人财产。自然人若通过立遗嘱的方式实现财产在其死后的分配，所立遗嘱必须合法有效。立遗嘱作为民事法律行为，既要符合《民法典》总则编民事法律行为有效的条件，也要符合继承编对其效力的特别规定。这些特别规定包括：无民事行为能力人或者限制民事行为能力人所立遗嘱无效；遗嘱必须表示遗嘱人的真实意思，受欺诈、胁迫

所立遗嘱无效；遗嘱必须满足不同遗嘱形式要求；遗嘱必须为缺乏劳动能力又没有生活来源的继承人保留必要的遗产份额等。

值得注意的是，遗嘱为胎儿预留份额，胎儿出生时死亡的，遗嘱中关于胎儿应继承的份额不再执行，相应的份额按法定继承予以分割。这种情形下，并非遗嘱中为胎儿预留份额无效，只是这种保留失去了现实意义。

（三）遗嘱不予执行的情形

多数情况下，遗嘱能够得到有效的执行，继承人可以通过遗嘱人生前订立的遗嘱，获得相应的遗产。但出现以下情况之一的，遗嘱不予执行。

1. 遗嘱继承人先于遗嘱人死亡

遗嘱指定的继承人在遗嘱继承开始前就已经死亡的，也就是说，遗嘱指定的继承人先于遗嘱人死亡，在此情况下，遗嘱不能执行。在这一点上，遗嘱继承不同于法定继承：在法定继承中，可以发生代位继承；但在遗嘱继承中，遗嘱人指定的继承人先于遗嘱人死亡的，不发生代位继承。如果遗嘱人在指定的遗嘱继承人死亡后没有再指定其他人继承的，遗嘱人死后，其遗产按照法定继承处理。

2. 涉及的财产不复存在

遗嘱人死亡后，遗嘱所涉及的相关财产已经不存在的，该遗嘱也将无法执行。这主要是因为所涉及的财物不存在，执行的客体灭失，无法执行。在遗嘱指定的财产不存在的情况下，如果遗嘱人尚有遗嘱指定财产以外的其他遗产，如何处理，要从两个方面来理解：一是如果立遗嘱人打算无条件将财产给予指定的继承人，也就是说遗嘱继承人无须为接受遗嘱付出任何代价，则遗嘱继承人不能继承遗嘱指定的财产以外的遗产；二是遗嘱人在遗嘱中为遗嘱继承人附加了义务和条件，而且遗嘱继承人也履行了相应的义务和满足了相应条件的，其可以主张获得遗嘱指定财产以外的、与其付出相对应的遗产份额，这可以参照其他有关民事法律的规定予以处理。

3. 遗嘱继承人被依法剥夺继承权

遗嘱指定的继承人在遗嘱生效后，被依法剥夺继承权的，遗嘱不发生执行的效力。如遗嘱人指定的继承人存在《民法典》第 1125 条规定的故意杀害遗嘱人等情形的，其继承权就将被剥夺，所涉及的财产按照法定继承的方式分割。

4. 遗嘱继承人放弃继承权

如果遗嘱继承人明确表示放弃继承权的，遗产继承不再按照遗嘱执行。这充分体现了权利人处分自身权利的意思自治。在此情况下，遗嘱所涉及的财产按照法定继承的方式予以分割。

5. 没有履行遗嘱附加的义务

对于附条件的遗嘱，如果遗嘱中指定的继承人没有正当理由不履行遗嘱所附加的义务，经有关单位和其他继承人的申请，人民法院可以取消其接受遗产的权利。

三、处理遗嘱信托纠纷应注意的事项

由于法律制度的原则性，处理遗嘱信托纠纷时，特别应当注意以下两点。

（一）遗嘱信托成立中的问题

在实务中，如果遗嘱人以遗嘱形式设立信托，其未事先告知受托人并得到受托人的承诺，遗嘱信托的成立及生效都应以遗嘱的生效为时点，即遗嘱人死亡时遗嘱信托成立且生效。只有如此，遗嘱信托中指定的人拒绝或无能力担任受托人时，受益人或其监护人代行选任受托人的权利才存在基础。如果遗嘱人以遗嘱形式设立信托时已明确告知受托人自己死亡后将以自己遗产设立信托，且得到受托人的承诺并于遗嘱上签字确认，则此时遗嘱中涉及信托的部分实为附期限的信托合同，其因受托人的承诺而成立，实为生前信托。

（二）遗嘱信托的受托人与遗嘱执行人可能存在的冲突

实务中，尚未发现遗嘱信托的受托人与遗嘱执行人冲突引起的纠纷。遗嘱处分包括遗嘱继承、遗赠、遗嘱信托。从一般情形分析，设立遗嘱信托，立遗嘱人通常不会设立遗嘱继承。如果既设立遗嘱信托又设立遗嘱继承且指定遗嘱执行人，立遗嘱人应当对二者之间的权利义务有清晰的界定。如果自然人设立了遗嘱信托，又通过立遗嘱指定了遗嘱执行人，如果不涉及同一财产，则遗嘱信托的受托人与遗嘱执行人各自履行相应的义务；如果涉及同一财产时，则应当处理好遗嘱信托的受益人与缺乏劳动能力又没有生活来源的继承人之间的利益关系。

类案检索

一、廖某1、覃某等遗嘱继承纠纷案

关键词：遗嘱继承　遗产分配

裁判摘要：《民法典》第1133条第2款规定："自然人可以立遗嘱将个人财产指定由法定继承人中的一人或者数人继承。"2006年9月23日，被继承人廖某某、李某某二人共同处理其夫妻共同财产，并由李某某执笔书写《遗嘱》，落款有被继承人廖某某、李某某夫妻的共同签名。李某某执笔的《遗嘱》是处理其与廖某某的共同房产，并不是廖某某个人所有。据此，李某某于2006年9月23日执笔书写的《遗嘱》应当认定为廖某某、李某某二人的自书遗嘱，也是廖某某、李某某夫妻二人的共同意思表示。

【案　　号】（2021）桂12民终2331号

【审理法院】广西壮族自治区河池市中级人民法院

二、张某某与蒋某某遗赠纠纷案

关键词：遗赠　遗嘱效力　公证

裁判摘要：遗赠人黄某某患肝癌病晚期临终前于2001年4月18日立下书面遗嘱将其财产赠与原告张某某，并经泸州市纳溪区公证处公证。该遗嘱虽是遗赠人黄某某的真实意思表示且形式上合法，但在实质赠与财产的内容上存在以下违法之处：（1）按照国家有关政策规定，抚恤金是死者单位对死者直系亲戚的抚慰。黄某某死后的抚恤金不是黄某某个人财产，不属遗赠财产的范围。（2）遗赠人黄某某的住房补助金、公积金属黄某某与蒋某某夫妻关系存续期间所得的夫妻共同财产，按照《继承法》第16条[①]的规定，遗嘱人生前在法律允许的范围内，只能按照法律规定的方式处分其个人财产。遗赠人黄某某在立遗嘱时未经共有人蒋某某同意，单独对夫妻共同财产进行处理，侵犯了蒋某某的合法权益，其无权处分部分应属无效。（3）案涉房屋，系遗赠人黄某某与蒋某某婚姻关系存续期间蒋某某继承父母遗产所得，根据《婚姻法》第17条第1款第4项[②]之规定，为夫妻共同财产。遗赠人黄某某在立遗嘱时对该售房款

---

① 现为《民法典》第1133条。

② 现为《民法典》第1062条第1款第4项。

的处理显然违背了客观事实。公证是对法律事实的真实性和合法性给予认可。泸州市纳溪区公证处在未查明事实的情况下，仅凭遗赠人的陈述，便对其遗嘱进行了公证，违背了公证条例相关规定，显属不当。遗赠属民事法律行为的一种，是当事人实现自己权利，处分自己的权益的意思自治行为，但遗赠人行使遗赠权不得违背法律的规定。本案中遗赠人黄某某与被告蒋某某系结婚多年的夫妻，无论从社会道德角度，还是从《婚姻法》的规定来讲，均应相互扶助、互相忠实、互相尊重。但在本案中遗赠人自1996年认识原告张某某以后，长期与其非法同居，其行为违反了《婚姻法》规定的一夫一妻的婚姻制度、禁止有配偶者与他人同居以及夫妻应当互相忠实、互相尊重的法律规定。遗赠人黄某某基于与原告张某某有非法同居关系而立下遗嘱，将其遗产和属被告所有的财产赠与原告张某某，违反了公序良俗。原告张某某明知黄某某有配偶而与其长期同居生活，其行为为法律所禁止，也是社会公德和伦理道德所不允许的，侵犯了蒋某某的合法权益，于法于理不符，依法不予支持。综上所述，遗赠人黄某某的遗赠行为违反了法律规定和公序良俗，应属无效行为，原告张某某要求被告蒋某某给付受遗赠财产的主张依法不予支持。据此依法维持一审法院驳回原告张某某诉讼请求的判决。

【案　　号】（2001）泸民一终字第621号

【审理法院】四川省泸州市中级人民法院

三、梁某1与梁某2、梁某3、梁某4遗嘱继承纠纷案

关键词：遗赠形式　遗嘱效力

裁判摘要：本案是遗嘱继承纠纷，争议焦点主要有：一是录音遗嘱与书面遗嘱效力问题，二是案涉遗产有关的产权证（铺位证）应由谁保管合理以及租金如何分配的问题。梁某1提交了录音材料并主张该录音是被继承人立下的录音遗嘱。从该录音遗嘱的内容来，被继承人是在其他人的追问引导下作出，主观自愿存疑；且该录音遗嘱亦不符合法律规定的形式要件，根据《继承法》第17条“以录音形式立的遗嘱，应当有两个以上见证人在场见证”的规定，梁某1提供的录音证据中未能明确具体记录继承人及见证人姓名以及年、月、日等信息，不符合前述关于遗嘱的形式要件规定，因此，其遗嘱性质不予认可，故对该录音遗嘱的效力，不予采信。被上诉人亦提交了被继承人的自书遗嘱，该遗嘱是遗嘱人亲笔书写，遗嘱内容表述前后连贯，分配遗产没有明显违反常

理之处，并且有被继承人亲笔签名。虽然该自书遗嘱的落款时间书写开始处潦草，但结合遗产来源时间及被继承人精神状况，该遗嘱上“一九一七年”应为笔误，一审法院认定为“2017年”，符合情理，予以认可。从被继承人的遗嘱来看，已清楚写明继承人之间关于案涉铺位经营使用权的分配比例，意思表示明确，应按该遗嘱进行处置。上诉人主张，其与第三人占有遗产的份额较大，且被继承人生前已将商铺产权证交由其保管，故该产权证由其保管及收取租金符合其意愿；但是，自书遗嘱已明确载明“黄坡商铺证由梁某4保管”，再结合本案的纠纷起因之一正是由于被上诉人认为上诉人存在吞并他人租金行为而引发，因此，上诉人请求由其收取案涉商铺租金及保管商铺产权证，既不符合被继承人的遗嘱意愿，亦不利于纠纷的解决，对其上诉理由，不予采纳。应当指出的是，《民法典》于2021年1月1日起开始施行，根据《民法典时间效力规定》，《民法典》施行前的法律事实引起的民事纠纷案件，适用当时的法律、司法解释的规定，但法律、司法解释另有规定的除外。因此，本案应适用继承纠纷发生时的法律，一审法院适用法律有误：但其适用《民法典》的相关条文与《继承法》不存在冲突，属于法律适用上的瑕疵。二审法院维持一审判决：（1）梁某2、梁某3、梁某4各享有案涉两铺位的1/6经营使用权，梁某1享有案涉两铺位1/2的经营使用权，梁某5、梁某6各享有案涉两铺位的1/6的经营使用权；（2）梁某1应于判决生效后5日内将案涉两铺位的铺位证交给梁某4保管；（3）梁某4应于判决生效之日起负责收取位于案涉两铺位的租金，并按本判决第1项所确认的份额比例分别交付相应租金给梁某2、梁某3，梁某1和第三人梁某5、梁某6；（4）梁某1应于判决生效后5日内退还已收取的租金15 600元给梁某2、梁某3、梁某4。

【案　　号】（2021）粤08民终1831号

【审理法院】广东省湛江市中级人民法院

第一千一百三十四条　自书遗嘱由遗嘱人亲笔书写，签名，注明年、月、日。

关联规定

法律、行政法规、司法解释

《最高人民法院关于适用〈中华人民共和国民法典〉继承编的解释（一）》

第二十七条　自然人在遗书中涉及死后个人财产处分的内容，确为死者的真实意思表示，有本人签名并注明了年、月、日，又无相反证据的，可以按自书遗嘱对待。

条文释义

一、本条主旨

本条是关于自书遗嘱的规定。

二、条文演变

原《继承法》第17条第2款规定："自书遗嘱由遗嘱人亲笔书写，签名，注明年、月、日。"《民法典》本条完全保留了原《继承法》第17条第2款的规定，文字上未作任何变动。这表明，对于自书遗嘱，我国继承立法史上未存争议。

原《继承法》第17条规定了五种遗嘱的形式，包括公证遗嘱、自书遗嘱、代书遗嘱、录音遗嘱和口头遗嘱。自原《继承法》实施以后，特别是随着经济的发展，个人财产的增加，越来越多的自然人选择通过立遗嘱的方式处理自己的个人财产。而随着信息技术的发展与普及，人们的书写、记录方式产生了较大的改变，国家应当在原《继承法》规定的基础上增加新的遗嘱形式，为人们

立遗嘱提供更多的形式选择。随着遗嘱形式的增加，只用一个条文已经难以容纳相关规则，对各种遗嘱形式分条加以规定更加合理。在这一背景下，《民法典》继承编在第1134条至第1139条分条规定了自书遗嘱、代书遗嘱、打印遗嘱、录音录像遗嘱、口头遗嘱、公证遗嘱六种遗嘱的形式。

三、条文解读

遗嘱是自然人生前按照法律规定的方式对其个人财产进行预先处分的民事法律行为，遗嘱必须是遗嘱人真实意思的反映。遗嘱虽然是单方民事法律行为，但遗嘱人所立的遗嘱关系到谁可以取得遗产以及取得遗产的方式、条件、份额等问题，直接影响着遗嘱继承人、受遗赠人、法定继承人等的切身利益，因此，遗嘱必须清楚确切。然而，遗嘱又是死因行为，即只有在遗嘱人死亡时发生法律效力，当遗嘱的真实性和内容发生争议时，无法探知遗嘱人的真实意思。因此，为了保证遗嘱的真实性和可靠性，指导当事人正确审慎地设立遗嘱，尽量减少纠纷，各国法律基本都对遗嘱规定了严格的形式要件，强调遗嘱应当按照法律规定的方式设立。自然人立遗嘱时，可以任意选择法律规定的遗嘱形式。但是如果其所设立的遗嘱不符合法律规定的形式要求，就不能发生法律效力。因此，尽管遗嘱的形式不影响遗嘱的内容，但是会影响遗嘱的效力，当事人在立遗嘱时应注重遗嘱形式方面的要求。

自书遗嘱，是指遗嘱人本人将处分遗产的意思表示亲自用笔书写出来的遗嘱。自书遗嘱由于是遗嘱本人亲笔书写，意思表示真实、自由并且容易鉴别真伪，因此形式要求较为简单，可以随时设立，不需要有见证人在场见证，设立过程私密，是最简便易行的遗嘱形式。然而，自书遗嘱是无相对人的单方、死因法律行为，在被继承人死亡后，既无法通过被继承人确定该自书遗嘱是否体现了被继承人的真实意思表示，也无法通过如同代书遗嘱、音像遗嘱等法定的要求通过见证人见证的方式确定被继承人的意思表示。故为确保被继承人的真实意思得到实现，需要对自书遗嘱的形式要件予以严格要求。自书遗嘱要有效成立，在形式上需要符合三个方面的要求。

（一）遗嘱人必须亲笔书写

自书遗嘱必须由遗嘱人亲笔书写遗嘱的全部内容。这是自书遗嘱最主要的形式要件要求。亲笔书写，顾名思义，是指遗嘱人亲自用笔书写。这里的

"笔"，应指通常意义上的"笔"，法律并无限制，包括钢笔、毛笔等类似书写工具，理论上应不排除铅笔、圆珠笔等较为容易导致字形字迹变化的笔。立遗嘱人亲笔书写遗嘱全文，既可以真实表达遗嘱人的意愿，又可防止他人伪造、篡改、添加遗嘱内容。因而，只要能够确认遗嘱不是遗嘱人亲笔书写，就可以确定该遗嘱不属于自书遗嘱，不适用自书遗嘱的法律规则，不发生自书遗嘱的效力。

亲笔书写意味着不能采用打印方式。自书遗嘱最大的优势在于遗嘱人亲笔书写的遗嘱可以在最大限度上保证遗嘱内容真实地来自遗嘱人的意愿。如果遗嘱的内容为打印而成，由于打印文字具有统一性、一致性，所有打印文字的字体可以保持一致，且遗嘱是在遗嘱人死亡后才发生效力的法律文件，无法向遗嘱人证实打印的内容是否系遗嘱人的真实意思表示，也无法通过字迹辨认打印遗嘱的内容是否为遗嘱人的真实意思表示，即无法从外在形式区分遗嘱内容为何人所写。即使打印遗嘱中有遗嘱人亲笔签名，因字数十分有限，被人模仿的可能性大；同时，取得一个人亲笔签名并不困难，取得他人签名的人完全可以事后用打印机在取得的已签名载体上打印任何他想要的"遗嘱人"的"真实意思表示"，或者通过扫描的方式将签名复制到打印好的"遗嘱"之上。故单凭打印遗嘱上遗嘱人的亲笔签名不足以判断遗嘱的整体内容是否出自遗嘱人的真实意思表示。

亲笔书写意味着书写全部遗嘱内容。亲笔书写，理论上有绝对主义与相对主义之分。所谓绝对主义，是指自书遗嘱的全部内容都必须由遗嘱人亲笔书写，只要有部分内容不是亲笔书写，就不构成自书遗嘱。所谓相对主义，是指只要能够确认遗嘱内容是遗嘱人的真实意思表示，且亲笔签名并注明年、月、日，不论自书遗嘱的内容是否为遗嘱人亲笔书写，都应当认定其效力。考虑到《民法典》已经将打印遗嘱、代书遗嘱等确认为法律上独立的法定遗嘱形式，且打印遗嘱、代书遗嘱等均有见证人见证的形式要件要求，因而自书遗嘱在理解上应采绝对主义为宜，即只承认遗嘱的全部内容为遗嘱人亲笔书写的遗嘱为自书遗嘱，如果遗嘱人没有亲笔书写遗嘱的全部内容，不构成自书遗嘱。

（二）遗嘱人必须签名

自书遗嘱必须由遗嘱人签名，即亲笔书写其姓名。遗嘱人亲笔签名既可以将遗嘱与遗嘱人联系起来，表明遗嘱人的身份，又可以表示遗嘱人对遗嘱内容

的确认。因此，任何形式的书面遗嘱都要求遗嘱人签名。由于人们在长时间的书写过程中会形成自己独特的书写习惯，而自书遗嘱是遗嘱人亲笔书写全部遗嘱内容的遗嘱，可以通过笔迹鉴定的方式来认定遗嘱内容是否由遗嘱人书写，因而自书遗嘱不要求遗嘱人在遗嘱每一页签名，也不要求有见证人在场见证。在自书遗嘱中，尽管遗嘱的内容可能确实是由遗嘱人亲笔书写，但是如果没有签名，无法判断遗嘱人只是书写了草稿还是作出了最终决定，因此，没有签名的自书遗嘱无效。

通常情况下，立遗嘱人在遗嘱落款处签名，即遗嘱全部内容书写完成后，在注明的年、月、日之上书写自己的姓名。另外，如果在自书遗嘱中已经留有立遗嘱人亲笔书写的姓名，如遗嘱开头即遗嘱内容之前，亲笔写明“立遗嘱人某某”，而在最后落款处没有签名，但捺有指印或者盖有印章，应认为符合签名的要求。不过，如果只是盖章或者捺指印等，而没有亲笔签名，则不符合法律规定。在民商事其他领域，特别是合同法，盖章或者捺指印与签名具有相同效力。在继承法中，立遗嘱人必须亲自签名，其目的在于借签名判断立遗嘱人为何人，且借签名了解立遗嘱人的书写特征，以防止遗嘱的内容被伪造或者变造。

（三）立嘱人必须注明年、月、日

这是自书遗嘱必备的形式要件。立遗嘱人在自书遗嘱中必须注明其设立遗嘱的具体时间，即必须注明年、月、日。遗嘱中必须注明年、月、日主要有以下作用：一是注明年、月、日可以确定遗嘱设立的时间，如果在遗嘱设立后遗嘱人撤回、变更了该遗嘱，或者遗嘱人实施了与该遗嘱内容相反的民事法律行为，那么该遗嘱的部分或者全部内容将不发生法律效力。二是遗嘱人立有数份遗嘱时，如果遗嘱之间内容相抵触的，以最后的遗嘱为准。当然，即使仅有一份遗嘱的，立遗嘱人也必须在遗嘱上注明年、月、日，作为遗嘱有效的形式要件。三是遗嘱中注明年、月、日，还可用来确定遗嘱人在立遗嘱时是否具有遗嘱能力，从而判断遗嘱人所立的遗嘱是否有效。自书遗嘱中未注明日期或者所注明的日期不具体的，遗嘱不能生效。另外，司法实践中还可以通过立遗嘱的时间判断遗嘱内容的真伪。

本条明确立遗嘱人要注明年、月、日，而不是注明日期。这是为了确定立遗嘱的确切时间，以避免出现时间不准确而发生内容抵触的数份遗嘱的时间顺序不清晰，无法确定哪份遗嘱是最后立的遗嘱。年、月、日缺一不可。一般情况下，年、月、日可以是公历，也可以是农历；如果没有特别注明是农历，则推定为公历。有些情况下，通过其他方式能够推断确定年、月、日的，也应认定有效，如“本人七十岁生日之际”或者“2022年元旦”等。当然，注明具体的年、月、日可避免不必要的争议。

适用指引

一、关于遗嘱应否注明立遗嘱的地点问题

法律要求自书由遗嘱人亲笔书写，签名，注明年、月、日，未要求注明书写地点。毕竟书写遗嘱的地点并不影响遗嘱的效力，实践中也难以通过遗嘱上注明的地点判断遗嘱内容的真伪。

二、立遗嘱人可否以印章、捺指印代替签名问题

自书遗嘱不能由他人代签姓名，也不能用印章、指印或其他符号代替签名。只有这样，才能保证遗嘱的真实性和准确性。印章具有可复制性，并且可以被他人控制、支配。指印虽然具有身份识别上的唯一性，但在遗嘱人无意识、死亡时存在被强按指印的可能性，也可能存在因遗嘱人的指纹样本没有留存而难以鉴定的情况。在遗嘱没有签名时，以盖章或者捺指印来确认遗嘱的真实性并不可靠。尤其自书遗嘱中，不要求见证人在场见证，如果允许以盖章或者捺指印的方式取代签名，可能会增加伪造遗嘱的风险。为此，《民法典》继承编在遗嘱的形式要件中，没有采纳盖章和捺指印的方式。

三、遗嘱中涂改、增删的标注问题

自书遗嘱中如需涂改、增删，应当在涂改、增删内容的旁边注明涂改、增删的字数，且应在涂改、增删处另行签名。无论是修正书写笔误还是变更遗嘱内容，为了表示涂改、增删的内容为立遗嘱人本人所为，是对遗嘱的修正，立遗嘱人应当在涂改、增删处书写自己的姓名并注明年、月、日。

四、涉自书遗嘱的举证责任问题

主张依自书遗嘱取得遗产的当事人，只需要就该自书遗嘱的存在提供证据

予以证明。主张自书遗嘱无效或者部分无效的当事人，需要提供遗嘱人立遗嘱时无遗嘱能力、遗嘱系伪造、遗嘱被篡改、遗嘱为立遗嘱人受胁迫或者欺诈所立，或者相关签名等形式要件存在瑕疵等证据予以证明。另外，《民法典继承编解释（一）》第27条规定："自然人在遗书中涉及死后个人财产处分的内容，确为死者的真实意思表示，有本人签名并注明了年、月、日，又无相反证据的，可以按自书遗嘱对待。"按此解释，遗书中内容可按自书遗嘱对待的条件包括：（1）内容涉及死后个人财产处分的；（2）确为死者真实意思的表示；（3）有本人签名并注明了年、月、日；（4）无相反证据。这一解释是将此类遗书视为自书遗嘱，并非引导自然人以遗书形式立遗嘱。

类案检索

刘某1、刘某2等遗嘱纠纷案

关键词： 继承　自书遗嘱

裁判摘要：《民法典》第1123条规定："继承开始后，按照法定继承办理；有遗嘱的，按照遗嘱继承或遗赠办理。"该法第1134条规定："自书遗嘱由遗嘱人亲笔书写，签名，注明年、月、日。"因而，继承开始后，按照法定继承办理，有遗嘱的，按照遗嘱继承或者遗赠办理。本案当事人刘某1提供的书面遗嘱记载的签订时间为2017年3月17日。认定该份遗嘱是否有效的关键在于签订遗嘱的实际时间和遗嘱是否系被继承人岳某本人的真实意思表示。刘某1提供录制的视频仅对岳某签名及时间落款部分进行录制，并未对设立遗嘱的全过程进行录像，视频并不完整亦非原始载体。刘某1的法定代理人刘某5在一审诉讼中称该份视频已经从原始手机载体导入电脑，视频在原始载体（手机）中删除，无法提供。根据现有证据不能体现出视频录制的最原始时间，无法证实签订遗嘱的具体真实时间。同时，刘某5作为该份遗嘱的直接受益人，亦即该份遗嘱设立时的唯一在场见证人，不能证实该份遗嘱系岳某本人真实意思表示。所以，刘某1提供的遗嘱不能充分证实是否系岳某本人真实意思表示。

【案　　号】（2021）冀08民终3815号

【审理法院】河北省承德市中级人民法院

第一千一百三十五条　代书遗嘱应当有两个以上见证人在场见证，由其中一人代书，并由遗嘱人、代书人和其他见证人签名，注明年、月、日。

关联规定

法律、行政法规、司法解释

《最高人民法院关于适用〈中华人民共和国民法典〉继承编的解释（一）》

第二十四条　继承人、受遗赠人的债权人、债务人，共同经营的合伙人，也应当视为与继承人、受遗赠人有利害关系，不能作为遗嘱的见证人。

条文释义

一、本条主旨

本条是关于代书遗嘱的规定。

二、条文演变

原《继承法》第17条第3款规定："代书遗嘱应当有两个以上见证人在场见证，由其中一人代书，注明年、月、日，并由代书人、其他见证人和遗嘱人签名。"《民法典》本条保留了原《继承法》第17条第3款的内容，但对表述作了修改。修改表现为以下三个方面：

第一，条文由原《继承法》中的一个条文中的一款，修改为一个独立的条文。这一修改符合《民法典》继承编对于遗嘱形式规定的整体编排，使每一遗嘱形式都独立为一个条文；同时便于《民法典》的解释与适用。

第二，将原置于签名人范围前的"注明年、月、日"内容调整至签名人范围之后。这一调整符合语言文法要求中先签名后签署日期的习惯。

第三，将需要签名的人中的“遗嘱人”调整至最前面，将原来的“并由代书人、其他见证人和遗嘱人签名”修改为“并由遗嘱人、代书人和其他见证人签名”。这是因为即使是代书遗嘱，仍是遗嘱人对自己财产进行身后处分的意思表达，在代书人书写完毕后，由遗嘱人先了解（如通过阅读或者听讲）遗嘱内容并表示无误后签名。因而现在的条文将原置于最后的“遗嘱人”调整至最前，不仅符合一般人的行为习惯，更能体现遗嘱是立遗嘱人处分身后财产的意思表达。

三、条文解读

代书遗嘱，是指根据遗嘱人表达的遗嘱内容，由他人代为书写的遗嘱。代书遗嘱通常适用于遗嘱人因一些特殊的原因，不能（当然包括不愿）亲笔书写遗嘱，因而委托他人代为书写遗嘱的情形。代书遗嘱是我国法律规定的一种遗嘱形式，能够满足我国民众的需求。无论教育程度如何，自然人到了立遗嘱的年龄或者遭遇特殊情形，都可能需要他人代为书写。

根据继承法一般原理，遗嘱人应当亲自立遗嘱，遗嘱不适用代理制度，不宜由他人代为设立。法律虽然允许遗嘱人在特殊情形下由他人代为书写遗嘱，但代书遗嘱不是代书人代理遗嘱人设立遗嘱，遗嘱人虽然不能亲笔书写遗嘱，但是要亲自且独立作出处分个人财产的意思表示，而代书人的职责只是如实地记录遗嘱人的意思表示，不能干涉遗嘱人的意思表示，也不能在记录的过程中扭曲、篡改遗嘱人的意思表示。

在订立代书遗嘱的过程中，要注意遗嘱人口述和代书人代书、见证人见证的时空一致性。所谓的时空一致性，包括两个方面的要求：一是指时间上的同步性；二是指空间即地点上的同一性。在时间的同步性上，要注意遗嘱人的口述、代书人代为书写的行为以及见证人的见证行为是同时或基本上同时发生的。就遗嘱人来说，其应将全部的需要订立遗嘱的内容清晰、准确地表述出来。就代书人来说，其应将其所听到的内容如实地记录下来。就其他见证人来说，其应认真倾听遗嘱人所表达的意愿，并认真监督代书人是否履行了代书职责，同时负有核对代书人所书写的遗嘱内容是否与遗嘱人所表达的意愿相一致的职责。在空间的同一性上，要注意遗嘱人、代书人、见证人这三类人要同时在同一个场合进行订立遗嘱的行为。被继承人立遗嘱过程中，见证人必须自始至终在现场见证整个遗嘱设立的过程。若见证人在遗嘱设立之中加入见证，或者在设立之中临时离开，并未见证整个过程，都可能导致见证人无法了解遗嘱内容是否是被继承人的真实意思，导致遗嘱无效。代书人或遗嘱人不得在遗嘱订立完毕后另行找其他见证人签名表示见证，如果存在这种情况，代书遗嘱即为无效的遗嘱。即一个标准的代书遗嘱的订立过程应该是遗嘱人边口述、代书人边听写、见证人在旁边全程见证参与的过程。遗嘱人口述和代书人代为书写的过程应该是基本上同步的。

为了保证代书遗嘱准确表达立遗嘱人处分遗产意思的真实性，法律必然规定代书遗嘱的形式要件。作为法定遗嘱形式之一，代书遗嘱当然应当符合一个有效遗嘱所要求的实质要件。包括立遗嘱人在设立遗嘱时具有完全民事行为能力；遗嘱必须是立遗嘱人的真实意思表示；遗嘱只能处分被继承的人个人财产；遗嘱不得取消缺乏劳动能力又没有生活来源的继承人的继承权，必须为其保留必要的份额等。在此基础之上，根据本条规定，代书遗嘱的有效成立，在形式需要符合以下四方面的要求。

（一）有两个以上见证人在场见证

见证人是指证明遗嘱真实性的第三人。为了保证遗嘱的真实性、可靠性，各国继承法普遍规定对于一些特定形式的遗嘱必须有一定数量的见证人。与自书遗嘱相比，代书遗嘱除了书写人不同外，有关见证人的要求也与自书遗嘱有明显的区别。法律之所以认可遗嘱人在没有见证人的情形下亲笔书写的自书遗嘱的有效性，是因为每个人因教育程度、书写习惯等方面的独特性而使得其亲笔书写的遗嘱具有不可复制性，可能通过笔迹鉴定辨别真伪。代书遗嘱则通过无利害关系的见证人来佐证遗嘱人的意思表示，以确保遗嘱人是在自愿状态下作出的真实意思表示，可以通过见证人来判断遗嘱的真实性与可靠性。

在代书遗嘱中，见证人需要符合一定的条件。首先，见证人需要符合一定的资格条件，既要有见证遗嘱真实性的能力，还要有中立性，即与遗嘱的内容没有利害关系。《民法典》第 1140 条定：无民事行为能力人、限制民事行为能力人以及其他不具有见证能力的人，继承人、受遗赠人以及与继承人、受遗赠人有利害关系的人，不能作为见证人。其次，见证人需要符合数量方面的要求。《民法典》规定代书遗嘱、打印遗嘱、录音录像遗嘱、口头遗嘱都需要两个以上的见证人在场见证。这里的“以上”包括本数，即这类遗嘱的见证人最少为两人。最后，符合资格、数量要求的见证人必须在场见证。也就是说，见

证人应当在场全程参与立遗嘱的过程。因而代书遗嘱如果不符合上述见证人的资格、数量、在场见证等方面的要求，则该遗嘱无效。

（二）由见证人中的一人代书

代书，顾名思义是指非由本人书写，而是由他人书写。代书遗嘱要求立遗嘱人亲自口述遗嘱内容，然后由见证人中的一人代为书写。代书人需要符合见证人的资格条件。代书人在代书遗嘱时，不得按照自己的意思书写遗嘱内容，也不是按照被继承人之外的其他人的口述书写遗嘱。代书人只能按照立遗嘱人的意思表示，忠实地记录立遗嘱人口述的遗嘱内容，不能对遗嘱内容作实质性的修正或者更改。代书人应当用亲笔书写的方式，不能运用打印等其他方式。虽然本条未明确代书人是否仅限于亲笔书写，结合《民法典》第 1134 条中的“自书”、第 1136 条中的“打印”之表述，本条中的“代书”应理解为代书人亲笔书写，不包括运用打印等其他方式。

（三）遗嘱人、代书人和其他见证人签名

由遗嘱人、代书人和其他见证人签名，目的在于保证代书遗嘱的内容完全来源于立遗嘱人的真实意思表示。代书人书写好遗嘱之后，应当交给遗嘱人和其他见证人核对，遗嘱人和其他见证人确认无误后，遗嘱人、代书人和其他见证人皆必须在遗嘱上亲笔书写姓名。遗嘱人、代书人和其他见证人签名，既表明了自己的身份，还表明了对遗嘱内容以及立遗嘱的过程的确认。

遗嘱人、代书人和其他见证人签名，是否仅限于亲笔姓名，还是包括盖章、捺指印等形式值得注意。虽然现实中代书遗嘱是主要基于立遗嘱人不具有书写能力，通过代书遗嘱形式弥补立遗嘱人因疾病、文化程度等原因不能书写的不足，但为了保证遗嘱的真实性，在有明确的权威解释之前，立遗嘱人、代书人和其他见证人都应当亲自签名，而不能采取盖章或者捺指印的方式代替。

代书人、见证人虽然实际上进行了代书、见证，但如果他们没有在代书遗嘱上签名，该代书遗嘱就不符合法律规定的遗嘱形式，该遗嘱就应是无效的遗嘱。

（四）注明年、月、日

在代书遗嘱中必须注明立遗嘱的具体日期，即注明年、月、日。遗嘱上注明的日期对于认定遗嘱的真实性和有效性具有重要作用，代书遗嘱中未注明日

期或者注明的日期不具体的，遗嘱不生效。所以代书遗嘱上的年、月、日缺一不可，有年有月无日的、有月有日无年的或者有年有日无月的，均不符合本条规定的形式要求。本条将“注明年、月、日”置于条文最后，遗嘱人、代书人和其他见证人是否都必须“注明年、月、日”？从条文表述分析看，应持肯定态度。

适用指引

人民法院在审理涉及代书遗嘱的继承纠纷案件时，应根据本条以及《民法典》相关条文的规定，重点审查代书遗嘱是否符合法律规定的遗嘱形式，代书遗嘱的内容是否为遗嘱人的真实意思表示，除遗嘱一般的要件外，通常还应考虑以下几个方面的问题：

第一，在人员的范围上，要看是否有代书人和见证人，如果只有一个代书人，没有其他见证人，这种代书遗嘱是不能被确认为有效遗嘱的，只有见证人和代书人都具备的代书遗嘱才会被法律所认可。

第二，在人员数量上，要审查代书人和见证人的总人数是否在两人以上，如果代书人和见证人的总人数不足两人，这种代书遗嘱就应被确认为无效遗嘱，遗嘱所涉及的遗产即应按照法定继承办理。

第三，在代书人、见证人的资格问题上，要审查其是否属于不得作为代书人、见证人的人。如果见证人或代书人属于《民法典》第 1140 条规定的三类人员中的任何一类，代书遗嘱即应是无效遗嘱。在这里需要注意的是，如果代书人和见证人共计是两人以上，且代书人和见证人均属于《民法典》第 1140 条所规定的三类人中的一类，此时代书遗嘱系无效遗嘱。但是，如果代书人和见证人中有些属于《民法典》第 1140 条所规定的三类人中的一类，有些不属于该三类人中的一类，此时，应如何确定代书遗嘱的效力？对此，应该从代书遗嘱要求有见证人见证的立法目的上来考量。代书遗嘱毕竟不是由遗嘱人亲笔书写，为避免遗嘱人的真实意思被误解、曲解乃至被篡改，法律规定在订立代书遗嘱时应该由无利害关系的人员作为见证人，且规定必须有两个以上的无利害关系的人员作为见证人、代书人，以此来达到相互监督，共同维护遗嘱人利益的目的。同时，法律规定代书遗嘱在订立时需要有见证人见证，也是为了避免遗嘱人受到外部利害关系人不正当的干预或影响，导致遗嘱人不敢或不便表

达自己的真实意思。故应从法律规定的见证人的最低人数考察，如果因部分见证人属于上述三类人中的一种，导致不符合见证人最少为二人的，则遗嘱无效。当然，由于《民法典》第1140条的规定具有强制性，最为合理的情形是该条中的三类人不宜出现在代书遗嘱的场合，特别是不能作代书人。

第四，关于举证责任。主张依代书遗嘱取得遗产的人，只需要就该代书遗嘱的存在以及遗嘱形式上符合法律规定提供证据予以证明。主张代书遗嘱无效的人，需要提供证据证明见证人不适格、遗嘱系伪造、立遗嘱人受胁迫或者欺诈，或者相关签名等形式要件存在瑕疵。

在涉及代书遗嘱的继承纠纷案件中，代书人、见证人还身兼证人的身份，即证明该遗嘱是遗嘱人真实意思表示，且遗嘱人在订立遗嘱的过程中不存在被欺诈、胁迫的情形，遗嘱人完全是在自愿的情形下订立的遗嘱。同时还需要证明该遗嘱是完整的，不存在被篡改或伪造的情况。故此，代书遗嘱的见证人、代书人需要出庭接受双方当事人和法庭的询问，完整、如实地陈述遗嘱订立的过程。根据《民事诉讼法解释》第119条及第120条的规定，见证人、代书人在出庭作证时需要签署保证书，以保证其将如实作证并愿意承担作伪证的法律后果。如果其拒绝签署保证书，那么不得作为证人当庭陈述意见。

类案检索

曹某1与曹某2遗嘱继承纠纷案

关键词：继承　代书遗嘱

裁判摘要：《民法典》第1135条规定："代书遗嘱应当有两个以上见证人在场见证，由其中一人代书，并由遗嘱人、代书人和其他见证人签名，注明年、月、日。"本案中，上诉人曹某1诉请依法确认被继承人王某某于2017年3月28日所立的《遗嘱》无效。经审查，第一，该《遗嘱》系代书遗嘱，该代书遗嘱的订立系被继承人王某某委托济南历下甸柳法律服务所的法律工作者柳某某、杭某某在场见证，并由见证人杭某某代书，王某某在遗嘱上签名捺印，注明年、月、日，见证人柳某某、杭某某亦在该遗嘱上签名确认。济南历下甸柳法律服务所对上述订立遗嘱和见证的过程出具了济历甸（见）字2017第0328号《见证书》。第二，已发生法律效力的济南市槐荫区人民法院作出的

（2021）鲁0104民初3600号民事判决和山东省高级人民法院作出的（2021）鲁01民终7983号民事判决均认定了上述《见证书》的法律效力。第三，被继承人王某某对遗嘱内容涉及的两套房产中属于其自己的份额享有处分权。综上，案涉被继承人王某某于2017年3月28日所立《遗嘱》，形式和内容均符合法律规定。上诉人曹某1在一、二审所提交的证据均不足以推翻案涉《遗嘱》的效力，因此，一审法院根据查明的事实判决驳回曹某1确认2017年3月28日王某某《遗嘱》无效的诉讼请求并无不当。

【案　　号】（2021）鲁01民终10652号

【审理法院】山东省济南市中级人民法院

第一千一百三十六条 打印遗嘱应当有两个以上见证人在场见证。遗嘱人和见证人应当在遗嘱每一页签名，注明年、月、日。

关联规定

法律、行政法规、司法解释

《最高人民法院关于适用〈中华人民共和国民法典〉时间效力的若干规定》

第十五条 民法典施行前，遗嘱人以打印方式立的遗嘱，当事人对该遗嘱效力发生争议的，适用民法典第一千一百三十六条的规定，但是遗产已经在民法典施行前处理完毕的除外。

条文释义

一、本条主旨

本条是关于打印遗嘱的规定。

二、条文演变

在《民法典》颁行前，法律对打印遗嘱并无明确规定。随着科技的发展和信息技术的进步，用电脑输入、用打印机打印已经慢慢取代手写方式成为生活、工作中的主流，通过电脑输入、打印机打印的遗嘱也逐渐出现，而原有的遗嘱形式已经无法满足社会生活和司法实践的需要。因此，《民法典》继承编新增本条规定，作为遗嘱人订立遗嘱的参考。

三、条文解读

本条所规定的打印遗嘱是《民法典》继承编新增加的遗嘱形式。所谓打印遗嘱，是指先用电脑将遗嘱内容书写完整，然后用打印机将书写好的遗嘱打印出来的遗嘱。根据本条的规定，在用电脑书写遗嘱时，对使用何种字体、何种字号、何种办公软件等书写形式并无要求，也无禁止性规定，即如何书写全凭书写人的意愿。在打印时，用何种打印机、用何种纸张也在所不问，只要打印的是书写人书写的内容即可。

随着经济社会的发展，人们的物质生活水平逐步提高，电脑、打印机等物品已经是触手可及的设备，对有些群体来说，甚至已经成为生活、工作的必备品。用电脑书写、用打印机打印也有着传统手写方式无法比拟的优势，如更加快捷、方便，更加正式、美观等。打印遗嘱的字体是电脑字库中保存的字体，不同于传统的手写体，不能使用传统的笔迹鉴定的方式来确定遗嘱内容是否为遗嘱人所写，为保证打印遗嘱的内容体现遗嘱人的真实意愿，不至于被他人伪造、篡改，故本条规定在订立打印遗嘱时需要有两个以上的见证人在场见证。这里规定的见证人数量也是两个以上，见证人的资格限制应该和代书遗嘱中见证人的资格限制一样，即不能是《民法典》第 1140 条规定的三类人员之一。

本条所规定的两个以上见证人在场见证，也应适用代书遗嘱中关于订立代书遗嘱的时空一致性的要求。即见证人应全程参与订立遗嘱的过程，见证遗嘱的全套制作程序。打印遗嘱实际上是通过两个步骤形成的：一是在电脑上书写遗嘱；二是在打印机上将遗嘱打印出来。因此，要求见证人全程参与遗嘱的订立过程，也就是要求见证人全程参与这两个步骤，即在书写遗嘱时其应在场，全程见证遗嘱人在电脑上书写遗嘱，在打印遗嘱时其也应该在场，全程见证电脑中的遗嘱被打印机打印出来。在遗嘱打印出来后，见证人还可以帮助检查打印出来的遗嘱内容与电脑上所书写的遗嘱的内容是否一致。

在理解本条规定时，必须注意的是，如果遗嘱在打印出来后不止一页，遗嘱人和见证人应当在遗嘱的每一页上都签上自己的姓名并注明年、月、日。由遗嘱人亲自制作并打印的遗嘱和由他人代为制作并打印的遗嘱在客观呈现效果上并无不同，这一点是和传统手写遗嘱不同的地方。传统手写遗嘱可以通过笔迹鉴定的方式确定真伪，而打印遗嘱中都是印刷字体，不易确定是由谁书写并打印出来，故需要遗嘱人和见证人在每一页上均签名并注明年、月、日，以此确定遗嘱的真实性和合法性。因打印遗嘱容易被伪造，而签名的字数又较少，容易被模仿，因此，本条规定需要有两个以上的见证人，以达到相互监督的效果。关于姓名应如何签订，日期应如何注明的问题，同《民法典》第 1134 条自书遗嘱的有关理解，在此不再赘述。

适用指引

在《民法典》颁行前，司法实践中已经出现了诸多涉及打印遗嘱的继承纠纷案件，但因为法律并未就打印遗嘱作出单独的规定，故不同的法院会有不同的认识和做法。在《民法典》颁行前的司法实践中，大多数法院还是根据打印遗嘱的制作人的不同来分别确定遗嘱的性质和效力。即如果有证据证明遗嘱是由遗嘱人本人在电脑上书写并打印出来，则将其作为自书遗嘱对待，按照自书遗嘱的法律要件来审查遗嘱的效力；如果有证据证明遗嘱是由他人在电脑上书写并打印出来，则将其作为代书遗嘱对待，按照代书遗嘱的法律要件来审查遗嘱的效力。本条规定统一了司法认识，对解决实践问题有着积极的意义，但还是有一些问题需要我们在司法实践中加以注意。

第一，本条规定"打印遗嘱应当有两个以上见证人在场见证。遗嘱人和见证人应当在遗嘱每一页签名，注明年、月、日"。从该条文表述看，不要求电脑制作和打印的行为必须由遗嘱人本人完成，但需要两个以上见证人全程参与。

第二，如果遗嘱人先用传统手写的方式书写了遗嘱，之后无论出于何种目的，将手写遗嘱交与打印店工作人员用电脑抄录并打印，在打印的遗嘱上并无其他见证人签名，此时如何确定该打印遗嘱的效力？此时，还是应该谨守遗嘱形式法定的原则，确认打印遗嘱无效。但该手写遗嘱如果符合自书遗嘱要件，且与打印遗嘱内容一致，不存在时间先后内容不同的遗嘱，可认定该手写遗嘱的效力。

第三，在打印遗嘱不止一页的情况下，遗嘱人、见证人只是在遗嘱的最后一页上签名并注明年、月、日，或者遗嘱人、见证人只是在遗嘱中的某些页面上签名并注明年、月、日，或者遗嘱人、见证人中的某些人只是在遗嘱的某些页面上签名并注明年、月、日，此时如何确定遗嘱的效力？此时，也应按照遗嘱形式法定的原则来确定遗嘱的效力。没有遗嘱人、见证人签名并注明年、月、日的遗嘱部分是无效的。因为在打印遗嘱不止一页的情况下，如果没有遗嘱人、见证人的签名，无法保证未签名的页面上的内容是遗嘱人的真实意思表示，不能保证这些页面上的内容没有被伪造或被篡改，故从保障遗嘱人及其继承人合法权益的角度考虑，对此应该从严把握。此时应该注意的是，在这种情况下，并不是指遗嘱应该全部无效，而是没有签名的页面上的内容无效。当然，如果有签名的部分和没有签名的部分是一个不可分割的整体，认定没有签名的部分无效后无法确定有签名部分的具体内容时，该遗嘱以认定全部无效为宜。

第四，部分内容为传统手写字迹，部分内容为打印字体的遗嘱的效力如何认定？根据本条的规定，只要是涉及打印部分，均应有两个以上无利害关系的见证人在场见证，若无两个以上的见证人，打印部分应认定无效。如果打印部分和手写部分形成了一个不可分割的整体，那么整个遗嘱应属无效。如果手写部分与打印部分是可以分开来的两个部分，内容各自相互独立，则需要审查手写部分是否为遗嘱人本人所写，分别按照自书遗嘱和打印遗嘱的法律要件进行审查，符合法律规定的相应要件的，则分别按照自书遗嘱和代书遗嘱进行处理。既不符合自书遗嘱要件，又不符合打印遗嘱要件的，则遗嘱全部无效，按照法定继承的规则处理遗嘱所涉及的遗产。

典型案例

王某 1 与陈某某遗嘱继承纠纷案

关键词： 继承纠纷　打印遗嘱

裁判摘要： 遗嘱是要式行为，即遗嘱除了要符合民事法律行为一般的成立和生效实质要件外，还必须符合法律规定的形式要件。打印遗嘱中补写手书未经授权，录制视频中未出现见证人影像，不符合法定形式要件的，该打印遗嘱无效。

《民法典时间效力规定》第 15 条也规定了打印遗嘱的效力可溯及适用《民法典》的规定。也就是说，即使是《民法典》施行前订立的打印遗嘱，只要遗产尚未处理完毕，都应该按照《民法典》的规定来审查判断遗嘱效力。

基本案情： 被继承人刘某（女）是深圳市某村原村民（现已去世），生育儿子王某 1 和女儿王某 2，王某 2 生育儿子陈某某。陈某某主张外婆刘某生前订立了一份遗嘱，载明刘某愿意将其名下的村集体股份及分红在其去世后由陈某某继承。该遗嘱主体为打印件，在立遗嘱人签字栏处，签有"刘某（代）"的手书，旁边有一个指模，下有手写的年、月、日。陈某某称该指模是刘某本人在立遗嘱现场按的，但"刘某（代）"和年、月、日等手书都是陈某某妻子

李某某所写。陈某某还承认以上手书不是由李某某在立遗嘱现场写的，而是事后补写。陈某某没有提交证据证实刘某委托李某某代其签署遗嘱。在见证人签字栏处，律师手写了签名，但没有写年、月、日。陈某某提交了该两位律师录制的刘某立遗嘱的视频，但视频中只显示刘某在遗嘱上按了指模，两位见证人均没有出现在视频中，也没有见证人在刘某按指模前向刘某宣读遗嘱的过程。立遗嘱的第二天，两位律师所在的律师事务所出具一份见证书，对前一天刘某按指模的行为和李某某签字的行为进行书面确认。刘某的儿子王某1起诉陈某某，请求确认遗嘱无效。

一审法院经审理认为，案涉遗嘱虽然是陈某某妻子代刘某签名，遗嘱形式上存在瑕疵，但该遗嘱还有两位律师见证，且保留了刘某按指模的视频，可见遗嘱是刘某的真实意思表示，合法有效。一审判决驳回王某1要求确认遗嘱无效的诉讼请求。

王某1不服，提出上诉。二审法院经审理认为，本案遗嘱是打印遗嘱，应当溯及适用《民法典》关于打印遗嘱的法律规定。立遗嘱人刘某没有在遗嘱上签名。李某某虽然代刘某签名，但根据遗嘱内容，李某某仅是遗嘱执行人，其权限并不包括代刘某签署遗嘱。现有证据也不能证实刘某在立遗嘱时通过书面或口头方式委托李某某代其签名，故李某某的行为构成无权代理。另外，两位见证人仅书写了自己的名字，没有注明年、月、日，录制的视频中也没有出现两位见证人的肖像。律师事务所是在立遗嘱的第二天出具的见证书，并非现场形成，以上情形均难以证实见证人在刘某立遗嘱的现场同步进行了见证活动。视频虽然记录了刘某在遗嘱上按指模的过程，但并未记录见证人在刘某按指模前向其宣读遗嘱内容，难以证实刘某在按指模前对打印的遗嘱内容完全知悉并理解。综上，案涉遗嘱不符合《民法典》第1136条规定的打印遗嘱的法定形式要件。二审判决据此撤销一审判决，改判确认案涉遗嘱无效。

【审理法院】广东省深圳市中级人民法院

【来　　源】《人民法院报》2021年2月19日第3版

类案检索

常某1与常某3等遗嘱继承纠纷案

关键词：继承纠纷　打印遗嘱

裁判摘要：《民法典时间效力规定》第15条规定：《民法典》施行前，遗嘱人以打印方式立的遗嘱，当事人对该遗嘱效力发生争议的，适用《民法典》第1136条的规定，但是遗产已经在《民法典》施行前处理完毕的除外。《民法典》第1136条规定：打印遗嘱应当有两个以上见证人在场见证。遗嘱人和见证人应当在遗嘱每一页签名，注明年、月、日。根据上述法律规定，审查打印遗嘱是否有效的核心，并不在于遗嘱如何形成，而在于立遗嘱人对已打印好的遗嘱内容是否完全理解并确认，且见证人是否在场全程见证立遗嘱人确认遗嘱的过程。在上述两个条件同时满足的情况下，打印遗嘱应被认定有效。

【案　　号】（2021）京03民终11544号

【审理法院】北京市第三中级人民法院

第一千一百三十七条　以录音录像形式立的遗嘱，应当有两个以上见证人在场见证。遗嘱人和见证人应当在录音录像中记录其姓名或者肖像，以及年、月、日。

关联规定

法律、行政法规、司法解释

《最高人民法院关于民事诉讼证据的若干规定》

第十五条　当事人以视听资料作为证据的，应当提供存储该视听资料的原始载体。

当事人以电子数据作为证据的，应当提供原件。电子数据的制作者制作的与原件一致的副本，或者直接来源于电子数据的打印件或其他可以显示、识别的输出介质，视为电子数据的原件。

第九十三条　人民法院对于电子数据的真实性，应当结合下列因素综合判断：

（一）电子数据的生成、存储、传输所依赖的计算机系统的硬件、软件环境是否完整、可靠；

（二）电子数据的生成、存储、传输所依赖的计算机系统的硬件、软件环境是否处于正常运行状态，或者不处于正常运行状态时对电子数据的生成、存储、传输是否有影响；

（三）电子数据的生成、存储、传输所依赖的计算机系统的硬件、软件环境是否具备有效的防止出错的监测、核查手段；

（四）电子数据是否被完整地保存、传输、提取，保存、传输、提取的方法是否可靠；

（五）电子数据是否在正常的往来活动中形成和存储；

（六）保存、传输、提取电子数据的主体是否适当；

（七）影响电子数据完整性和可靠性的其他因素。

人民法院认为有必要的，可以通过鉴定或者勘验等方法，审查判断电子数据的真实性。

第九十四条 电子数据存在下列情形的，人民法院可以确认其真实性，但有足以反驳的相反证据的除外：

（一）由当事人提交或者保管的于己不利的电子数据；

（二）由记录和保存电子数据的中立第三方平台提供或者确认的；

（三）在正常业务活动中形成的；

（四）以档案管理方式保管的；

（五）以当事人约定的方式保存、传输、提取的。

电子数据的内容经公证机关公证的，人民法院应当确认其真实性，但有相反证据足以推翻的除外。

条文释义

一、本条主旨

本条是关于录音录像遗嘱的规定。

二、条文演变

本条源于原《继承法》第 17 条第 4 款的规定："以录音形式立的遗嘱，应当有两个以上见证人在场见证。"本条规定了自然人可以通过录音录像的形式订立遗嘱，内容相较于上述原《继承法》第 17 条第 4 款内容具有以下三点变化：（1）在遗嘱的形式上，将原来的"录音遗嘱"修改为"录音录像遗嘱"。原《继承法》只规定了录音的形式，而本条增加规定了录像形式。（2）在遗嘱人和见证人的确认方式上，增加了遗嘱人和见证人应当在录音录像中记录其姓名或者肖像的内容。（3）在立遗嘱的日期规定上，增加了遗嘱人和见证人应当在录音录像中记录年、月、日的内容。

三、条文解读

在遗嘱的形式上，本条实际上规定了两种形式的遗嘱：一是录音遗嘱；二是录像遗嘱。录音遗嘱指的是以录音机、录音笔、录音带等方式录制下来的遗

嘱人的遗嘱，这种遗嘱只是记录遗嘱人的声音，无法记录遗嘱人的影像。这种以录音形式订立的遗嘱记录的只是遗嘱人的口述遗嘱。录像遗嘱指的是以录像机、照相机等可以录制声音和影像的器材所录制的遗嘱人的遗嘱，这种遗嘱既可以记录遗嘱人的声音，也可以记录遗嘱人的影像，相比于录音遗嘱而言，更为直观，也更容易体现遗嘱人的真实意愿，这种遗嘱记录的也只是遗嘱人口述的遗嘱内容。

和代书遗嘱、打印遗嘱一样，在订立录音录像遗嘱时，也需要有见证人在场见证，且需要有两个以上的见证人在场见证。这些见证人需要和遗嘱处理的财产没有利害关系，需要满足《民法典》第 1140 条对见证人资格所作的限制性规定，即录音录像遗嘱的见证人不得是该条规定的三类人员之一，如果见证人在该条规定的三类人员范围内，那么就会因见证人身份不合法而导致录音录像遗嘱无效。

在理解本条时尤其需要注意本条后半段的规定，即“遗嘱人和见证人应当在录音录像中记录其姓名或者肖像，以及年、月、日”。本条后半段的规定是《民法典》新增加的内容，是对该种遗嘱形式要件的规范。如果遗嘱人和见证人没有在录音录像中记录姓名或者肖像，并说明年、月、日，该遗嘱就不符合本条关于录音录像遗嘱的形式要件，应被确认为无效的遗嘱。在这里，需要在遗嘱中记录姓名或者肖像的人员有两类，一是遗嘱人，二是见证人，缺一不可。

如果只有遗嘱人在遗嘱中记录了姓名或者肖像而见证人没有作相关的记录，或者只有见证人在遗嘱中记录了其姓名或者肖像而遗嘱人没有作相关的记录，这两种情况都是不符合法律规定的。

如果录音录像遗嘱存在两个以上的见证人，只有遗嘱人和部分见证人在遗嘱中记录了姓名或者肖像，在这种情况下，需要分情况判断遗嘱的效力，一般可以区分为两种情况：第一，在场见证的见证人的人数只有两人的情况。在这种情况下，如果只有一名见证人在遗嘱中记录了姓名或者肖像，那么该遗嘱应该是无效遗嘱，因为它违反了本条规定的关于见证人的相关规定。按照本条规定，以录音录像订立的遗嘱，应当有两个以上见证人在场见证，按照条文的意思，在场见证的两名见证人均需要在遗嘱中记录其姓名或者肖像。第二，在场见证的见证人的人数在两人以上的情况。在这种情况下，录音录像遗嘱并不是当然无效的。如果在场见证的见证人中有两人或者两人以上在遗嘱中记录了姓名或者肖像，那么此时的遗嘱是符合法律规定的形式要件的，该遗嘱不会因只有部分见证人记录姓名或者肖像的问题而被认定无效。但是，如果在场见证的见证人只有一人在遗嘱中记录了姓名或者肖像，其他见证人没有作相关的记录，那么该遗嘱即为无效的遗嘱。即如果在场见证的见证人人数多于两人，本条并不要求所有在场见证的见证人都必须在遗嘱中记录姓名或者肖像，只要有两人或者两人以上在遗嘱中记录了姓名或者肖像即可。

本条规定录音录像遗嘱应当有两个以上的见证人在场见证，即见证人最少必须是两人。关于人数的问题，本条对其上限没有作限制性规定。从理论上来说，见证人可以是无穷多个，见证人越多，越能保证遗嘱人在立遗嘱时能充分表达自己的真实意愿。无论有多少个见证人，法律均要求所有的见证人必须全程参与录音录像遗嘱订立的全过程，即都必须亲自在场，不得委托他人在场见证，如果委托他人代为见证，则受托人为见证人，委托人不能成为符合条件的遗嘱见证人。

本条规定遗嘱人和见证人应当在录音录像中记录其姓名或者肖像。按照本条规定，遗嘱人和见证人只需要在录音录像中记录姓名或肖像其中一种即可，无须两种都记录，但同时记录姓名和肖像效果会更好，在今后发生纠纷时更容易确定遗嘱的效力。在记录姓名时，应注意以下两点：第一，遗嘱人和见证人应当清晰地说出自己的正式姓名，亦即其应清晰地陈述其在居民身份证件或者户口簿上登记的姓名，包括姓氏和名字，最好是能够念出自己的身份证号码，以便于确定遗嘱人和见证人的身份。关于姓名的问题，可以参照上文关于自书遗嘱签名的相关论述，在此不再赘述。第二，在记录姓名时，遗嘱人和见证人应按照一定的顺序，依次进行，以便于确保陈述的清晰性和真实性。在记录肖像时，应将录像镜头焦距对好，不能模糊，上半身影像和全身影像都应在录像中有所反映，尤其是脸部图像更需要清晰地呈现出来。

在使用录音录像方式订立遗嘱时，为保证音像资料所呈现信息的完整性，应该使用一镜到底的方式进行录制。即从开始订立遗嘱时就进行录制，直到遗嘱订立完毕为止，在此期间不要关机，不要暂停，全程无休地录制，在录制设备出现故障时应重新从头开始录制。在使用录像方式订立遗嘱时，遗嘱人和见证人的特写镜头及订立遗嘱时的全部环境场景的全景镜头都应有所体现。

在遗嘱记录年、月、日的问题上，需要注意以下几个问题：第一，遗嘱所记录的年、月、日三要素必须齐全，年、月、日三者缺一不可，记录日期不全的遗嘱是无法被法律所认可的，应作为无效的遗嘱对待。第二，遗嘱人和见证人都必须在录音录像中记录年、月、日。

适用指引

在遗嘱形式上，应肯定录音录像遗嘱形式的合法性，因为这是《民法典》明确规定的一种遗嘱形式。

第一，在审查遗嘱效力时，除遗嘱一般的有效要件外，还应注重审查见证人的人数以及见证人的资格问题。如果在场见证的见证人少于两人，则遗嘱应被确定为无效；如果在场见证的见证人是两人以上，但在录音录像遗嘱中记录姓名和日期的见证人只有一人，那么这种遗嘱也应视为无效的遗嘱。即应注意实际的见证人和在遗嘱中记录姓名、日期的见证人数量是否一致，见证人的数量应以在遗嘱中有记录的人员数量为准。在见证人资格问题上，即使见证人在遗嘱中记录了姓名和日期，但如果见证人属于《民法典》第 1140 条规定的三类人员之一，遗嘱也应被认定为无效。

第二，关于本条规定的注明年、月、日，在司法实务中究竟应如何理解的问题，如果遗嘱人、见证人没有在遗嘱中口述自己的姓名和日期，而是在封存遗嘱的材料上写上自己的姓名和日期，这种行为应视为遗嘱不符合本条规定的遗嘱形式要件，应被认为是无效遗嘱。因为按照本条的规定和法律设立录音录像遗嘱的初衷，遗嘱人和见证人应该是在录音录像中口述自己的姓名和日期，而不是另行在遗嘱载体或者载体的封存材料上签名并标注日期，更不能是见证人另行书写书面材料对遗嘱的见证过程加以说明。

典型案例

张某 1 与赵某等继承纠纷案

关键词：继承纠纷　录像遗嘱

裁判摘要：录像遗嘱指的是以录像机、照相机等可以录制声音和影像的器材所录制的遗嘱人的遗嘱，这种遗嘱既可以记录遗嘱人的声音，也可以记录遗嘱人的影像，相比于录音遗嘱更为直观，也更容易体现遗嘱人的真实意愿，弥补了以往继承法中关于口头遗嘱和录音遗嘱未规定的空白领域，充分体现了民法典对时代发展的回应。在录像录制时，虽然法律对录像遗嘱没有明确的规定，但是依据民法典溯及力的相关规定，结合具体案情可以对遗嘱有效性进行合理认定。

基本案情：被继承人王某、张某生育张某1、张某2、张某3子女三人。王某、张某去世后，张某3随即去世，张某3应继承的父母遗产份额转由其妻子赵某及两个子女继承。张某住院期间，于2019年10月31日，将张某1、张某2、张某3及张某的两个弟弟叫到病房，由张某的两个弟弟作为见证人，经案外人录像，张某口述表示将其名下的房产于过世后留给长女张某1，张某1根据该录像向法院起诉，要求继承张某名下的诉争房产。

法院经审理认为，经审查当事人提交的录像内容，录像现场有立遗嘱人张某及两个见证人的肖像，各方当事人均认可录制时间为2019年10月31日，可以确认录制时间和见证人身份，该录像符合《民法典》规定的录音录像遗嘱的形式要件，应为录音录像遗嘱。根据《民法典时间效力规定》的相关规定，《民法典》施行前的法律事实引起的民事纠纷案件，当时的法律、司法解释没有规定而《民法典》有规定的，可以适用《民法典》的规定，但是明显减损当事人合法权益、增加当事人法定义务或者背离当事人合理预期的除外。录像遗嘱是《民法典》新规定的遗嘱形式，该遗嘱并不存在明显减损当事人合法权益等情形，故本案应适用《民法典》的规定。一审判决认定录像遗嘱有效，并在此基础上确认了张某1应继承的诉争房产份额。一审判决后，当事人均未提起上诉。

【来　　源】2021年天津法院家事审判典型案例

第一千一百三十八条 遗嘱人在危急情况下，可以立口头遗嘱。口头遗嘱应当有两个以上见证人在场见证。危急情况消除后，遗嘱人能够以书面或者录音录像形式立遗嘱的，所立的口头遗嘱无效。

关联规定

法律、行政法规、司法解释

1.《最高人民法院关于适用〈中华人民共和国民事诉讼法〉的解释》

第一百零九条 当事人对欺诈、胁迫、恶意串通事实的证明，以及对口头遗嘱或者赠与事实的证明，人民法院确信该待证事实存在的可能性能够排除合理怀疑的，应当认定该事实存在。

2.《最高人民法院关于民事诉讼证据的若干规定》

第八十六条 当事人对于欺诈、胁迫、恶意串通事实的证明，以及对于口头遗嘱或赠与事实的证明，人民法院确信该待证事实存在的可能性能够排除合理怀疑的，应当认定该事实存在。

与诉讼保全、回避等程序事项有关的事实，人民法院结合当事人的说明及相关证据，认为有关事实存在的可能性较大的，可以认定该事实存在。

条文释义

一、本条主旨

本条是关于口头遗嘱的规定。

二、条文演变

本条源于原《继承法》第17条第5款的规定：“遗嘱人在危急情况下，可以立口头遗嘱。口头遗嘱应当有两个以上见证人在场见证。危急情况解除后，遗嘱人能够用书面或者录音形式立遗嘱的，所立的口头遗嘱无效。”《民法典》本条对该款的规定进行了一定的修改，将“录音遗嘱”修改为“录音录像遗嘱”。根据本条的规定，口头遗嘱指的是遗嘱人在危急情况下，通过口述的方式表达的处分其身后财产的意愿，其表现形式是口头的，并不记载于任何载体上。

三、条文解读

在理解本条规定时，有以下几点需要予以注意：

第一，订立口头遗嘱是有一定的前提条件的，并不是在任何情况下都可以订立口头遗嘱。这个前提条件指的就是遗嘱人遇到了危急的情况，只有在危急情况下，才可以订立口头遗嘱。在这里就涉及一个问题，即何为危急情况。对此，法律未作出规定。就一般的理解，危急情况指的应该是导致遗嘱人无法以自书、代书、打印、录音录像、公证等其他形式订立遗嘱的情况，比如发生了突然的自然灾害、突发意外事故、爆发了战争、突患危及生命的疾病等导致遗嘱人在客观上无法或没有能力以其他方式订立遗嘱的情况。

第二，本条规定的口头遗嘱指的是遗嘱人口述的遗嘱内容，即遗嘱受益人、遗产的分配原则、遗嘱执行人等内容都是由遗嘱人口头表达的，无须将其以任何的方式记录下来。

第三，口头遗嘱应当有两个以上的见证人在场见证。这里见证人的人数应是两人以上。见证人应该是无利害关系的人员，不能是《民法典》第 1140 条规定的三类人员之一。见证人应该亲自全程参与遗嘱人订立遗嘱的过程，不能由他人转述遗嘱人口述的遗嘱内容。见证人在场见证的方式为亲耳聆听遗嘱人口述的遗嘱内容，并将其所听到的内容如实记录下来，没有条件进行书面记录的，应该尽量凭借记忆记住遗嘱的内容。如果在发生危急情况的时候只有遗嘱人一人在场，此时，遗嘱人是无法通过遗嘱的方式处理自己的财产的，如果其能够生还，可以在生还后另立遗嘱，如果其无法生还，则只能按照法定继承办理。

第四，在危急情况解除后，遗嘱人能够以书面或者录音录像形式立遗嘱的，应该尽快以书面或者录音录像形式订立遗嘱。口头遗嘱作为一种危急情况下的应急措施，在危急情况解除后，其应急的功能即归于消灭，且口头遗嘱的内容不容易固定，容易被人伪造、篡改，且随着时间的推移，口头遗嘱见证人

的记忆也会模糊，故本条规定，在危急情况解除之后，遗嘱人有条件订立其他形式的遗嘱的，应当订立其他形式的遗嘱。

第五，在危急情况消除后，口头遗嘱的效力问题。根据本条的规定，危急情况消除后，口头遗嘱并非直接归于无效。危急情况消除后，只有在遗嘱人能够以书面或者录音录像形式订立遗嘱的情况下，口头遗嘱才归于无效。那么应如何理解“遗嘱人能够以书面或者录音录像形式立遗嘱”呢？对此，应从时间和客观条件两方面加以考虑。即危急情况消除后，遗嘱人需要有订立书面或者录音录像遗嘱的时间，如果危急情况消除后，遗嘱人根本没有时间去订立口头遗嘱以外的遗嘱，那么其所订立的口头遗嘱应视为有效的遗嘱。另外，在危急情况消除后，遗嘱人还应有订立口头遗嘱以外其他形式遗嘱的客观条件，比如要订立自书遗嘱，需要有纸张和笔；希望订立打印遗嘱时，需要有电脑和打印机；希望订立录音录像遗嘱时，需要有录音录像设备等。如果遗嘱人在危急情况消除后，没有订立其他遗嘱的客观条件，其之前所订立的口头遗嘱不能被认为是无效的遗嘱。如果遗嘱人在时间允许且客观条件充分的情况下，仍旧未订立书面或录音录像遗嘱，那么其之前所订立的口头遗嘱即为无效的遗嘱，亦即在此情况下，法律规定如果遗嘱人消极不作为——不订立书面或录音录像遗嘱，则推定其是以自己的行为撤销其之前所立的口头遗嘱。此时，不以遗嘱人的主观心理态度为准，如果遗嘱人具备了订立书面或者录音录像遗嘱的条件，但其主观上不愿订立，那么此时其所立的口头遗嘱也应是无效的。

第六，本条关于口头遗嘱的规定不同于自书遗嘱、代书遗嘱、打印遗嘱、录音录像遗嘱的一点在于，本条没有要求遗嘱人和见证人注明订立遗嘱的年、月、日。这是考虑到口头遗嘱是一种特殊的应急方式，在订立遗嘱的时候遗嘱人和见证人只需将遗嘱的主要内容表示清楚、记忆明白即可，且危急情况的发生时间，在一般情况下外界也可以感知。此外，本条也规定了对口头遗嘱的补正途径，即在危急情况消除后，遗嘱人可以订立其他形式的遗嘱来弥补口头遗嘱的不足，故本条未将注明年、月、日规定于条文之中。

适用指引

从本条的规定来看，法律对口头遗嘱有效要件的规定较为严格，首要的一点就是口头遗嘱的适用前提，即只有在危急情况下才能够订立口头遗嘱。此外，对于口头遗嘱是否存在、口头遗嘱的法律效力以及口头遗嘱内容的证明相对于其他遗嘱形式来说更为困难，故在实践中虽然主张存在口头遗嘱的当事人很多，但能够被人民法院确认为有效的口头遗嘱却较少。司法实践中，在处理有关口头遗嘱的继承纠纷案件时，应严格按照本条的规定审查遗嘱的效力，对于有效的遗嘱，按照遗嘱处理相关遗产；对于不符合法律规定要件的遗嘱，则应按照法定继承的相关规定处理相应的遗产。

第一，在处理口头遗嘱继承案件时，应先审查口头遗嘱是否存在。对于口头遗嘱是否存在的证明责任，应交由主张遗嘱存在的一方负担，如果主张的一方能够证明口头遗嘱存在，下一步才涉及审查口头遗嘱的效力问题。在处理这类继承纠纷案件时，如果一方主张存在口头遗嘱，另一方对此既不承认也不否认，在经人民法院释明后，其仍然不明确表示肯定或者否定的，视为其认可存在口头遗嘱。关于这一证据规则，《民事诉讼证据规定》第 4 条有明确的规定，该条规定："一方当事人对于另一方当事人主张的于己不利的事实既不承认也不否认，经审判人员说明并询问后，其仍然不明确表示肯定或者否定的，视为对该事实的承认。"故在一方主张存在口头遗嘱，且该口头遗嘱对对方不利的情况下，对方是不能以默示的方式来否认该遗嘱存在的，如果其对口头遗嘱不认可，必须明确地表达出不认可的意思。

第二，对口头遗嘱是否存在应该从严审查。遗嘱涉及的利益重大，而口头遗嘱内容往往不易确定，且容易被遗忘、曲解、误解，甚至被篡改，故对口头遗嘱存在与否的证明标准也应高于其他遗嘱形式。《民事诉讼法解释》第 109 条规定："当事人对欺诈、胁迫、恶意串通事实的证明，以及对口头遗嘱或者赠与事实的证明，人民法院确信该待证事实存在的可能性能够排除合理怀疑的，应当认定该事实存在。"从该条可以看出，对于口头遗嘱是否存在以及口头遗嘱内容如何的证明，应该达到"排除合理怀疑"的程度。"排除合理怀疑"一般是刑事案件中对证据的审核标准，《刑事诉讼法》第 55 条规定："对一切案件的判处都要重证据，重调查研究，不轻信口供。只有被告人供述，没有其他证据的，不能认定被告人有罪和处以刑罚；没有被告人供述，证据确实、充分的，可以认定被告人有罪和处以刑罚。证据确实、充分，应当符合以下条件：（一）定罪量刑的事实都有证据证明；（二）据以定案的证据均经法定程序查证属实；（三）综合全案证据，对所认定事实已排除合理怀疑。"可以看出，对口头遗嘱事实的证明标准要高于一般民事案件

审查证据时的证明标准。

第三，在审查口头遗嘱的效力时，要注意查清遗嘱人是否存在危急情况，只有在危急情况下所立的口头遗嘱才可能是有效的遗嘱。如果没有危急情况的发生，口头遗嘱也就没有适用的余地，当事人不得以此遗嘱为依据来要求分得相应的遗产。

第四，要区别口头遗嘱和一般的日常聊天、谈话。在实务中，常常有当事人主张被继承人在生前多次向家人或者邻居说过要在其死亡后将某财产遗留给自己，并据此认为这是被继承人遗留的口头遗嘱，要求按照该口头遗嘱继承相应的财产，有些当事人甚至还找来诸多的亲戚、朋友，甚至邻居对此加以证明。不可否认，被继承人生前确实可能在日常生活中提到过要将某项财产遗留给某人继承，其陈述的对象可能是该财产的受益人，也可能是家里的亲戚或相关的朋友、邻居，但需要注意的是，这种口头表述在日常生活中最多只能被看作被继承人的一种希望留下相应遗嘱的想法和愿望，它并不是法律规定的遗嘱，因为它不符合法律规定的任何一种遗嘱形式，如果要成为一份有效的遗嘱，必须经过一定的法定程序，否则不能将其作为遗嘱看待。况且，被继承人这种在日常生活中的相关表述，在很多情况下也并不是想要订立相应的遗嘱，其作出这类意思表示可能是出于各种目的，比如可能是为了向有关子女示好，以期得到更好的生活居住条件便于养老，这种情形在被继承人是经济条件不富裕且体弱的老年人的情况下最为常见。考虑到现实中存在的这些情况，更加不能直接将被继承人在日常生活中的聊天、谈话乃至赌咒发誓直接作为口头遗嘱予以处理。即使当事人申请再多的证人出庭作证也不可以。只有在出现危急情况的时候，才可能成立口头遗嘱。

第五，关于口头遗嘱的失效问题。本条规定在危急情况消除后，遗嘱人能够以书面或者录音录像形式立遗嘱的，所立的口头遗嘱无效。在这里需要注意两点：一是，如上文所述，本条并非完全没有规定口头遗嘱的失效问题，而是留待于司法实践在具体个案中综合判断口头遗嘱是否继续有效，是否应按口头遗嘱执行。在作相应的判断时，应注重对遗嘱人是否具有重新订立其他形式遗嘱的客观条件的审查。在具备客观条件后，如果遗嘱人没有订立其他形式的遗嘱，则口头遗嘱归于无效。二是如果遗嘱人在具备另立遗嘱的客观条件后重新订立了其他形式的遗嘱，此时，还有两种情形需要注意：（1）若口头遗嘱的内容与重新订立的遗嘱的内容相抵触，则应以重新订立的遗嘱内容为准；（2）若口头遗嘱的内容与重新订立的遗嘱的内容不相抵触，遗嘱人又未就口头遗嘱所涉及的事项另立遗嘱的，口头遗嘱也应归于无效。

第六，关于口头遗嘱的日期问题。虽然本条并未就口头遗嘱的订立日期问题进行规定，但在实务中也不能放任此问题于不顾，还是应该查明口头遗嘱的订立日期，只不过无须将日期问题作为遗嘱有效要件之一进行考察。

类案检索

臧某1与臧某2、臧某3、臧某4、臧某5法定继承纠纷案

关键词： 法定继承　口头遗嘱　遗产分割

裁判摘要： 遗嘱人在危急情况下，可以立口头遗嘱。口头遗嘱应当有两个以上见证人在场见证。危急情况解除后，遗嘱人能够用书面或者录音形式立遗嘱的，所立的口头遗嘱无效。

臧某某与张某某共生育子女五人，即本案原、被告。臧某某于2011年6月21日去世，张某某于2019年9月18日去世。臧某某、张某某生前与原告臧某1、案外人刘某、臧某6共有坐落于宏伟区的房屋一处，产权证号为辽市房权证辽市字第××号，建筑面积101.03平方米，房屋共有人未约定各自共有份额。原告与刘某系夫妻关系，臧某6系二人之女。2016年11月28日，张某某、原告臧某1、被告臧某2、臧某3、臧某4、臧某5在辽阳市宏伟区公证处进行了公证，由原告臧某1继承臧某某的房屋份额。张某某去世后，臧某3要求以实物形式继承张某某的房屋份额，臧某1不同意，遂诉至法院。

法院在审理过程中发现，原告臧某1诉称张某某生前立有指定其继承相应房屋份额的口头遗嘱，但其未提供证据予以证明，故依据《民法典》第1138条的规定认定该口头遗嘱无效。同时，对于被告臧某3要求以实物形式继承张某某的房屋份额的请求，法院按照“遗产分割应当有利于生产和生活需要，不损害遗产的效用”的规定，判决由臧某1实际使用房屋，并按照市场价格向臧某3支付相应份额的房屋价款。

【审理法院】 辽宁省辽阳市宏伟区人民法院

第一千一百三十九条　公证遗嘱由遗嘱人经公证机构办理。

关联规定

一、法律、行政法规、司法解释

1.《中华人民共和国公证法》

第六条　公证机构是依法设立，不以营利为目的，依法独立行使公证职能、承担民事责任的证明机构。

第十一条　根据自然人、法人或者其他组织的申请，公证机构办理下列公证事项：

（一）合同；

（二）继承；

（三）委托、声明、赠与、遗嘱；

（四）财产分割；

（五）招标投标、拍卖；

（六）婚姻状况、亲属关系、收养关系；

（七）出生、生存、死亡、身份、经历、学历、学位、职务、职称、有无违法犯罪记录；

（八）公司章程；

（九）保全证据；

（十）文书上的签名、印鉴、日期，文书的副本、影印本与原本相符；

（十一）自然人、法人或者其他组织自愿申请办理的其他公证事项。

法律、行政法规规定应当公证的事项，有关自然人、法人或者其他组织应当向公证机构申请办理公证。

2.《最高人民法院关于民事诉讼证据的若干规定》

第十条　下列事实，当事人无须举证证明：

（一）自然规律以及定理、定律；

（二）众所周知的事实；

（三）根据法律规定推定的事实；

（四）根据已知的事实和日常生活经验法则推定出的另一事实；

（五）已为仲裁机构的生效裁决所确认的事实；

（六）已为人民法院发生法律效力的裁判所确认的基本事实；

（七）已为有效公证文书所证明的事实。

前款第二项至第五项事实，当事人有相反证据足以反驳的除外；第六项、第七项事实，当事人有相反证据足以推翻的除外。

二、部门规章及规范性文件

1.《公证程序规则》

第十一条 当事人可以委托他人代理申办公证，但申办遗嘱、遗赠扶养协议、赠与、认领亲子、收养关系、解除收养关系、生存状况、委托、声明、保证及其他与自然人人身有密切关系的公证事项，应当由其本人亲自申办。

公证员、公证机构的其他工作人员不得代理当事人在本公证机构申办公证。

第十四条 公证事项由当事人住所地、经常居住地、行为地或者事实发生地的公证机构受理。

涉及不动产的公证事项，由不动产所在地的公证机构受理；涉及不动产的委托、声明、赠与、遗嘱的公证事项，可以适用前款规定。

2.《遗嘱公证细则》

第三条 遗嘱公证是公证处按法定程序证明遗嘱人设立遗嘱行为真实、合法的活动。经公证证明的遗嘱为公证遗嘱。

第四条 遗嘱公证由遗嘱人住所地或者遗嘱行为发生地公证处管辖。

第五条 遗嘱人申办遗嘱公证应当亲自到公证处提出申请。

遗嘱人亲自到公证处有困难的，可以书面或者口头形式请求有管辖权的公证处指派公证人员到其住所或者临时处所办理。

第六条 遗嘱公证应当由两名公证人员共同办理，由其中一名公证员在公证书上署名。因特殊情况由一名公证员办理时，应当有一名见证人在场，见证人应当在遗嘱和笔录上签名。

见证人、遗嘱代书人适用《中华人民共和国继承法》第十八条的规定。

第七条　申办遗嘱公证，遗嘱人应当填写公证申请表，并提交下列证件和材料：

（一）居民身份证或者其他身份证件；

（二）遗嘱涉及的不动产、交通工具或者其他有产权凭证的财产的产权证明；

（三）公证人员认为应当提交的其他材料。

遗嘱人填写申请表确有困难的，可由公证人员代为填写，遗嘱人应当在申请表上签名。

第十二条　公证人员询问遗嘱人，除见证人、翻译人员外，其他人员一般不得在场。公证人员应当按照《公证程序规则（试行）》第二十四条的规定制作谈话笔录。谈话笔录应当着重记录下列内容：

（一）遗嘱人的身体状况、精神状况；遗嘱人系老年人、间歇性精神病人、危重伤病人的，还应当记录其对事物的识别、反应能力；

（二）遗嘱人家庭成员情况，包括其配偶、子女、父母及与其共同生活人员的基本情况；

（三）遗嘱所处分财产的情况，是否属于遗嘱人个人所有，以前是否曾以遗嘱或者遗赠扶养协议等方式进行过处分，有无已设立担保、已被查封、扣押等限制所有权的情况；

（四）遗嘱人所提供的遗嘱或者遗嘱草稿的形成时间、地点和过程，是自书还是代书，是否本人的真实意愿，有无修改、补充，对遗产的处分是否附有条件；代书人的情况，遗嘱或者遗嘱草稿上的签名、盖章或者手印是否其本人所为；

（五）遗嘱人未提供遗嘱或者遗嘱草稿的，应当详细记录其处分遗产的意思表示；

（六）是否指定遗嘱执行人及遗嘱执行人的基本情况；

（七）公证人员认为应当询问的其他内容。

谈话笔录应当当场向遗嘱人宣读或者由遗嘱人阅读，遗嘱人无异议后，遗嘱人、公证人员、见证人应当在笔录上签名。

第十四条　遗嘱人提供的遗嘱，无修改、补充的，遗嘱人应当在公证人员面前确认遗嘱内容、签名及签署日期属实。

遗嘱人提供的遗嘱或者遗嘱草稿，有修改、补充的，经整理、誊清后，应当交遗嘱人核对，并由其签名。

遗嘱人未提供遗嘱或者遗嘱草稿的，公证人员可以根据遗嘱人的意思表示代为起草遗嘱。公证人员代拟的遗嘱，应当交遗嘱人核对，并由其签名。

以上情况应当记入谈话笔录。

第十五条 两个以上的遗嘱人申请办理共同遗嘱公证的，公证处应当引导他们分别设立遗嘱。

遗嘱人坚持申请办理共同遗嘱公证的，共同遗嘱中应当明确遗嘱变更、撤销及生效的条件。

第十六条 公证人员发现有下列情形之一的，公证人员在与遗嘱人谈话时应当录音或者录像：

（一）遗嘱人年老体弱；

（二）遗嘱人为危重伤病人；

（三）遗嘱人为聋、哑、盲人；

（四）遗嘱人为间歇性精神病患者、弱智者。

第十八条 公证遗嘱采用打印形式。遗嘱人根据遗嘱原稿核对后，应当在打印的公证遗嘱上签名。

遗嘱人不会签名或者签名有困难的，可以盖章方式代替在申请表、笔录和遗嘱上的签名；遗嘱人既不能签字又无印章的，应当以按手印方式代替签名或者盖章。

有前款规定情形的，公证人员应当在笔录中注明。以按手印代替签名或者盖章的，公证人员应当提取遗嘱人全部的指纹存档。

第十九条 公证处审批人批准遗嘱公证书之前，遗嘱人死亡或者丧失行为能力的，公证处应当终止办理遗嘱公证。

遗嘱人提供或者公证人员代书、录制的遗嘱，符合代书遗嘱条件或者经承办公证人员见证符合自书、录音、口头遗嘱条件的，公证处可以将该遗嘱发给遗嘱受益人，并将其复印件存入终止公证的档案。

公证处审批人批准之后，遗嘱人死亡或者丧失行为能力的，公证处应当完成公证遗嘱的制作。遗嘱人无法在打印的公证遗嘱上签名的，可依符合第十七条规定的遗嘱原稿的复印件制作公证遗嘱，遗嘱原稿留公证处存档。

条文释义

一、本条主旨

本条是关于公证遗嘱的规定。

二、条文演变

《民法典》编纂过程中，将原《继承法》第17条进行了拆分修改，本条规定即来源于原《继承法》第17条第1款关于“公证遗嘱由遗嘱人经公证机关办理”之规定。相较于原《继承法》第17条第1款，本条规定在内容在并未作出实质性修改，仅是将原条文中的“公证机关”改为“公证机构”，以保持与《公证法》的相关表述相一致。

三、条文解读

（一）公证遗嘱的界定

公证遗嘱是依公证方式而设立的遗嘱，为世界多数国家和地区所采纳，我国原《继承法》第17条规定的5种遗嘱形式中，即已对公证遗嘱作出规定。依公证方式设立遗嘱又称办理遗嘱公证，在我国已经实行多年，我国《公证法》以及司法部的《公证程序规则》和《遗嘱公证细则》对办理遗嘱公证作出详细规定，相关制度已经相对成熟，对本条规定中的“公证”及“公证机构”均已作出明确界定。具体而言，依据我国《公证法》第2条之规定，“公证是公证机构根据自然人、法人或者其他组织的申请，依照法定程序对民事法律行为、有法律意义的事实和文书的真实性、合法性予以证明的活动”。同时，《公证法》第6条明确规定：“公证机构是依法设立，不以营利为目的，依法独立行使公证职能、承担民事责任的证明机构。”需要注意的是，与部分国家和地区的做法不同，在我国能办理公证的机构的仅为各地的公证处，而依据部分国家和地区的规定，在符合一定条件的情形下，可以由律师担任公证人。依据《公证法》第11条之规定，公证机构办理的事项范围包括继承、遗嘱、财产分割以及自然人自愿申请办理的其他公证事项。至于何为“公证遗嘱”，依据《遗嘱公证细则》第3条之规定，“遗嘱公证是公证处按法定程序证明遗嘱人设立遗嘱行为真实、合法的活动。经公证证明的遗嘱为公证遗嘱”。

（二）公证遗嘱的订立

1. 遗嘱公证原则上应由遗嘱人亲自到公证处办理

依据司法部《公证程序规则》第 11 条第 1 款关于“当事人可以委托他人代理申办公证，但申办遗嘱、遗赠扶养协议、赠与、认领亲子、收养关系、解除收养关系、生存状况、委托、声明、保证及其他与自然人人身有密切关系的公证事项，应当由其本人亲自申办”，以及《遗嘱公证细则》第 5 条关于“遗嘱人申办遗嘱公证应当亲自到公证处提出申请”之规定，为了保证遗嘱是遗嘱人的真实意思，公证遗嘱原则上应由遗嘱人本人向公证机构提出申请并亲自到场办理，由公证机构对其申请作出审查，审查符合规定的，出具相应的公证书。

但是，依据《遗嘱公证细则》第 5 条关于“遗嘱人亲自到公证处有困难的，可以书面或者口头形式请求有管辖权的公证处指派公证人员到其住所或者临时处所办理”之规定，在符合一定条件的情形下，遗嘱人本人未能亲自到公证处办理的，并不影响公证遗嘱的效力。

2. 公证人员应对遗嘱进行审查

公证人员要对遗嘱的真实性、合法性进行全面审查，在确认遗嘱的有效性后，由公证人员出具《遗嘱公证书》。具体而言，首先，依据《遗嘱公证细则》第 7 条以及第 13 条之规定，公证人员应当对遗嘱进行形式审查，就遗嘱人申请公证时应当提交的遗嘱人身份、财产凭证等证件及材料进行核对。并对待公证的遗嘱是否具备“（一）遗嘱人的姓名、性别、出生日期、住址；（二）遗嘱处分的财产状况（名称、数量、所在地点以及是否共有、抵押等）；（三）对财产和其他事务的具体处理意见；（四）有遗嘱执行人的，应当写明执行人的姓名、性别、年龄、住址等；（五）遗嘱制作的日期以及遗嘱人的签名”等项内容作出审查。其次，依据《公证遗嘱细则》第 11 条之规定，公证机构应对待公证遗嘱进行实质性审查，对该待公证遗嘱是否属于遗嘱人的真实意思表示，是否违反法律、法规的强制性规定，或者存在其他导致遗嘱无效的情形进行审查。公证机构经审查认为待公证遗嘱的内容违法或者与事实不符的，不予出具《遗嘱公证书》。此外，依据《公证法》第 39 条，《公证程序规则》第 61 条、第 67 条之规定，当事人、公证事项的利害关系人认为公证书有错误的，

还可以向出具该公证书的公证机构提出复查申请，公证机关经复查后认为公证书确实存在错误的，应当予以撤销，公证遗嘱自始无效。

（三）公证遗嘱的效力

1. 公证遗嘱不具有优先于其他遗嘱形式的效力

在原《继承法》第 17 条规定遗嘱的各种形式时，因公证遗嘱是经公证机构审核，保证遗嘱内容和形式合法性，且遗嘱内容不易被篡改和伪造，《民法典》公布施行以后，依据《民法典》第 1142 条之规定，遗嘱人可以撤回、变更自己所立之遗嘱，立遗嘱后，遗嘱人实施与遗嘱内容相反的民事法律行为的，视为对遗嘱相关内容的撤回。立有数份遗嘱，内容相抵触的，以最后所立的遗嘱为准。遗嘱人所订立的公证遗嘱，时间上早于其最后立的遗嘱，在遗嘱人不方便或者无力再通过立公证遗嘱推翻前公证遗嘱的情况下，如果公证遗嘱具有优先效力，实际上是违背了遗嘱人处分自己遗产的真实意愿。由此，公证遗嘱不再具有优先于其他遗嘱形式的效力。

2. 公证遗嘱具有免证事实的证据效力

从证据法的角度，公证遗嘱可以作为当事人的一项免证事实。所谓免证事实，是指诉讼中当事人虽然就某一事实提出主张，但免除其提供证据证明的责任的情形。依据《民事诉讼证据规定》第 10 条之规定，公证文书一经作出，即具有法律效力，主要表现在三个方面：（1）证据效力或证明效力；（2）强制执行效力；（3）法律行为成立要件的效力。公证文书在公文书证中具有显著的地位和重要作用。经公证证明的法律事实和文书，在民事诉讼中具有证据的效力，法院可用作定案依据，无须再由当事人举证证明，只要没有相反的证据足以推翻公证文书证明的事实，法院就应当径直将其作为确定案件事实的依据。如果对方当事人对公证的事实提出了相反证据，公证的事实也就成了证明对象。

适用指引

一、公证遗嘱可以附条件

实践中，有的公证遗嘱对遗嘱继承人设定了相应的条件，公证机构可为此类附条件的遗嘱办理公证。例如，有的公证申请人以遗嘱的方式将遗产指定归子女个人所有，而不得作为子女婚后夫妻共同所有财产，这类遗嘱属附条件的遗嘱。因我国《民法典》对于夫妻在婚姻关系存续期间所得的财产归夫妻共同所有作出了规定，但也同时规定"双方另有约定的除外"。因此，该遗嘱在生效时，如遗嘱受益人能够按遗嘱中所附的条件，与其配偶达成协议，即可按遗嘱继承遗产，如达不成协议，就不能按遗嘱继承遗产。

二、公证机构超出执业区域办理公证遗嘱的效力

司法实践中，常会遇到遗嘱人或其利害关系人以公证机构超出执业区域办理公证遗嘱为由主张遗嘱公证无效的情况。《公证法》第25条规定："自然人、法人或者其他组织申请办理公证，可以向住所地、经常居住地、行为地或者事实发生地的公证机构提出。申请办理涉及不动产的公证，应当向不动产所在地的公证机构提出；申请办理涉及不动产的委托、声明、赠与、遗嘱的公证，可以适用前款规定。"《公证程序规则》第14条规定："公证事项由当事人住所地、经常居住地、行为地或者事实发生地的公证机构受理。涉及不动产的公证事项，由不动产所在地的公证机构受理；涉及不动产的委托、声明、赠与、遗嘱的公证事项，可以适用前款规定。"由此可见，我国《公证法》及《公证程序规则》均规定，遗嘱公证应由"行为地"的公证机构办理。至于何为行为地？通常是指行为实施地或者结果发生地，依据《遗嘱公证细则》第4条之规定，"遗嘱公证由遗嘱人住所地或者遗嘱行为发生地公证处管辖"，遗嘱行为发生地应为办理遗嘱公证的具体场所。按照前文所述办理公证的程序，行为发生地既可能是公证处，也可能是遗嘱人的住所或者其他临时处所。因此，公证机构超出执业区域办理遗嘱公证，并不影响公证遗嘱的效力。

三、公证遗嘱存在程序瑕疵时的效力认定

公证遗嘱存在程序瑕疵的，需要分情况对其效力作出认定。例如，《遗嘱公证细则》第6条明确规定："遗嘱公证应当由两名公证人员共同办理，由其中一名公证员在公证书上署名。因特殊情况由一名公证员办理时，应当有一名见证人在场，见证人应当在遗嘱和笔录上签名。"我们认为，根据该条规定，首先，因该条规定要求两名"公证人员"共同办理，仅有一名公证人员办理的遗嘱公证属于程序瑕疵。但是，如果根据公证档案能够证实该公证遗嘱是遗嘱

人的真实意思表示，也可对该公证遗嘱的效力作出认定。其次，因该条规定采取两名“公证人员”的表述，司法实践中，由一名公证员与另一位没有公证员身份的公证处工作人员依法办理的遗嘱公证，应当认定为有效。再次，在符合“特殊情况”的条件下（如该公证处有且仅有一位公证员，且其他工作人员也不能与其共同前往办理的），由公证机关的一名公证员与另一位见证人办理遗嘱公证的，该见证人可以不必是公证机关工作人员。最后，无论如何，在公证书上署名的人员，应当具有公证员身份。

四、是否具备录音录像形式不影响公证遗嘱的效力

实践中，经常出现当事人以公证遗嘱缺少录音录像为由要求确认该遗嘱公证无效。在早期的遗嘱、遗赠公证中，公证处极少进行录音录像，即便是在现在的遗嘱公证中，未进行录音录像的情形也时有发生。《遗嘱公证细则》第 16 条规定：“公证人员发现有下列情形之一的，公证人员在与遗嘱人谈话时应当录音或者录像：（一）遗嘱人年老体弱；（二）遗嘱人为危重伤病人；（三）遗嘱人为聋、哑、盲人；（四）遗嘱人为间歇性精神病患者、弱智者。”应当说，遗嘱公证中的录音录像只是为了增强遗嘱公证的证明力、保护遗嘱人的合法权益，并非遗嘱公证生效的必备要件，在无其他证据证明该公证遗嘱违反遗嘱人的真实意思的情况下，从保护遗嘱人合法权益的角度出发，一般不宜以欠缺录音或录像形式直接认定遗嘱公证无效。

五、遗嘱公证被撤销的，并不必然影响遗嘱效力

实践中，公证机构作出的遗嘱公证可能会因遗嘱公证办理过程中存在违反公证程序而被撤销的情形，此时，遗嘱的效力应如何处理？以打印遗嘱为例，《遗嘱公证细则》第 18 条规定：“公证遗嘱采用打印形式。遗嘱人根据遗嘱原稿核对后，应当在打印的公证遗嘱上签名。遗嘱人不会签名或者签名有困难的，可以盖章方式代替在申请表、笔录和遗嘱上的签名；遗嘱人既不能签字又无印章的，应当以按手印方式代替签名或者盖章。有前款规定情形的，公证人员应当在笔录中注明。以按手印代替签名或者盖章的，公证人员应当提取遗嘱人全部的指纹存档。”因在办理遗嘱公证过程中，遗嘱人的意思表示与公证的形式是统一的，遗嘱人的意思表示是通过公证形式表现出来的，如果公证因其形式违反程序性规定被撤销，那么遗嘱人的意思表示也将失去依据，该打印

的公证遗嘱是无效的。但是，打印公证书因形式问题被撤销的，并不一定影响遗嘱的效力，该遗嘱涉及的遗产并不能当然地按法定继承处理。《遗嘱公证细则》第 14 条规定："遗嘱人提供的遗嘱，无修改、补充的，遗嘱人应当在公证人员面前确认遗嘱内容、签名及签署日期属实。遗嘱人提供的遗嘱或者遗嘱草稿，有修改、补充的，经整理、誊清后，应当交遗嘱人核对，并由其签名。遗嘱人未提供遗嘱或者遗嘱草稿的，公证人员可以根据遗嘱人的意思表示代为起草遗嘱。公证人员代拟的遗嘱，应当交遗嘱人核对，并由其签名。以上情况应当记入谈话笔录。"该细则第 19 条规定："公证处审批人批准遗嘱公证书之前，遗嘱人死亡或者丧失行为能力的，公证处应当终止办理遗嘱公证。遗嘱人提供或者公证人员代书、录制的遗嘱，符合代书遗嘱条件或者经承办公证人员见证符合自书、录音、口头遗嘱条件的，公证处可以将该遗嘱发给遗嘱受益人，并将其复印件存入终止公证的档案。"据此可知，遗嘱人在办理遗嘱公证时向公证机构提供过相应的自书或代书遗嘱的，或者由公证人员代为书写过相应遗嘱的，只要依据《民法典》能够认定上述遗嘱合法有效，仍可按照该遗嘱处理被继承人的遗产，只会丧失公证的证据效力。

类案检索

赵某某与蒋某某财产侵权纠纷案

关键词： 公证遗嘱

裁判摘要： 公证遗嘱被公证机关撤销后，其法律后果相当于遗嘱未公证，对合法有效的未公证遗嘱应依法予以保护。

【**案　号**】(2007) 德中民再字第 21 号

【**审理法院**】山东省德州市中级人民法院

第一千一百四十条　下列人员不能作为遗嘱见证人：

（一）无民事行为能力人、限制民事行为能力人以及其他不具有见证能力的人；

（二）继承人、受遗赠人；

（三）与继承人、受遗赠人有利害关系的人。

关联规定

法律、行政法规、司法解释

《最高人民法院关于适用〈中华人民共和国民法典〉继承编的解释（一）》

第二十四条　继承人、受遗赠人的债权人、债务人，共同经营的合伙人，也应当视为与继承人、受遗赠人有利害关系，不能作为遗嘱的见证人。

条文释义

一、本条主旨

本条是关于不能作为遗嘱见证人的人员的规定。

二、条文演变

原《继承法》第 18 条规定："下列人员不能作为遗嘱见证人：（一）无行为能力人、限制行为能力人；（二）继承人、受遗赠人；（三）与继承人、受遗赠人有利害关系的人。"该条规定反向规定了遗嘱见证人的资格问题。《民法典》本条规定对原《继承法》第 18 条规定作了如下两点修改：第一，为了法律概念统一，将第 1 项中规定的人员由"无行为能力人、限制行为能力人"修改为"无民事行为能力人、限制民事行为能力人"；第二，在第 1 项规定的人员范围中补充规定了一项兜底性的条款，即"其他不具有见证能力的人"。

三、条文解读

遗嘱见证人，是指受遗嘱人指定，为遗嘱人设立遗嘱作出见证的人，也即能证明遗嘱内容确为遗嘱人真实意思表示的人。由于遗嘱是遗嘱人单方处分其财产的重大民事法律行为，为保证遗嘱的真实、有效、准确，避免在遗嘱执行时发生不必要的纠纷，各国多通过立法要求遗嘱见证人以在场见证遗嘱制作过程的方式来确保遗嘱的真实性。我国继承制度对遗嘱见证人制度也作出明确规定，依据原《继承法》第 17 条明确规定，除自书遗嘱和公证遗嘱之外，代书遗嘱、录音遗嘱、口头遗嘱都必须有两个以上的见证人在场见证。《民法典》第 1134~1139 条在原《继承法》第 17 条规定的基础上增加了录像遗嘱和打印遗嘱的形式，但仍然要求两个以上的见证人在场见证。而因遗嘱见证人制度的立法目的是确保遗嘱内容确为遗嘱人的真实意思表示，故遗嘱见证人有无见证能力以及是否客观公正对遗嘱的真实性至关重要。各国立法一般都要求遗嘱见证人应同时满足以下条件：一是遗嘱见证人的积极条件，即遗嘱见证人应当具有见证能力，具体包括见证人自身的民事行为能力以及事实见证能力；二是遗嘱见证人的消极条件，即遗嘱见证人应与遗嘱内容没有任何直接或者间接的利害关系。只有同时符合这两方面条件的人员才是合格的见证人，由其见证的遗嘱才有可能是有效的遗嘱。本条规定即是在原《继承法》第 18 条规定见证人资格的基础上，对遗嘱见证人资格条件作出的完善规定。

（一）遗嘱见证人应当具有见证能力

遗嘱见证是见证人通过自己亲身的感知来证明遗嘱真实性、有效性的行为，故见证人的见证能力主要体现为以下两方面：第一，因法人等法律拟制的人不具有感知能力，只有自然人才能够作为遗嘱的见证人，法人或非法人组织不能作为遗嘱见证人；第二，因自然人感知能力受其行为能力是否完全以及自身身体状况的影响较大，必须从见证人的民事行为能力角度，对遗嘱见证人的资格作出限制。

具体而言，以自然人的精神健康状况以及智力发育情况为标准，自然人可以分为三类："无民事行为能力人""限制民事行为能力人"和"完全民事行为能力人"。这三类人员中，前两类人员在实施民事法律行为时均受到法律一定的限制，只有完全民事行为能力人可以独立实施全部的民事法律行为。无民事

行为能力人和限制民事行为能力人因其不能辨认或者不能完全辨认自己的行为，不能作为遗嘱的见证人。

值得注意的是，完全民事行为能力人虽然已经可以达到完全辨认自己的行为并可以独立实施民事法律行为的程度，但对于完全民事行为能力人是否具有见证遗嘱的能力属于事实上的判断，仍需要根据具体情形加以具体分析。在进行遗嘱见证的过程中，具备完全民事行为能力人可能对遗嘱的具体内容的识别与理解上存在一定的欠缺，并不具有事实上的见证能力，如果承认此类见证人的资格，对遗嘱的真实性可能会产生一定的影响。例如，在订立代书遗嘱时，不识字的人员、盲人、耳朵失聪的人员即不得作为遗嘱的见证人，更不能作为遗嘱的代书人；在订立录音录像遗嘱或者口头遗嘱时，耳朵失聪者也不能作为该遗嘱的见证人；不通晓遗嘱人所使用的语言的人，虽然具有完全行为能力，但因不具有事实上的见证能力，也不能作为遗嘱人口头遗嘱、代书遗嘱、录音录像遗嘱的见证人。因此，本条第 1 项增加了“其他不具有见证能力的人”作为一个兜底性规定，这一规定弥补了法律的不足，使得司法实践中对一些特殊案件的处理有了一定的法律依据。

（二）遗嘱见证人应与遗嘱内容没有利害关系

由与遗嘱内容具有利害关系人担任的遗嘱见证人，容易受到利益的驱使，而对遗嘱人施加某种影响，导致遗嘱人无法真正地表达出自己的真实意愿，甚至可能在违背自己意愿的情况下订立遗嘱，为了确保见证人能够公正、客观地对遗嘱的真实性作出证明，法律一般要求遗嘱见证人与遗嘱内容没有利害关系。据此，1985 年原《继承法》第 18 条对“继承人、受遗赠人”以及“其他与继承人、受遗赠人有利害关系的人”不具有遗嘱见证人资格作出了规定。又基于实务中对“与继承人、受遗赠人有利害关系的人”的范围存在理解上的争议，在 1985 年原《继承法意见》第 36 条中规定：“继承人、受遗赠人的债权人、债务人，共同经营的合伙人，也应当视为与继承人、受遗赠人有利害关系，不能作为遗嘱的见证人”，对“与继承人、受遗赠人有利害关系的人”作出进一步解释。

从本条规定的情况看，“与遗嘱内容有利害关系的人”主要包括两类：一是本条第 2 项所规定的遗嘱人财产的继承人或者受遗赠人，这类人与遗嘱内容具有直接的利害关系，当然应当排除在遗嘱见证人的范围以外；二是本条第 3

项所规定的，虽不是遗嘱人财产的继承人或者受遗赠人，但与继承人、受遗赠人具有一定利害关系的人。

1. 继承人、受遗赠人

本条规定的“继承人”应包括《民法典》所规定的全部法定继承人，即只要是遗嘱人的继承人，均不得作为遗嘱见证人。主要理由是：利害关系既包含受益的利害关系，也包括受损的利害关系，无论遗嘱内容对其是有益还是将致其受损，继承人都有可能会对遗嘱人施加一些不正当的影响或者在今后的继承纠纷中对遗嘱相关事项作出一些不符合事实的表述，一方面违背遗嘱人的真实意思表示，另一方面会影响其他遗嘱继承人的合法权益，故应将遗嘱人的所有继承人排除在外。

其次，本条规定的“受遗赠人”是遗嘱的受益人，与遗嘱有着直接的利害关系，为避免其不正当地影响遗嘱人表达真实意愿，同时也是为了在避免继承发生后，其他继承人与受遗赠人之间在此问题上产生不必要的争议，故规定受遗赠人不得作为见证人。

2. 与继承人、受遗赠人有利害关系的人

“与继承人、受遗赠人有利害关系的人”虽然不是遗嘱继承法律关系或者遗赠法律关系中的当事人，但是由其担任遗嘱见证人的，不免会有知悉遗嘱内容的机会，可能会因其与继承人、受遗赠人有利害关系，因遗嘱人对遗产的分配而间接地获得利益而作出不真实的见证。此外，本项规定还可以防止继承人、受遗赠人通过他人来影响遗嘱人表达自己的真实意愿，进一步保证遗嘱的客观性和真实性。

值得注意的是，关于“与继承人、受遗赠人有利害关系”具体范围问题，《民法典》施行后，原《继承法意见》第 36 条对“与继承人、受遗赠人有利害关系”具体范围所作规定已被废止，由《民法典继承编解释（一）》第 24 条规定予以吸收。根据《民法典继承编解释（一）》第 24 条之规定，继承人、受遗赠人的债权人、债务人，共同经营的合伙人，应当视为与继承人、受遗赠人有利害关系，不能作为遗嘱的见证人。

适用指引

一、遗嘱见证人必须是由遗嘱人指定的人

遗嘱是一种单方民事法律行为，而遗嘱见证人是证明遗嘱的内容、订立过程等情形的人，因此遗嘱见证人只能由遗嘱人指定，遗嘱见证人与遗嘱人之间属于委托法律关系，由委托法律规范加以规制。未受遗嘱人指定的人，即使了解遗嘱的订立情形，也不能作为遗嘱见证人，而只能作为证人。例如，遗嘱人在订立自书遗嘱时，有时会为了慎重而让几名人员在场证明，继承人之间常会因此对遗嘱的效力产生争议，尤其是在场人员全部是遗嘱受益人时，这种争论更为激烈。因法律并未要求自书遗嘱需要见证人在场见证，见证人在场见证并不是自书遗嘱的有效要件，这种情况下，在场证明的人员一般也无须满足本条对见证人的资格限制要求。此时，在场证明的人员只是作为一般的证人存在，可以证明该自书遗嘱是否为遗嘱人本人所书写以及遗嘱人在书写遗嘱时的精神状况等情况。

二、遗嘱见证人应当见证遗嘱订立的全过程

《民法典》继承编第三章规定的遗嘱形式中，除自书遗嘱外，其他类型的遗嘱（代书遗嘱、打印遗嘱、录音录像遗嘱、口头遗嘱、特殊条件下的公证遗嘱）都涉及见证人在场见证的问题。根据立法精神，见证人见证的目的是保证遗嘱是遗嘱人真实意思的体现。同时也是为了在遗嘱人死亡后，有人能够证明订立遗嘱时的过程，能够尽力还原遗嘱订立的场景。故见证人在场见证遗嘱应该主要是证明遗嘱人口述了遗嘱的内容，或者是证明他人根据遗嘱人的口述书写了遗嘱，或者是证明遗嘱人打印了遗嘱等。核心的一点是，遗嘱见证人应当亲眼看见、亲耳听到遗嘱人形成了完整的遗嘱表现形式。在代书遗嘱、打印遗嘱以及特殊情况下的公证遗嘱中，如果仅仅是见证了遗嘱人在已经书写完毕的遗嘱上签名或按手印，而没有全程参与遗嘱的书写过程，这种见证并不是本条规定的遗嘱见证，这样的见证人只是可以证明遗嘱人确实签署了自己姓名的证人，并不是本条规定的遗嘱见证人。

三、符合条件的遗嘱见证人与不符合条件的人员同时参与遗嘱订立时的遗嘱效力

在遗嘱人订立需要由见证人见证的遗嘱时，遗嘱人请来了符合条件的见证人在场见证，但同时遗嘱受益人或者受益人的利害关系人也全程参与了遗嘱的订立过程。这种情形也常常会引起继承人与受益人之间关于遗嘱效力的争论。遗嘱受益人或其利害关系人全程参与遗嘱的订立过程有可能会对遗嘱人施加不当的影响，让遗嘱人无法表达出自己的真实意愿，故在继承发生后，其他继承人对遗嘱的效力产生怀疑也符合情理。法律对此没有明确规定，在实务中，要分别对待，不能将遗嘱一律认定为有效或者无效。如果有证据证明在场的遗嘱受益人或其利害关系人实施了欺诈、胁迫行为，导致遗嘱人作出了不符合本意的遗嘱时，该遗嘱即应被确认为无效。反之，不应认定遗嘱无效。

四、关于律师见证遗嘱的问题

随着人们法律意识的增强，寻找专业人士帮助自己订立遗嘱的现象越来越多，律师用其专门的法律知识为当事人提供服务也有助于当事人维护自己的合法权益。但是，遗嘱是要式法律行为，我国《民法典》并未规定专门的律师见证遗嘱形式，故在实践中，律师在帮助当事人订立遗嘱时，仍旧应该以《民法典》继承编规定的遗嘱形式为依据，严格按照法律规定的各类遗嘱要件来订立遗嘱，否则可能会影响遗嘱效力。

类案检索

屠某1与屠某2等继承纠纷案

关键词： 遗嘱见证人

裁判摘要： 代书遗嘱虽然有两个见证人在场见证，但见证人均系该遗产的法定继承人，且该代书遗嘱的遗嘱人签字系由他人代签，此种情况下代书遗嘱不符合法定条件，该代书遗嘱无效。

【案　　号】（2008）二中少民终字第4864号

【审理法院】 北京市第二中级人民法院

第一千一百四十一条　遗嘱应当为缺乏劳动能力又没有生活来源的继承人保留必要的遗产份额。

关联规定

法律、行政法规、司法解释

《最高人民法院关于适用〈中华人民共和国民法典〉继承编的解释（一）》

第二十五条　遗嘱人未保留缺乏劳动能力又没有生活来源的继承人的遗产份额，遗产处理时，应当为该继承人留下必要的遗产，所剩余的部分，才可参照遗嘱确定的分配原则处理。

继承人是否缺乏劳动能力又没有生活来源，应当按遗嘱生效时该继承人的具体情况确定。

条文释义

一、本条主旨

本条是关于必留份的规定。

二、条文演变

1985年原《继承法》第19条之规定："遗嘱应当对缺乏劳动能力又没有生活来源的继承人保留必要的遗产份额。"本条规定对原《继承法》第19条规定的内容并未作实质性的修改，只是出于文字逻辑上的需要，将该条中的"对"字修改为"为"字。

三、条文解读

遗嘱人立遗嘱，可以自主决定在其死后如何对其个人财产进行分配与处置，在分配的对象、方式、份额等方面都具有较大程度的自由。可以说，遗嘱自由原则是当事人意思自治原则以及保护私有财产原则在继承法领域的具体化，是各国继承法普遍确立的重要原则。但是，遗嘱自由不能是完全无限制的自由，由于继承制度还具有发挥遗产的扶养功能和维护基本的家庭伦理的功能，因此，各国继承立法也普遍对遗嘱自由设有一定的限制。本条规定即是对遗嘱人遗嘱自由的一种限制，体现在遗嘱应当为缺乏劳动能力又没有生活来源的继承人保留必要的遗产份额。

（一）必留份的概念和特征

必留份，是指保障继承人生活需要所必不可少的份额。必留份与应继份不同，它可能大于应继份，也可能小于应继份。必留份主要是为了保护缺乏劳动能力又没有生活来源的继承人基本生存权而设置的，通常具有以下特征：

第一，必留份是被继承人遗产的一部分，仅指遗产中的一定份额，并不是指继承人中的某项具体的或者特定的遗产，对必留份以外的其他财产，被继承人仍有遗嘱处分的自由。

第二，必留份是一定范围的法定继承人于继承开始后所享有的权利，即缺乏劳动能力又没有生活来源的法定继承人。这类法定继承人在继承开始前并无特定的必留份权利，因而能否成为必留份权利人并不确定，只有在遗嘱生效、继承开始时，符合“缺乏劳动能力又没有生活来源”这一条件的法定继承人才可以成为必留份权利人。

第三，必留份权利是不可侵害的权利，受法律的保护。即使被继承人的遗产不足以清偿债务，也应为缺乏劳动能力又没有生活来源的继承人保留必要的遗产份额，然后再按有关规定清偿债务。

（二）必留份的适用条件

1. 应同时具备“缺乏劳动能力”与“没有生活来源”两个要件

只有在该继承人既缺乏劳动能力，又没有生活来源的情况下，才符合为其保留必要遗产份额的条件。如果只是缺乏劳动能力，但有生活来源，就不符合为其保留遗产份额的条件。如果具有劳动能力，但没有生活来源，在这种情况下，其可以通过自己的劳动来维持自己的生活，没有为其保留遗产的现实必要性，也不符合为其保留遗产份额的条件。缺乏劳动能力、没有生活来源这两个

条件必须同时符合，否则不能适用本条的规定。

2.“缺乏劳动能力”与“没有生活来源”的认定标准

本条规定的“缺乏劳动能力”，是指遗嘱人的继承人不具备或不完全具备独立劳动的能力，不能依靠自身的劳动取得必要收入以维持自己的生活。实践中，对于是否需要通过鉴定来认定是否符合“缺乏劳动能力”的条件，仍然存有疑义。如果该继承人是年老体弱或者身患重病，通过一般的日常经验法则就能确定的，无须进行劳动能力鉴定。在特殊情况下，可以通过法院委托鉴定的方式确定其劳动能力。

本条规定的“没有生活来源”主要指的是该继承人没有固定的工资、没有稳定的经济收入，无法有效地从他人或社会处获取必要的生活资料。具体而言，“没有生活来源”应从该继承人是否有较为稳定的收入、是否有社会医疗保险、是否有固定的住处、其配偶和子女的身体及经济状况等多方面综合考虑。在判断没有生活来源的标准时，不能过分拘泥于形式，不能认为其毫无收入时才算没有生活来源，如果其收入水平远远低于当地平均收入水平，也应看作是没有生活来源。

（三）必留份的确定规则

依据本条规定，遗嘱人未保留缺乏劳动能力又没有生活来源的继承人的遗产份额，遗产处理时，应当为该继承人留下必要的遗产。为该继承人留下必要的财产是强制性的、优先性的。但是，《民法典》仅规定遗嘱应为符合条件的继承人保留必要的遗产份额，并未就应保留多少份额进行规定。在法无明确规定的情况下，应该综合考虑案件的具体情况来确定应该保留的份额。具体而言，需要考虑的因素包括被继承人遗产价值情况、该继承人的实际生活需要以及当地的基本生活水平等情况。

适用指引

本条规定虽然对遗嘱人的遗嘱自由作了一定程度的限制，但在我国的继承法律制度中，遗嘱自由一以贯之。遗嘱自由是原则，对遗嘱自由加以限制是例外。在处理涉及必留份纠纷问题时，应按照本条规定的要件进行审查，严格把握必留份权利人的确定依据为血缘、婚姻家庭等身份关系，正确认识必留份权利人多数属于与立遗嘱人关系最为密切、继承顺序靠前的法定继承人，准确理解必留份制度具有尊重立遗嘱人的财产处分权、保障有困难的继承人的扶养需求、有助于弘扬人人自食其力的社会风气的意义。在实务中，以下问题值得注意。

一、从何时开始界定继承人存在既缺乏劳动能力又没有生活来源的问题

《民法典继承编解释（一）》第25条第2款规定："继承人是否缺乏劳动能力又没有生活来源，应当按遗嘱生效时该继承人的具体情况确定。"因而继承人是否符合享有必留份的条件，应以"遗嘱生效时"为时间节点。《民法典》第1121条第1款规定："继承从被继承人死亡时开始。"遗嘱订立后并不发生效力，只有被继承人死亡时，一份符合规定要求的遗嘱才即刻发生法律效力，被继承人死亡的时间点即为遗嘱生效的时间点。当然，从法律上而言，死亡包括自然死亡和宣告死亡。《民法典》第15条和第48条分别就自然死亡和宣告死亡的时间有明确规定。

二、本条规定的继承人享有的这种权利相对于被继承人的债权人对被继承人的债权来说具有优先性，同时这种权利也优先于国家对被继承人的税收权

《民法典》第1159条规定："分割遗产，应当清偿被继承人依法应当缴纳的税款和债务；但是，应当为缺乏劳动能力又没有生活来源的继承人保留必要的遗产。"原《继承法意见》第61条也规定："继承人中有缺乏劳动能力又没有生活来源的人，即使遗产不足清偿债务，也应为其保留适当遗产……"这是因为本条保障的是这类继承人的生存权，生存权是人的最基本的权利，相较于其他权利类型而言，生存权应放在第一位。故在实务中遇有其他债权人的债权与本条规定相冲突时，应优先适用本条的规定，为符合条件的继承人留出必要的遗产。

第一千一百四十二条　遗嘱人可以撤回、变更自己所立的遗嘱。

立遗嘱后，遗嘱人实施与遗嘱内容相反的民事法律行为的，视为对遗嘱相关内容的撤回。

立有数份遗嘱，内容相抵触的，以最后的遗嘱为准。

关联规定

一、法律、行政法规、司法解释

1.《最高人民法院关于适用〈中华人民共和国民法典〉时间效力的若干规定》

第二十三条　被继承人在民法典施行前立有公证遗嘱，民法典施行后又立有新遗嘱，其死亡后，因该数份遗嘱内容相抵触发生争议的，适用民法典第一千一百四十二条第三款的规定。

2.《最高人民法院关于适用〈中华人民共和国民法典〉继承编的解释（一）》

第二十七条　自然人在遗书中涉及死后个人财产处分的内容，确为死者的真实意思表示，有本人签名并注明了年、月、日，又无相反证据的，可以按自书遗嘱对待。

二、部门规章及规范性文件

《遗嘱公证细则》

第三条　遗嘱公证是公证处按法定程序证明遗嘱人设立遗嘱行为真实、合法的活动。经公证证明的遗嘱为公证遗嘱。

第二十二条　公证遗嘱生效前，非经遗嘱人申请并履行公证程序，不得撤销或者变更公证遗嘱。

遗嘱人申请撤销或者变更公证遗嘱的程序适用本规定。

条文释义

一、本条主旨

本条是关于遗嘱的撤回和变更的规定。

二、条文演变

本条源自1985年原《继承法》第20条“遗嘱人可以撤销、变更自己所立的遗嘱。立有数份遗嘱，内容相抵触的，以最后的遗嘱为准。自书、代书、录音、口头遗嘱，不得撤销、变更公证遗嘱”和1985年原《继承法意见》第39条“遗嘱人生前的行为与遗嘱的意思表示相反，而使遗嘱处分的财产在继承开始前灭失、部分灭失或所有权转移、部分转移的，遗嘱视为被撤销或部分被撤销”的规定。

三、条文解读

就本条的理解应注意以下几个方面：

第一，本条第1款规定“遗嘱人可以撤回、变更自己所立的遗嘱”。1985年原《继承法》第20条第1款规定“遗嘱人可以撤销、变更自己所立的遗嘱”。本条第1款将该条规定中的“撤销”修改为“撤回”，其他内容未作变动。其理由在于：民事法律行为的“撤回”和“撤销”是两个完全不同的法律概念。“撤回”指的是行为人在作出民事法律行为后，在该行为尚未生效前取消其作出的行为，使该行为不产生法律效力。《民法典》第141条规定：“行为人可以撤回意思表示。撤回意思表示的通知应当在意思表示到达相对人前或者与意思表示同时到达相对人。”而民事法律行为的“撤销”指的是行为人在民事法律行为已经成立并生效的情况下，基于一定的事实和法律依据，废除该民事法律行为，使该民事法律行为自始不发生法律效力。遗嘱是死因行为，遗嘱只有在遗嘱人死亡后才会发生法律效力，如果遗嘱已生效，就意味着遗嘱人已经死亡，其不可能再将已经生效的遗嘱予以撤销。鉴于遗嘱在遗嘱人生前是不生效的，故遗嘱人在生前只能够撤回其所立的遗嘱。1985年原《继承法》第20条第1款虽然规定的是遗嘱人可以撤销自己所立的遗嘱，但这里的“撤销”实际上是作为“撤回”来理解和适用的。

本条第 1 款中还规定了遗嘱人可以“变更自己所立的遗嘱”。所谓变更自己所立的遗嘱，是指遗嘱人对其所立遗嘱的部分内容予以修改，包括增加遗嘱内容、删除遗嘱已有内容或改变遗嘱已有内容。可以说，变更遗嘱实际上也是在对遗嘱进行撤回或增加，只不过针对的不是遗嘱全部内容，而是部分内容。而撤回遗嘱则相当于是对遗嘱全部内容予以删除，目的是回到未立遗嘱时的状态。

第二，本条第 2 款规定“立遗嘱后，遗嘱人实施与遗嘱内容相反的民事法律行为的，视为对遗嘱相关内容的撤回”。相对于原《继承法》第 20 条来说，本条第 2 款是新增加的规定。但严格来说，本条第 2 款规定并不是新创设的规定，在 1985 年原《继承法意见》第 39 条即规定了类似的内容，该条规定：“遗嘱人生前的行为与遗嘱的意思表示相反，而使遗嘱处分的财产在继承开始前灭失、部分灭失或所有权转移、部分转移的，遗嘱视为被撤销或部分被撤销。”本条第 2 款只是将原《继承法意见》第 39 条所规定的具体行为予以删除，而抽象规定了“遗嘱人实施与遗嘱内容相反的民事法律行为的，视为对遗嘱相关内容的撤回”，这样可以使条文显得更加有弹性，适用该条的具体情形范围也将更为广大，能更加适应实践中的不同要求。

本条第 2 款规定“遗嘱人实施与遗嘱内容相反的民事法律行为的，视为对遗嘱相关内容的撤回”。遗嘱人实施的民事法律行为如果与遗嘱的部分内容相反，则该部分内容视为被撤回，即相当于遗嘱人变更了遗嘱。若其实施的民事法律行为与遗嘱的全部内容都相反，则遗嘱的全部内容都视为已被撤回。这一款的规定实际与本条第 1 款规定的法律效果是一致的，都是对遗嘱变更和撤回的规定，只不过这两款规定的遗嘱人变更或撤回遗嘱的方式上有所不同。

遗嘱人在生前可以变更或撤回遗嘱。订立遗嘱是遗嘱人实施的民事法律行为，变更或撤回遗嘱也是遗嘱人所实施的民事法律行为，二者均是单方民事法律行为。遗嘱人订立遗嘱作出的是订立遗嘱的意思表示，在变更或撤回遗嘱时作出的是变更或撤回遗嘱的意思表示。《民法典》第 140 条规定：“行为人可以明示或者默示作出意思表示。沉默只有在有法律规定、当事人约定或者符合当事人之间的交易习惯时，才可以视为意思表示。”据此，意思表示既可以明示的方式作出，也可以默示的方式作出。变更或撤回遗嘱是遗嘱人作出的变更遗嘱或撤回遗嘱的意思表示，这种民事法律行为同样既可以明示的方式作出，也可以默示的方式作出。本条第 1 款即是遗嘱人通过明确的变更或撤回遗嘱的意思表示来对遗嘱进行变更或撤回。本条第 2 款即是法律规定的通过遗嘱人生前所实施的民事法律行为来推定其对遗嘱进行了变更或撤回的意思表示。

第三，本条第 3 款规定“立有数份遗嘱，内容相抵触的，以最后的遗嘱为准”。相对于 1985 年原《继承法》第 20 条第 3 款，本条第 3 款有了极其重大的变化，即取消了公证遗嘱效力最高的规定。遗嘱以最后所立的为准，无论该遗嘱是自书遗嘱、代书遗嘱、录音录像遗嘱、打印遗嘱、口头遗嘱还是公证遗嘱。亦即，在内容相抵触的情况下，任何形式的在后遗嘱都可以视为是对任何形式的在先遗嘱的变更或撤回，在效力层级上，不再考虑遗嘱是否经过了公证。

遗嘱是遗嘱人处分自己合法财产的意思表示，遗嘱的效力来自遗嘱人的真实意思表示。法律所规定的各类遗嘱形式只是遗嘱人这种意思表示的载体和表现形式，每类遗嘱形式均有自己的优势和不足，不能仅以遗嘱表现形式的不同来确定遗嘱孰优孰劣。公证遗嘱确实有着其他遗嘱形式不可比拟的优势，公证的正规性和严肃性表明其证据效力会高于其他形式的遗嘱表现形式。但应将其优先效力限定在证据法的层面上，而不能据此从实体上直接规定经过公证的遗嘱在效力层级上就高于其他形式的遗嘱。事实上，对于遗嘱的效力还是要回归到遗嘱人的真实意思表示上。而在数份遗嘱之间，遗嘱人最后所立遗嘱代表了遗嘱人最新意思表示，故本条规定以最后所立遗嘱为准。

适用指引

司法实务中应注意，变更或撤回遗嘱是对原有遗嘱作出的重大改变，遗嘱人在变更或撤回遗嘱的时候应满足一定的条件。一般来说，遗嘱人在变更或撤回遗嘱时应遵循订立遗嘱时的法律要件，即：（1）在变更或撤回时，遗嘱人应该是完全的民事行为能力人。（2）变更或撤回是遗嘱人的真实意思表示。（3）变更或撤回需要满足《民法典》继承编中规定的遗嘱形式之一，至于遗嘱人选择何种遗嘱形式来进行变更或撤回则在所不问。此外，遗嘱人还可以以销毁遗嘱的方式来撤回遗嘱。在此情况，并不要求满足某一形式要件。（4）遗嘱变更或撤回的行为人只能是遗嘱人。这是与撤销遗嘱不同的地方之一，撤销遗嘱的行为人是遗嘱人之外的其他权利人。

在实务中，还有一种情况需要注意。遗嘱人立有数份内容相抵触的有效遗

嘱，当最后一份遗嘱被遗嘱人撤回后，在先的遗嘱是否当然地恢复效力？此外，若遗嘱人立有数份内容相抵触的遗嘱，最后一份遗嘱被确认无效后，能否直接按照在先的遗嘱内容处理相应的遗产？实务中，对前一个问题，若最后一份遗嘱被遗嘱人撤回，则该撤回行为只能表明遗嘱人并不打算按照该被撤回遗嘱来处分身后遗产，但并不能直接得出遗嘱人还打算按照在先的前一份遗嘱来处理相关遗产的结论，除非人民法院综合案件具体情形可以认定遗嘱人有按前一份遗嘱处理财产的意思表示。对后一个问题，若最后一份遗嘱被确认为无效，一般会依据在先的前一份遗嘱来处理继承问题。

类案检索

戴某 3、钱某 1、钱某 2、钱某 3、戴某 4 继承纠纷案

关键词：遗嘱 撤回

裁判摘要：戴某 1、徐某某生前所订立的共同遗嘱是其二人的真实意思表示，且不违反法律、法规的禁止性规定，应认定有效。按照遗嘱的内容，戴某 1 的真实意思是房屋产权最终由其女儿戴某 2 继承，且徐某某在订立共同遗嘱时与戴某 1 具有共同意思表示，戴某 1 去世后，徐某某立遗嘱改变了自己在共同遗嘱中的意思表示，属于依法处分自己民事权利的行为，但该处分行为不能处分戴某 1 经公证遗嘱已处分的归其所有的财产，故徐某某另立公证遗嘱仅能对共同财产中属于其自己的财产作出处分。戴某 2 作为戴某 1 指定的遗嘱继承人，在戴某 1 去世后，未明确表示放弃继承，即继承取得了戴某 1 所有的 1/2 房屋产权，因戴某 2 生前没有立遗嘱处分自己的财产，戴某 2 去世后，其遗产由法定继承人徐某某、钱某 3、钱某 2、钱某 1 各继承 1/4。据此，徐某某遗嘱所能处分的财产为案涉 103 室、105 室房屋建筑面积的 5/8，根据遗嘱，该部分房屋产权由戴某 3 继承，计 63.49 平方米的产权，剩余 3/8，计 38.10 平方米的产权，由钱某 3、钱某 2、钱某 1 各继承 12.70 平方米的产权。戴某 3 主张戴某 2 及其继承人不享有继承权利的辩解理由，缺乏法律依据，法院不予支持；戴某 4 辩称其享有法定继承权的理由亦不能成立，法院亦不予支持。

【案　　号】（2015）宁民再终字第 38 号

【审理法院】江苏省南京市中级人民法院

第一千一百四十三条　无民事行为能力人或者限制民事行为能力人所立的遗嘱无效。

遗嘱必须表示遗嘱人的真实意思，受欺诈、胁迫所立的遗嘱无效。

伪造的遗嘱无效。

遗嘱被篡改的，篡改的内容无效。

关联规定

法律、行政法规、司法解释

1.《中华人民共和国涉外民事关系法律适用法》

第三十二条　遗嘱方式，符合遗嘱人立遗嘱时或者死亡时经常居所地法律、国籍国法律或者遗嘱行为地法律的，遗嘱均为成立。

2.《最高人民法院关于适用〈中华人民共和国民法典〉继承编的解释（一）》

第二十八条　遗嘱人立遗嘱时必须具有完全民事行为能力。无民事行为能力人或者限制民事行为能力人所立的遗嘱，即使其本人后来具有完全民事行为能力，仍属无效遗嘱。遗嘱人立遗嘱时具有完全民事行为能力，后来成为无民事行为能力人或者限制民事行为能力人的，不影响遗嘱的效力。

条文释义

一、本条主旨

本条是关于遗嘱无效情形的规定。

二、条文演变

本条规定源自原《继承法》第22条“无行为能力人或者限制行为能力人

所立的遗嘱无效。遗嘱必须表示遗嘱人的真实意思，受胁迫、欺骗所立的遗嘱无效。伪造的遗嘱无效。遗嘱被篡改的，篡改的内容无效。”为了统一法律概念，本条在法律用语上做了个别调整。将“无行为能力人或者限制行为能力人”修改为“无民事行为能力人或者限制民事行为能力人”；将“欺骗”修改为了“欺诈”。

三、条文解读

本条是对遗嘱生效要件的规定。根据《民法典》第143条的规定，遗嘱有效的实质要件一般包括三个方面：

第一，遗嘱人应当具有遗嘱能力。所谓遗嘱能力，是指自然人依法享有的通过遗嘱的方式处分自己合法财产的资格。遗嘱是遗嘱人处分其财产的重大民事法律行为，涉及多方面的利益，并不是所有的人均具有订立遗嘱的资格。按照本条的规定，无民事行为能力人和限制民事行为能力人不得订立遗嘱。即使其订立了遗嘱，该遗嘱的效力也不会得到法律的积极评价，应作为无效遗嘱对待。《民法典》将自然人划分为三类，即无民事行为能力人、限制民事行为能力人和完全民事行为能力人。本条既然只否定了前两类人具有订立遗嘱的资格，那么就可以确定，只有具有完全民事行为能力的人才有订立遗嘱的资格，才具有遗嘱能力。

第二，遗嘱应体现遗嘱人的真实意思。遗嘱是遗嘱人对其死亡后遗留财产的预先处分，故从尊重权利人财产处分自由出发，遗嘱的意思表示必须真实。遗嘱应体现遗嘱人的真实意思，包含两个方面的要求：一是意思表示自由；二是意思表示真实。即遗嘱意思必须是遗嘱人的自愿表达，且表达出来的意思应该与其内心的真实想法相一致。在遗嘱人意思表示自由，但意思表示不真实的情况下，如果有证据证明遗嘱人事后明知遗嘱表意不真实而放任这种不真实情况的存在，则可以推定为遗嘱人以自己的行为认可了该遗嘱的内容，追认了该遗嘱的效力。遗嘱人受胁迫和受欺诈均是导致遗嘱人意思表示不自由的原因。在遗嘱人意思表示不自由是因受到欺诈或胁迫所致时，则按照本条的规定，这种遗嘱由法律直接规定为无效，而并不以遗嘱人事后对遗嘱的态度为准。

本条规定的欺诈，指的是行为人故意告知遗嘱人虚假情况或者故意隐瞒真实情况，致使遗嘱人陷于错误判断并基于该错误判断而作出相应的遗嘱意思表示。因欺诈而导致遗嘱无效需要满足以下四个条件：（1）行为人在主观上有欺诈的故意，即行为人期望以欺诈的方式致使遗嘱人作出错误的意思表示；（2）行为人在客观上实施了欺诈的行为，这里的欺诈行为既包括积极的行为也包括消极的行为，积极行为指的是故意告知遗嘱人虚假情况，消极行为指的是故意向遗嘱人隐瞒真实情况；（3）遗嘱人须因该欺诈行为而陷入错误的判断；（4）遗嘱人基于这种错误的判断而订立了遗嘱。

本条规定的胁迫，指的是行为人故意以非法的手段对遗嘱人进行威胁，导致遗嘱人因此陷入恐惧并因恐惧而作出违背其真实意愿的意思表示。因胁迫而导致遗嘱无效需要满足以下四个条件：（1）行为人在主观上须有胁迫的故意，即行为人希望用胁迫的方式让遗嘱人产生恐惧，从而致使遗嘱人订立特定的遗嘱；（2）行为人在客观上实施了胁迫的行为；（3）遗嘱人因该胁迫行为陷入了恐惧；（4）遗嘱人因陷入了某种恐惧而作出了违背自己真实意愿的遗嘱。

第三，遗嘱的内容应该合法。遗嘱只能处分遗嘱人的个人财产，不能处分他人财产，否则处分他人财产部分的遗嘱内容无效。同时，遗嘱还不得违反法律、行政法规的强制性，且不得违背公序良俗，比如，遗嘱人不得处分法律禁止个人持有和流转的财产。

本条还规定“伪造的遗嘱无效。遗嘱被篡改的，篡改的内容无效”。伪造，是指假借被继承人的名义订立的遗嘱。篡改，是指对遗嘱人已经订立的遗嘱内容，在未经遗嘱人同意的情况下擅自作出改动。伪造的遗嘱以及遗嘱被篡改的部分均不是被继承人的真实意思表示。为了避免遗嘱人合法财产遭受侵犯，保护遗嘱人的私有财产权和意思自治，同时也为了保护遗嘱人的继承人、受遗赠人等遗产利害关系人的合法权益，本条规定在这两种情况下，遗嘱均无效。若伪造人或篡改人不是继承人之一，在因伪造或篡改而给继承人、受遗赠人等遗产利害关系人造成损失的情况下，行为人应当承担侵权责任。若是继承人之一伪造或篡改遗嘱，不但遗嘱无效，而且伪造或篡改遗嘱的继承人还可能因此而丧失继承权。对此，《民法典》第1125条明确规定“伪造、篡改、隐匿或者销毁遗嘱，情节严重”，丧失继承权。

适用指引

司法实践中，如果一个自然人经特别程序被人民法院判决宣告为无民事行为能力人或者限制民事行为能力人，其在疾病痊愈后，在未经法院撤销前述行

为能力宣告判决的情况下订立了遗嘱，这种遗嘱的效力应如何认定？实务中对此有两种不同的观点：一种观点认为，遗嘱人的遗嘱能力应以实际情况为准，如果确有证据证明遗嘱人在订立遗嘱时已经恢复为完全民事行为能力人，则可以认定遗嘱有效，而无须法院另行撤销行为能力宣告判决；另一种观点则认为，在法院判决撤销行为能力宣告判决之前，遗嘱人所订立的遗嘱应是无效遗嘱，其理由为：自然人的民事行为能力应以有资质的司法鉴定机构的鉴定意见为准，既然其民事行为能力的缺失是由法院判决宣告的，那么其民事行为能力的恢复也应以法院的撤销判决为准。我们认为，第二种观点更为合理。因为我国法律对自然人民事行为能力的宣告和撤销规定了严格的程序，法院的判决具有很强的公信力。如果认定这种遗嘱有效，会有损这种公信力。且遗嘱人是否痊愈也应经过一系列严格的程序来加以确定，确保其完全恢复了民事行为能力，而法院撤销行为能力宣告判决的程序性规定能够满足这一要求。综上，在行为能力宣告判决被撤销前订立的遗嘱应是无效的遗嘱。当然，这一问题需要权威解释以避免不必要的争议。

在实务中还应注意，遗嘱人是否具有遗嘱能力应以其订立遗嘱时的状况为准，即只要其在订立遗嘱时是完全民事行为能力人即可。《民法典继承编解释（一）》第28条对此作出了明确的规定："遗嘱人立遗嘱时必须具有完全民事行为能力。无民事行为能力人或者限制民事行为能力人所立的遗嘱，即使其本人后来具有完全民事行为能力，仍属无效遗嘱。遗嘱人立遗嘱时具有完全民事行为能力，后来成为无民事行为能力人或者限制民事行为能力人的，不影响遗嘱的效力。"

身体上有一定缺陷的人不一定是非完全民事行为能力人，如盲人、聋哑人。他们在具有完全民事行为能力的情况下也可以订立有效的遗嘱，只是需要选择与其身体状况相适应的遗嘱形式。故在实务中，不能仅以遗嘱人存在身体上的某种缺陷就否认其遗嘱的效力。

在证明是否存在欺诈、胁迫的情形时，其证明标准与一般情况下的证明标准是不一样的。《民事诉讼法解释》第109条规定："当事人对欺诈、胁迫、恶意串通事实的证明，以及对口头遗嘱或者赠与事实的证明，人民法院确信该待证事实存在的可能性能够排除合理怀疑的，应当认定该事实存在。"从该条可以看出，对于是否存在欺诈、胁迫的情况的证明，应该达到"排除合理怀疑"

的程度。显然，这一标准要高于一般民事案件证据认定时的证明标准。

另需注意的是，本条第1款、第2款规定的各种无效情形与《民法典》总则编部分关于民事法律行为效力的体系是不一致的，主要表现在以下几个方面：

第一，在限制民事行为能力人实施的民事法律行为的效力问题上不同。《民法典》第145条第1款规定："限制民事行为能力人实施的纯获利益的民事法律行为或者与其年龄、智力、精神健康状况相适应的民事法律行为有效；实施的其他民事法律行为经法定代理人同意或者追认后有效。"根据此规定，限制民事行为能力人实施的民事法律行为并非一律无效，而是效力待定。该行为在经过其法定代理人同意或者追认后有效。但根据本条规定，限制民事行为能力人所立的遗嘱无效，即使其法定代理人同意或者追认也不可以转化为有效的遗嘱。

第二，在关于受欺诈、胁迫的民事法律行为效力问题上不同。《民法典》第148条规定："一方以欺诈手段，使对方在违背真实意思的情况下实施的民事法律行为，受欺诈方有权请求人民法院或者仲裁机构予以撤销。"该法第149条规定："第三人实施欺诈行为，使一方在违背真实意思的情况下实施的民事法律行为，对方知道或者应当知道该欺诈行为的，受欺诈方有权请求人民法院或者仲裁机构予以撤销。"该法第150条规定："一方或者第三人以胁迫手段，使对方在违背真实意思的情况下实施的民事法律行为，受胁迫方有权请求人民法院或者仲裁机构予以撤销。"按照这些规定，受欺诈、胁迫而为的民事法律行为是可撤销的民事法律行为。而本条规定受欺诈、胁迫所立的遗嘱无效，即该行为是无效的民事法律行为。

在实务中，涉及遗嘱继承的案件时，应以本条的规定为依据，不能将继承纠纷案件中的欺诈、胁迫也作为可撤销民事法律行为对待。虽然继承欺诈也是单方欺诈的一种，依据《民法典》总则编的规定，欺诈可撤销但并非无效。但是，对于遗嘱欺诈，遗嘱人已经死亡不可能举证，其他人举证极其困难。而即使法律赋予其他人撤销权，也很难行使。如果放任该欺诈、胁迫行为有效，显然不符合遗嘱人的真实意思。从这个角度出发，本条可看作是《民法典》继承编关于民事法律行为欺诈、胁迫可撤销的例外或者特殊规定。

第三，除欺诈、胁迫外，《民法典》总则编还规定了重大误解和显失公平，但是继承编中对此两种情况并未涉及。在实务中，应以本条规定的几种情形来

判断遗嘱是否有效，一般不得以遗嘱人存在重大误解或遗嘱显失公平为由要求确定遗嘱无效。

类案检索

一、李某、钦某某等遗嘱继承纠纷案

关键词：遗嘱效力

裁判摘要：对于争议焦点一，被继承人遗嘱真实意思的理解是否受遗嘱文字限制。法院认为：从遗嘱的内容来看，被继承人表达的意思是不对遗产进行分割，而是要将遗产作为一个整体，通过一个第三方进行管理，这个第三方被继承人命名为"李某丁家族基金会"，组成人员为其妻子及兄弟姐妹，管理方式为共同负责管理。被继承人还指定了部分财产的用途，指定了受益人，明确了管理人的报酬，并进一步在购买房屋一事上阐明其目的——"只传承给下一代，永久不得出售"，也就是要求实现所有权和收益权的分离。虽然被继承人没有直接在遗嘱中写明设立信托，但上述被继承人的意思表示符合信托的法律特征，应当识别为被继承人希望通过遗嘱的方式设立信托，实现家族财富的传承。对于争议焦点二，遗嘱信托的效力认定。法院认为：被继承人所立遗嘱，目的合法，所使用的书面形式以及内容要素均符合《信托法》的规定，依法有效成立信托。部分信托内容，因被继承人的遗产客观贬值，无法执行。但遗嘱中还有受益人收取信托利益等其他内容，上述内容与无法执行部分之间没有因果关系或前提关系。只要信托财产符合法律规定，即具备执行条件，可按照遗嘱执行。

【案　　号】（2019）沪02民终1307号

【审理法院】上海市第二中级人民法院

二、魏某1与魏某2继承纠纷案

关键词：遗嘱　无效

裁判摘要：《公证法》第36条规定：经公证的民事法律行为、有法律意义的事实和文书，应当作为认定事实的根据，但有相反证据足以推翻该项公证的除外。根据上诉人提供的公证申请表、公证处谈话记录及公证遗嘱显示，本

案双方当事人的母亲李某某于1997年6月23日向山西省孝义市公证处提出申请，请求对其同日所立遗嘱进行公证，孝义市公证处指派公证员侯某某、武某某前往李某某住处进行公证，并作出（97）孝证民字第30号公证书，证明李某某于1997年6月23日在上述二公证员面前所立遗嘱捺印属实。根据二公证员与李某某的谈话记录显示，李某某亲口陈述："我的一间养老房（北房）要按遗嘱留给二儿子魏某2，因我二儿子从他父亲去世后，我的一切费用都是由魏某2承担的，所以我要把养老房遗留给二儿子"，谈话笔录落款处有李某某的签字捺印。李某某所立公证遗嘱内容清楚明确，系其真实意思表示，孝义市公证处的公证程序符合法律规定，原审认定该公证遗嘱的法律效力并无不当。

【案　　号】（2018）晋11民终15号

【审理法院】山西省吕梁市中级人民法院

第一千一百四十四条　遗嘱继承或者遗赠附有义务的，继承人或者受遗赠人应当履行义务。没有正当理由不履行义务的，经利害关系人或者有关组织请求，人民法院可以取消其接受附义务部分遗产的权利。

关联规定

一、法律、行政法规、司法解释

1.《中华人民共和国著作权法实施条例》

第十七条　作者生前未发表的作品，如果作者未明确表示不发表，作者死亡后 50 年内，其发表权可由继承人或者受遗赠人行使；没有继承人又无人受遗赠的，由作品原件的所有人行使。

2.《最高人民法院关于适用〈中华人民共和国民法典〉继承编的解释（一）》

第二十九条　附义务的遗嘱继承或者遗赠，如义务能够履行，而继承人、受遗赠人无正当理由不履行，经受益人或者其他继承人请求，人民法院可以取消其接受附义务部分遗产的权利，由提出请求的继承人或者受益人负责按遗嘱人的意愿履行义务，接受遗产。

第四十条　继承人以外的组织或者个人与自然人签订遗赠扶养协议后，无正当理由不履行，导致协议解除的，不能享有受遗赠的权利，其支付的供养费用一般不予补偿；遗赠人无正当理由不履行，导致协议解除的，则应当偿还继承人以外的组织或者个人已支付的供养费用。

第四十四条　继承诉讼开始后，如继承人、受遗赠人中有既不愿参加诉讼，又不表示放弃实体权利的，应当追加为共同原告；继承人已书面表示放弃继承、受遗赠人在知道受遗赠后六十日内表示放弃受遗赠或者到期没有表示的，不再列为当事人。

二、司法指导性文件

《人民法院办理执行案件规范》

52.【被执行人死亡、宣告失踪时的变更、追加】

作为被执行人的公民死亡或被宣告死亡，申请执行人申请变更、追加该公民的遗嘱执行人、继承人、受遗赠人或其他因该公民死亡或被宣告死亡取得遗产的主体为被执行人，在遗产范围内承担责任的，人民法院应予支持。继承人放弃继承或受遗赠人放弃受遗赠，又无遗嘱执行人的，人民法院可以直接执行遗产。

作为被执行人的公民被宣告失踪，申请执行人申请变更该公民的财产代管人为被执行人，在代管的财产范围内承担责任的，人民法院应予支持。

条文释义

一、本条主旨

本条是关于附有义务的遗嘱继承或者遗赠的规定。

二、条文演变

本文源自原《继承法》第21条“遗嘱继承或者遗赠附有义务的，继承人或者受遗赠人应当履行义务。没有正当理由不履行义务的，经有关单位或者个人请求，人民法院可以取消他接受遗产的权利”的规定。

三、条文解读

本条源于原《继承法》第21条的规定。主要修改有两点：（1）为规范法律表述，本条将原《继承法》第21条中规定的“经有关单位或者个人请求”修改为“经利害关系人或者有关组织请求”。本条规定中的“有关组织”本身可能与遗嘱并无直接的利害关系。它可以是对与遗嘱有直接利害关系的人负有一定法律上义务的组织，比如对无民事行为能力人或者限制民事行为能力人负有监护职责的居民委员会、村民委员会或者民政部门。（2）将原《继承法》第21条中规定的“人民法院可以取消他接受遗产的权利”修改为“人民法院可

以取消其接受附义务部分遗产的权利”。虽然法律规定当事人的权利和义务应当对等，但本条作此修改并非完全基于权利与义务对等的原则，更主要的还是体现尊重遗嘱人的遗嘱自由意志以及公平的原则。遗嘱所附的义务与所附义务对应的财产价值有时并非对等，有可能义务的负担程度要高于财产价值，也有可能所附的义务会少于财产的价值。原《继承法》第21条规定的是“取消他接受遗产的权利”，从字面上来理解，按照这一规定，如果遗嘱受益人不履行遗嘱中规定的义务，那么其将不能享有遗嘱中涉及的全部的权利。此时，如果遗嘱中所附义务是针对遗嘱中全部财产权利，那么若受益人不履行义务即取消其全部接受遗产的权利没有问题。但是，如果遗嘱中所附的义务只是针对遗嘱中的部分财产权，而其他的遗嘱内容并没有附义务。那么，因遗嘱受益人不履行该部分义务就取消其接受其他未附义务的遗产的权利就会有失公允，故本条对此作了相应修改。

一般来说，遗嘱是遗嘱人自由处分其财产的单方民事法律行为，遗嘱人可以在遗嘱中自由表达其意愿。其可以在处分财产时不附加任何的义务，也可以在遗嘱中要求遗嘱受益人必须按照其指示为或不为一定的行为。如果遗嘱人在遗嘱中明确表示遗嘱继承人或者受遗赠人在接受遗产的同时必须实施一定的行为，这种遗嘱即为附义务的遗嘱。相对于纯受益性的遗嘱而言，附义务的遗嘱也被称为附负担遗嘱。

附义务的遗嘱不同于附条件的遗嘱。附义务的遗嘱所附的义务是遗嘱继承人或受遗赠人应当施行的某种行为，具有确定性。而附条件的遗嘱中所附的条件是否能够成就则是处于不确定的状态，该条件可能成就，也可能不成就。在附义务的遗嘱中，取得遗产的权利和履行某种义务之间是一一对应关系，具有密切联系。遗嘱人可以在遗嘱中为遗嘱继承人或者受遗赠人设定一定的义务，继承人或受遗赠人如果想要取得遗产，就必须履行相应的义务，而且这种义务的履行具有一定的强制性。当然，遗嘱继承人或受遗赠人也可以通过放弃取得遗产的方式不履行该义务。

根据该规定，遗嘱继承人或受遗赠人如果接受了遗产就必须履行相应的义务，除非其有正当的理由而不履行。这里所谓的正当理由应基于一般正常的理性在个案中具体判断。通常而言，这种正当理由包括：遗嘱人设定的义务在客观上无法实现；遗嘱继承人或受遗赠人因不可抗力不能履行义务等等，这些均可以视为是正当的理由。另需注意的是，如果遗嘱继承人或受遗赠人没有履行相应的义务，其并不是当然丧失取得遗产的权利，必须由利害关系人或有关组织向人民法院提出相关的请求，才能由人民法院取消其该权利。

在遗嘱继承人或受遗赠人接受遗产的权利被取消后，该部分遗产由提出请求的利害关系人或有关组织接受。这类人员在接受遗产后，也应当履行遗嘱中确定的相关的义务。关于这一点，在《民法典继承编解释（一）》第29条有着明确的规定，该条内容为："附义务的遗嘱继承或者遗赠，如义务能够履行，而继承人、受遗赠人无正当理由不履行，经受益人或者其他继承人请求，人民法院可以取消其接受附义务部分遗产的权利，由提出请求的继承人或者受益人负责按遗嘱人的意愿履行义务，接受遗产。"在此情况下，实际上是通过法律强制性规定的方式变更了遗嘱受益人。

适用指引

附义务遗嘱在生效时间点上与一般的遗嘱并无不同。通常情况下，附义务的遗嘱在遗嘱人死亡时即生效。附义务遗嘱的生效与否并不取决于遗嘱继承人或者受遗赠人是否履行了遗嘱规定的义务。换言之，履行义务并不是遗嘱生效的前提。无论遗嘱继承人或受遗赠人是否履行了相应义务，该遗嘱都可以生效。

在遗嘱继承人或受遗赠人不履行遗嘱规定的义务时，该遗嘱并非当然地失去效力。根据本条规定，在此情况下，可以由利害关系人或者有关组织向人民法院提出请求，请求的事项包括两方面的内容：第一，请求人民法院取消其接受附义务部分遗产的权利；第二，请求由自己代替被取消权利的遗嘱继承人或受遗赠人的地位。在代替后，由提出请求的有关主体接受相应的遗产并履行对应的义务。即在取消遗嘱继承人或受遗赠人的这项权利时，必须经过法定的程序，由人民法院依法进行审查。人民法院经审查确定其确属无正当理由不履行义务的，依法取消其接受附义务部分遗产的权利。

在这里需要强调的是，遗嘱继承人或受遗赠人在不履行义务时虽然会遭受不利的法律后果，但这种法律后果并不是由人民法院强制其履行该义务，而是由人民法院剥夺其接受相关遗产的权利，使遗嘱继承人或受遗赠人的财产状况恢复到之前的状态。在其不履行义务时，利害关系人或有关组织不得请求人民法院判决其履行义务。

遗嘱人在遗嘱中所附的义务必须是合法的，不得违反我国法律、行政法规的强制性规定，不得有违公序良俗。否则，遗嘱继承人或受遗赠人可以不履行该义务。如果是因为遗嘱人的原因导致所附的义务在法律上或事实上不能被履行，此时遗嘱是否还有效，应视遗嘱人在遗嘱中表述的意思而定。如果根据相关案件事实可以认定遗嘱人在义务没有得到实际履行情形下，不会作出相应财产身后处分的，应认定该遗嘱无效，相应遗产按法定继承处理。反之，则可认定遗嘱有效，遗嘱继承人或受遗赠人可以在不履行该义务的情况下径直取得相应的遗产。

附义务的遗嘱能否撤回的问题。一般而言，附义务的遗嘱所约定的义务是在继承开始后才开始履行。在继承开始前，该遗嘱尚未生效，遗嘱人自然可以撤回。但是从公平角度出发，如果遗嘱继承人或受遗赠人为履行遗嘱义务而进行了准备，并为此付出了一定的时间和金钱，那么遗嘱人在撤回遗嘱后应当就此对遗嘱继承人或受遗赠人进行适当的补偿。在继承开始后，则因遗嘱人已经死亡，不存在撤回的问题。但在司法实务中，还经常出现遗嘱人在遗嘱中约定由特定继承人或受遗赠人在遗嘱人生前即应履行的义务情形。对此，可区分情形处理：对于特定继承人或受遗赠人在遗嘱人生前认可该义务或知道遗嘱内容情形下已履行该义务的，则可考虑认定两者之间达成了协议，而非单纯的附义务遗嘱。如果协议已经合法生效，则不存在遗嘱人单方撤回的问题。如果相对方无正当理由不履行该协议约定义务，则遗嘱人可以类推适用《民法典继承编解释（一）》第40条“继承人以外的组织或者个人与自然人签订遗赠扶养协议后，无正当理由不履行，导致协议解除的，不能享有受遗赠的权利，其支付的供养费用一般不予补偿；遗赠人无正当理由不履行，导致协议解除的，则应当偿还继承人以外的组织或者个人已支付的供养费用”规定的精神处理。对于特定继承人或受遗赠人在遗嘱人生前并不了解遗嘱内容，则可将该遗嘱视为附条件遗嘱处理。

遗嘱继承人或受遗赠人履行了部分乃至全部遗嘱义务，但遗嘱存在无效的情形，此时应如何处理。分情况讨论如下：（1）因遗嘱继承人或受遗赠人的原因导致遗嘱无效的，其因履行遗嘱义务所遭受的损失应由其自行承担。比如遗嘱继承人或受遗赠人采取欺诈、胁迫的方式致使遗嘱人订立遗嘱的，或遗嘱继承人、受遗赠人伪造、篡改遗嘱，因此而导致遗嘱无效的，其应自行承担全部的损失。（2）若是因为遗嘱人欠缺遗嘱能力而导致遗嘱无效的，此时应根据遗嘱继承人、受遗赠人以及遗嘱人或其监护人各自的过错程度，综合确定责任承担方式。（3）因遗嘱形式不合法而导致遗嘱无效的情况。如果在遗嘱人生前即发现了遗嘱存在无效的情形，可以要求遗嘱人对遗嘱形式进行补正。如果在遗嘱人死亡后发现遗嘱形式不合法的，若遗嘱继承人或受遗赠人对此没有过错，则应由遗产管理人或其他继承人根据义务履行情况、遗产价值情况对遗嘱继承人或受遗赠人进行适当的补偿。（4）如果遗嘱因为违反了《民法典》第 1141 条关于必留份的规定导致遗产被扣减的，遗嘱继承人或受遗赠人不得要求必留份权利人进行补偿，相关损失应自行承担。

遗嘱人有订立附义务遗嘱的自由，遗嘱继承人或受遗赠人也有接受或不接受遗嘱内容的自由。在遗嘱中所附义务超过遗产价值的情况下，若遗嘱继承人或受遗赠人自愿履行的，法律并不禁止，但事后其不能再向取得遗产的人主张补偿。

第四章　遗产的处理

第一千一百四十五条　继承开始后，遗嘱执行人为遗产管理人；没有遗嘱执行人的，继承人应当及时推选遗产管理人；继承人未推选的，由继承人共同担任遗产管理人；没有继承人或者继承人均放弃继承的，由被继承人生前住所地的民政部门或者村民委员会担任遗产管理人。

关联规定

法律、行政法规、司法解释

1.《中华人民共和国信托法》

第十三条　设立遗嘱信托，应当遵守继承法关于遗嘱的规定。

遗嘱指定的人拒绝或者无能力担任受托人的，由受益人另行选任受托人；受益人为无民事行为能力人或者限制民事行为能力人的，依法由其监护人代行选任。遗嘱对选任受托人另有规定的，从其规定。

第三十九条第二款　受托人职责终止时，其继承人或者遗产管理人、监护人、清算人应当妥善保管信托财产，协助新受托人接管信托事务。

2.《最高人民法院关于适用〈中华人民共和国民法典〉继承编的解释（一）》

第三十条　人民法院在审理继承案件时，如果知道有继承人而无法通知的，分割遗产时，要保留其应继承的遗产，并确定该遗产的保管人或者保管单位。

条文释义

一、本条主旨

本条是关于遗产管理人选任的规定。

二、条文演变

遗产管理人制度是《民法典》新增的内容。遗产管理人，是指在继承开始后遗产交付前，依据法律规定、遗嘱人或有关机关的指定，以维护遗产价值和利害关系人利益为宗旨，对被继承人的遗产负有保存和管理职责的主体。随着经济社会的快速发展，人们的财富不仅增长迅速，而且财产种类增多，除了传统的房屋、车辆和存款外，还包括股权、期权、基金、债权、知识产权及虚拟财产等多种复杂多样的财产权益，要求遗产保管和处理的主体应当具有明确的法律地位和职责。为确保遗产得到妥善管理、顺利分割，更好地维护继承人、债权人利益，《民法典》继承编增设遗产管理人制度，通过第 1145 条至第 1149 条明确了遗产管理人的产生方式、职责、报酬和责任等内容，弥补了原《继承法》没有遗产管理人制度的缺失，完善了继承法律制度体系。这是《民法典》对我国财产形态愈发多样、涉遗产法律关系日趋复杂以及人口老龄化、继承纠纷频发等现实问题的回应。为有效解决遗产管理中发生的纠纷，2020 年 12 月 29 日公布的《最高人民法院关于修改〈民事案件案由规定〉的决定》（法〔2020〕346 号）在“婚姻家庭、继承纠纷”中增设了第三级案由“遗产管理纠纷”。

三、条文解读

（一）遗产管理人制度的含义和功能

遗产管理，是指在继承开始后遗产析分交付前，有关主体依据法律规定或有关机关的指定，以维护遗产价值和遗产权利人合法利益为宗旨，对被继承人的遗产实施管理、清算的行为。遗产管理人制度是为了保障遗产的安全和完整，公平、有序地分配遗产，使遗产上各项权利得以实现的一项综合性制度。

继承开始后、遗产分割前，遗产由继承人共同共有，但是可能由不同的主

体实际占有，甚至遗产权利人不占有遗产，造成遗产权利处于不稳定状态，而且遗产的范围与数量越来越大，种类纷繁复杂，表现形式各异。同时，遗产还存在收取债权、清偿债务等对外的法律关系。一方面，占有遗产的人可能因缺乏管理能力、专业知识或者精力难以妥善地管理遗产，遗产种类、数量和状态不清晰，也存在毁损、灭失的风险；另一方面，在遗产占有情况复杂、有的继承人可能不知道继承已经开始的情况下，遗产存在被转移、隐匿、私分、侵吞的风险，其他继承人和遗产债权人的利益难以保障。为了有效维护遗产的价值，统筹保护继承人权利和债权人利益，必然面临遗产管理的问题。遗产管理人制度的意义在于，在被继承人因死亡而丧失民事主体资格的情况下，由遗产管理人根据被继承人的意思或者法律规定保存和管理被继承人的遗产，防止其遗产毁损、灭失，实施和遗产有关的行为，依法处理继承人之间的遗产分配关系和被继承人生前的债权债务关系，有效推动遗产分割的进行。遗产管理人制度有利于避免遗产出现无人管理的状态，具有管理和保全财产、维护遗产权利人的利益、实现遗产公平分配和保障交易安全的功能。

（二）遗产管理人的确定

《民法典》第 1145 条以尊重被继承人的意思和我国的社会风俗习惯为基础，兼顾公平公正原则，依次规定了确定遗产管理人的四种方式。

1. 遗嘱执行人为遗产管理人

根据《民法典》第 1133 条的规定，自然人可以立遗嘱处分个人财产并可以指定遗嘱执行人，但是该条并未明确遗嘱执行人的法律地位。通过本条规定可知，在继承开始后，遗嘱执行人即为遗产管理人，适用《民法典》遗产管理人的相关规定。因此，法律赋予遗嘱执行人以遗产管理人的地位，遗嘱执行人除了履行遗嘱指定的职责外，还应当履行遗产管理人的法定职责。被继承人对遗嘱执行人的指定，可以指定法定继承人，也可以指定法定继承人以外的人；可以指定一人，也可以指定数人；可以指定自然人，也可以指定法人或者非法人组织。遗嘱执行人是被继承人充分信赖之人，由遗嘱执行人按照遗嘱人的意志执行遗嘱，是尊重被继承人意思自治的体现。所以，在被继承人生前立有遗嘱并指定遗嘱执行人的，本条明确规定该遗嘱执行人为遗产管理人。这是法律尊重被继承人对被指定者的信赖、尊重被继承人处分财产意愿的结果，同时，遗嘱执行人和遗产管理人的职责在性质和内容上具有一致性，遗嘱执行人执行遗嘱本身就需要处理遗产，由其担任遗产管理人也更为便利。如此安排，简化了遗产管理人确定的程序，符合思维经济原则。

2. 继承人推选遗产管理人

没有遗嘱执行人的，继承人应当及时推选遗产管理人。该规则适用的前提是继承人为 2 人及以上，各继承人需要推选出遗产管理人。如果继承人只有 1 人，即属于单独继承的情况下，该继承人即为遗产管理人。单独继承虽然不存在遗产分割的问题，但是为了保护受遗赠人和处理遗产债权债务问题，也需要继承人以遗产管理人身份履行遗产管理职责。

所谓“没有遗嘱执行人”是指以下情形之一：（1）被继承人没有立遗嘱或者所立遗嘱无效；（2）被继承人立有遗嘱但是没有指定遗嘱执行人；（3）被继承人遗嘱指定的遗嘱执行人因死亡、丧失民事行为能力不能担任遗嘱执行人。

没有遗嘱执行人的，相当于被继承人对于遗产的管理或者说对于遗产管理人没有任何安排，法律对遗产管理人的确定应当基于共同共有的原理，在推定被继承人意愿的同时，兼顾继承人之间的利益协调、日常生活经验和风俗习惯。由继承人及时推选遗产管理人的主要考虑是：（1）由继承人协商，共同推选遗产管理人，有利于继承人之间的利益协调，使遗产管理人能够以较高的注意维护遗产的价值。（2）被继承人死亡后，遗产一般由继承人实际管领、控制，继承人了解遗产的状况以及遗产债权债务等相关情况，有利于有效、便捷地管理遗产。（3）继承人与被继承人之间具有最近的亲情关系和信任关系，继承人作为遗产管理人管理遗产，是其对被继承人生前扶养义务的延伸，不违背被继承人的意愿。（4）现实生活中，为了处理被继承人的丧葬奠仪、分割遗产等身后事宜，继承人都会推选出“主事之人”，由继承人推选遗产管理人符合此惯常做法。①

所谓“推选”，是指继承人之间的推荐、选举，即全体继承人经协商共同推举出其中一名或数名继承人为遗产管理人。② 因此，本条所指推选的遗产管理人应当是享有继承权的继承人，不是继承人以外的人。③ 全体继承人之间推

---

① 石宏主编：《〈中华人民共和国民法典〉释解与适用·婚姻家庭编继承编》，人民法院出版社 2020 年版，第 230 页。

② 石宏主编：《〈中华人民共和国民法典〉释解与适用·婚姻家庭编继承编》，人民法院出版社 2020 年版，第 230 页。

③ 最高人民法院民法典贯彻实施工作领导小组主编：《〈中华人民共和国民法典〉婚姻家庭编继承编理解与适用》，人民法院出版社 2020 年版，第 620 页。

选遗产管理人的规则，是按照少数服从多数还是全体一致同意，由继承人协商确定。[①]

3. 继承人共同担任遗产管理人

继承人未推选遗产管理人的，由全体继承人共同担任遗产管理人。继承人未推选遗产管理人可能有三种情况：一是继承人人数少，对遗产管理能够达成一致意见，没必要推选遗产管理人，或者继承人达成一致由全体继承人共同管理遗产；二是继承人之间互相推诿，怠于推选产生遗产管理人；三是继承人之间无法就推选规则达成一致意见，从而不能就遗产管理人人选达成协商意见。对于第一种情况，本项规则赋予实际承担管理职责的全体继承人以遗产管理人的资格，符合遗产管理人制度的宗旨；对于第二种情况，通常是继承人在不放弃继承权利的同时又不愿履行管理遗产、清偿债务的义务，本项规则实际上是对此种行为进行否定评价，推定全体继承人为遗产管理人，满足了避免遗产无人管理的制度设计要求；对于第三种情况，继承人对遗产管理人进行了积极的推选，没有违反"应当及时推选"的法定义务，只是客观上无法就推选规则或推选人选达成一致意见，属于"对遗产管理人的确定有争议的"情形，可以适用《民法典》第 1146 条的规定，由利害关系人向人民法院申请指定遗产管理人。

在全体继承人担任遗产管理人时，涉及全体继承人如何作出决策的问题，需要全体继承人协商达成一致，[②] 可以是按照少数服从多数，也可以是全体一致同意。行使遗产管理人的职责时，应当按照全体继承人决议形成的规则处理遗产管理事项。

4. 由民政部门或者村民委员会担任遗产管理人

没有继承人或者继承人均放弃继承的，由被继承人生前住所地的民政部门或者村民委员会担任遗产管理人。根据本条规定的内在体系，适用本项规则有两项前提：一是没有遗嘱执行人；二是无人继承。如果被继承人通过遗嘱指定了遗嘱执行人，应当由遗嘱执行人担任遗产管理人；无人继承包括没有继承人、继承人均放弃继承、继承人均丧失继承权。《民法典》第 1160 条规

① 石宏主编：《〈中华人民共和国民法典〉释解与适用·婚姻家庭编继承编》，人民法院出版社 2020 年版，第 230 页。

② 石宏主编：《〈中华人民共和国民法典〉释解与适用·婚姻家庭编继承编》，人民法院出版社 2020 年版，第 230 页。

定："无人继承又无人受遗赠的遗产，归国家所有，用于公益事业；死者生前是集体所有制组织成员的，归所在集体所有制组织所有。"据此，无人继承同时又无人受遗赠的遗产归属应当根据被继承人的身份分别归国家或者集体所有制组织所有：被继承人生前是集体所有制组织成员的，其遗产归该集体所有制组织所有，否则，其遗产归国家所有并用于公益事业。[①] 因此，为了妥善保管并更好地处理遗产，在没有遗嘱执行人且没有继承人继承遗产时，亦有必要设立遗产管理人，主导无人继承遗产的全部处理过程。遗产管理人的选定，根据遗产最终的可能归属以及相关组织与被继承人的关系，被继承人生前是农村居民的，应当由其生前住所地的村民委员会担任遗产管理人；被继承人生前是城镇居民的，应当由其生前住所地的民政部门担任遗产管理人。通常情况下，无人继承遗产的被继承人多为鳏寡孤独，民政部门或者村民委员会与其往往有相对密切的联系，基于其社会救济、社区服务、生活保障等职能，比较了解辖区内人员的家庭关系、财产状况等，有能力担任遗产管理人，且权威性较高。[②] 由被继承人生前住所地的民政部门或者村民委员会担任遗产管理人，是由我国国情决定的，体现了我国遗产管理人制度的创新，有助于维护遗产价值，保护遗产权利人利益，确保无人继承且无人受遗赠的遗产归属于国家或者集体经济组织。

综上，本条是确定遗产管理人的递进性规定，必须依序进行，只有按照在先的规则不能确定遗产管理人时，才能按照在后的规则进行确定。在根据本条第 2、第 3 项规则确定继承人担任遗产管理人的情形下，遗产管理人具有继承人和遗产管理人的双重身份，其对遗产的管理，是基于遗产管理人的身份和法律地位，应当以维护遗产整体的价值和全体遗产权利人的利益为目标，以更高的注意义务履行遗产管理人的法定职责、承担相应的法律责任。

---

① 石宏主编：《〈中华人民共和国民法典〉释解与适用·婚姻家庭编继承编》，人民法院出版社 2020 年版，第 230 页。

② 最高人民法院民法典贯彻实施工作领导小组主编：《〈中华人民共和国民法典〉婚姻家庭编继承编理解与适用》，人民法院出版社 2020 年版，第 620~621 页。

适用指引

一、遗产管理人与遗产保管人、遗嘱执行人的联系与区别

遗产管理人与遗产保管人、遗嘱执行人都是继承法律制度中依法应当承担遗产保管责任的主体，遗产管理人兼具遗产保管人和遗嘱执行人的特征，而且有效遗嘱指定的遗嘱执行人原则上就是遗产管理人。但是其三者在法律地位、产生依据等方面有明显的区别。

（一）法律地位不同

遗产管理人是遗产管理人制度的核心组成部分，其对遗产管理的职责、权利义务和责任有完善、明确的法律规定。遗产保管人是持有并保存被继承人遗产的人，仅需对遗产尽到合理保存的义务即可，不具有遗产管理人应当承担的清理遗产并制作遗产清单、向继承人报告遗产情况、采取必要措施防止遗产毁损、处理被继承人的债权债务、按照遗嘱或者依照法律规定分割遗产、实施与管理遗产有关的其他必要行为的职责。遗嘱执行人，是指根据遗嘱指定有权执行遗嘱人所立遗嘱，使遗嘱内容得以实现的人或组织。一般情况下，遗嘱执行人就是遗产管理人，但是在被继承人对遗产管理有特殊安排的情况下，遗嘱执行人仅在遗嘱指定的范围内具有遗产管理人的地位。

（二）产生方式不同

遗产管理人可以由遗嘱执行人担任，由继承人推选或担任，由法院指定产生，而且必须按照本条规定的顺序性规则依次确定。根据遗产管理人制度的本质要求，继承开始后、遗产分割前，必须有遗产管理人对遗产进行管理，因确定遗产管理人发生争议的，根据《民法典》第 1146 条的规定，经利害关系人申请由人民法院指定。遗产保管人是基于对被继承人遗产的实际占有而产生的，即基于存有遗产这种客观事实，而不论此种存有是根据法律规定或者合同约定。遗嘱执行人只能通过遗嘱指定产生，产生的前提是遗嘱中明确指定且遗嘱合法有效。

（三）适用范围不同

遗产管理人既适用于法定继承，也适用于遗嘱继承，同时还包括无人继承。遗产保管人的责任来自法律规定，既适用于法定继承，也适用于遗嘱继承。遗嘱执行人以有效遗嘱存在为前提，只适用于遗嘱继承。

二、继承人下落不明时遗产管理人的确定

继承人下落不明的，未被宣告为失踪人的，其财产可能事实上由其近亲属或他人保管，也可能处于无人管理的状态。被宣告为失踪人的，根据《民法典》第42条、第43条的规定，其财产由其配偶等人代管，财产代管人应当妥善管理失踪人的财产，维护其财产权益。财产代管人在法律以及法院授权的范围内有权代理失踪人从事一定的民事法律行为，即以失踪人的财产代其清偿债务，也有权代理其接受债权，此种代理在性质上是一种指定代理。由于继承权是一种具有身份属性的财产权，而且放弃继承必须由继承人本人以书面方式作出明确表示，不能由代理人代为放弃。同时，本条规定的继承人推选或者担任遗产管理人，在法律没有明确规定的情况下，也只能由继承人本人行使相关权利，不能由代理人代为行使。因此，继承人下落不明的，应当认为其接受继承，享有继承权，但是鉴于其不能参与遗产管理人的选任，所以其他继承人根据本条规定确定的遗产管理人，对于下落不明的继承人也发生法律效力，确保继承活动的有序进行，遗产分割时，应当保留该继承人应当继承的遗产，并指定由其财产代管人保管，没有财产代管人的，参照《民法典继承编解释（一）》第30条的规定，确定该遗产的保管人或者保管单位。如果除此下落不明的继承人以外，被继承人的遗产无其他继承人，为了防止遗产受到毁损，保护继承人的财产权益，同时确保遗产债权人的利益得以顺利实现，可参照无人继承的情形，由被继承人生前住所地的民政部门或者村民委员会担任遗产管理人。遗产管理人应当采取必要的措施妥善保管遗产，处理被继承人的债权债务，待下落不明的继承人出现或者被宣告死亡后，依法分配、处分被继承人的遗产。

三、遗嘱继承和法定继承并存时遗嘱执行人遗产管理范围的确定

遗嘱执行人担任遗产管理人适用于遗嘱指定了遗嘱执行人的遗嘱继承情形并无疑问，问题是遗嘱继承和法定继承并存时，即存在遗嘱未处分财产时，如

何界定遗产管理人的管理范围，是限于对遗嘱指定财产的管理还是及于全部遗产？对此问题学界和司法实务界都有不同认识。[①]

鉴于对该问题的理解争议较大，而且个案中的具体案情、继承人之间的争议事由也会比较复杂，对于因确定遗嘱未处分遗产的管理人发生的争议，需要司法实务通过适用《民法典》第1146条，根据个案具体情况决定是由遗嘱执行人担任遗产管理人，还是由继承人推选或担任遗产管理人。

---

① 观点一认为，从本条文义解释看，对于遗嘱执行人担任遗产管理人，并未区分只有遗嘱继承和遗嘱继承、法定继承并存的情形，根据遗嘱执行人是被继承人关于其遗产管理的最信赖之人的一般判断，由遗嘱执行人担任其全部遗产的管理人，一般不违背其内心意愿。而且，在有遗嘱执行人的情况下，再另行确定遗产管理人，一是徒增推选成本和管理成本，二是容易导致双重遗产管理人之间履行职责的冲突，不利于遗产价值、继承人和债权人利益的统筹维护。比如存在遗产债务的情况下，如果双方没有有效地沟通配合，有可能导致重复清偿，有可能遗嘱执行人以遗嘱指定的财产先行清偿，甚至是承担法定继承部分管理职责的一方为规避优先清偿的义务而转移、隐匿财产。因此，由遗嘱执行人统一担任遗产管理人是追求遗产管理质效的选择。"有遗嘱执行人的，不会再另行产生遗产管理人，遗嘱执行人的权利因法律规定而自动扩张。《民法典》将遗嘱执行人和遗产管理人统一立法，主要是考虑到二者职责相似，分开规定会造成重复立法，故其立法本意在于由遗嘱执行人管理全部遗产，包括遗嘱未处分的财产和遗嘱无效部分涉及的财产"。

观点二认为，遗嘱执行人作为遗产管理人，只能按照遗嘱指定的范围管理财产，对遗嘱未处分或遗嘱无效所涉财产无权管理，而需要另行确定遗产管理人。现实生活中，被继承人对其财产不做遗嘱安排通常有以下几种情形：（1）遗忘该部分财产；（2）认为该部分财产没有实际价值，无须特别安排；（3）主观认为该部分财产不归己支配，其无权安排；（4）从家族关系考虑，对某些财产难以安排，索性留待后人自行依法定继承处理。第1种及第2种情况下，遗产的价值通常不大，不易引起争议；第3种情况发生的概率较低，但是第4种情况却是普遍存在的，因此需要重点基于该种情况考虑对本条的解释。在第4种情况下：第一，被继承人对遗嘱执行人的信赖不能当然推定被继承人愿意将全部财产托付于该人，被继承人对财产的消极安排是其本意所在，是允许遗嘱执行人概括履行全部遗产的管理责任，还是将遗嘱执行人的权限限于遗嘱中指定的财产，二者相较，后者更符合被继承人的内心意愿；第二，也是最为重要的，按照法定继承的规则，法定继承人对未被遗嘱处分的遗产最为关切，且为共有权利人，在法律上享有共同管理的权利，被继承人本意也是令继承人自行协商按法定继承处理，在《民法典》本条允许继承人协商推选或共同担任遗产管理人的情况下，不应剥夺继承人的共同管理职权，否则会增加不必要的矛盾和遗产处置成本；第三，遗嘱执行人可能就是遗嘱继承人，还可能是法定继承人之外的人，此时，遗嘱执行人与法定继承人之间会存在利益冲突，如果赋予遗嘱执行人超出遗嘱范围的遗产管理权限，可能会侵害法定继承人的利益，激化遗嘱执行人与法定继承人之间的矛盾，不利于遗产的顺利析分确权；第四，既然允许多个遗嘱执行人的共存，就应当允许多个遗产管理人的共存，多个遗产管理人之间的沟通配合问题与多个遗嘱执行人之间的沟通配合问题本质并无差别，不应双重标准。因此，遗嘱执行人的管理职责限于遗嘱涉及的财产范围更符合法律规定的本意，也更符合中国社会的传统家庭伦理和生活习惯。当然，如果法定继承人一致同意由遗嘱执行人担任全部遗产的管理人，亦符合《民法典》本条规定的精神。

第一千一百四十六条　对遗产管理人的确定有争议的，利害关系人可以向人民法院申请指定遗产管理人。

条文释义

一、本条主旨

本条是关于法院指定遗产管理人的规定。

二、条文演变

原《继承法》没有遗产管理人制度，也未规定遗产管理人的指定。本条为《民法典》新增条款，为遗产管理人选任发生的争议提供了司法解决渠道，与《民法典》第1145条对遗产管理人选任的规定共同构成遗产管理人产生的程序规范。

三、条文解读

遗产涉及的利害关系主体众多，遗产管理事务繁杂，相关主体难免因遗产管理人的确定而发生争议。本条就是在《民法典》第1145条的基础上，进一步针对遗产管理人的确定有争议的情况，规定人民法院可以根据利害关系人的申请指定遗产管理人。由作为公权力机关的法院有条件地指定遗产管理人，能够通过人民法院的依法审查，确定最具“公信力”的遗产管理人，及时、有效地保全遗产和维护遗产权利人的利益，避免遗产的毁损和继承活动的拖延。

（一）确定遗产管理人争议的表现形式

本条对此类争议的表述是“对遗产管理人的确定有争议”，文义上是一个宽泛、开放的概念，作为一种新型争议，如何掌握认定标准，在相关司法解释未作出细化之前，从本条的立法宗旨在于“争议情况下确定遗产管理人”来讲，因“遗产管理人确定”产生的争议都应当作为此类案件予以受理，但是对

相关争议的标准和类型化还要通过司法实践探索，进一步明确。

从目前的司法实践看，确定遗产管理人的争议主要表现为：（1）对遗嘱执行人担任遗产管理人有异议。即对遗嘱指定的遗嘱执行人的效力有异议，不认可遗嘱执行人作为遗产管理人，包括不认可遗嘱执行人作为遗嘱指定遗产的管理人，也包括不认可遗嘱执行人作为遗嘱指定遗产范围之外的遗产的管理人。或者认可遗嘱指定的遗嘱执行人的效力，但是不同意遗嘱执行人作为遗产管理人或者对遗嘱执行人作为遗产管理人管理遗产的范围有异议。（2）被指定的遗嘱执行人拒绝担任遗产管理人。即被继承人指定的遗嘱执行人拒绝接受指定引起的争议。（3）继承人无法达成推举合意。包括因继承人范围争议、无人愿意担任遗产管理人（消极冲突）、多人争当遗产管理人（积极冲突）等，[①] 导致推选不出遗产管理人，又不愿共同担任遗产管理人。（4）与选任遗产管理人有关的继承事实的争议。如对被继承人身份、是否确无继承人、继承人是否放弃继承权等事实有争议。（5）遗嘱执行人之间或者不同民政部门、村民委员会之间对担任遗产管理人的争议。（6）其他应当由人民法院指定遗产管理人的争议。

（二）遗产管理人确定争议的程序问题

1. 程序适用

遗产管理人争议不属于民事权益争议，而且纠纷的解决有较强的时效性要求。为了有效提供民事诉讼程序的保障，针对遗产管理人的指定程序，《民事案件案由规定》在第十部分“非讼程序案件案由”中分别增加了二级、三级案由，即“三十五、指定遗产管理人案件”“406. 申请指定遗产管理人”，将遗产管理人确定争议的解决程序纳入“非讼程序案件”。在对遗产管理人确定产生争议时，利害关系人可以向人民法院提出申请，由人民法院经审理后指定遗产管理人。关于其程序适用，因《民事诉讼法》对特别程序的受案范围并未规定兜底条款。所涉争议是否可以比照特别程序进行审理，有待出台相应的法律或者司法解释，以解决程序配套问题。在此之前，遗产管理人确定争议可参照适用《民事诉讼法》关于特别程序的规定，比如审级上实行一审终审制，当事人对法院的判决不能提起上诉，也不能申请再审。

---

① 王葆莳、吴云煐：《〈民法典〉遗产管理人制度适用问题研究》，载《财经法学》2020 年第 6 期。

2. 提起申请的主体

本条赋予利害关系人申请法院指定遗产管理人的权利。提起申请的主体就是本条所指“利害关系人”，是指在遗产管理人的确定发生争议的情况下，哪些人可以向法院申请指定遗产管理人。所谓的利害关系，应当是指与遗产有利害关系。所以，“这里的利害关系人一般包括遗嘱执行人、继承人、被继承人生前住所地的民政部门或者村民委员会，以及受遗赠人等与遗产有利害关系的人”。[①] 鉴于遗产管理人制度的功能不仅在于保护继承人的继承权、受遗赠人的受遗赠权，同时也平等保护遗产债权人的合法权益。因此，“利害关系人”也应当包括遗产债权人，但是对债权人的申请应当从严审查，比如，仅在因无人继承或无法确定遗产管理人等原因导致遗产存在毁损、灭失、侵占等风险的情况下，遗产债权人为避免损害的发生，才可以作为利害关系人向法院申请指定遗产管理人并获得支持。

3. 参与遗产管理人指定程序的主体

根据《民法典》第 1145 条的规定，有资格成为遗产管理人的遗嘱执行人、继承人、民政部门或者村民委员会，可以作为被申请人参加指定程序；作为被申请人参加遗产管理人指定程序的遗嘱执行人、继承人、民政部门或者村民委员会认为自己不适宜担任遗产管理人，而有更为适宜的管理人人选的，也可以申请追加更为合适的人选作为被申请人；遗产债权人认为遗产管理人的指定会影响自己债权顺利实现的，也可以作为第三人申请参加指定程序。

4. 案件管辖

《民事诉讼法》第 34 条第 3 项规定：“因继承遗产纠纷提起的诉讼，由被继承人死亡时住所地或者主要遗产所在地人民法院管辖。”根据该规定，涉及继承遗产的纠纷应当由特定法院专属管辖。确定遗产管理人的纠纷也属于因继承遗产引发的纠纷，故也应由被继承人死亡时的住所地或者主要遗产所在地法院管辖。[②] “被继承人死亡时的住所地或者主要遗产所在地”与遗产存在密切联系，由该所在地法院管辖确定遗产管理人的纠纷，便于法院了解遗产状况等案情，在当事人同时提起继承遗产纠纷的诉讼时，更便于其审理各类纠纷。同

---

① 石宏主编：《〈中华人民共和国民法典〉释解与适用·婚姻家庭编继承编》，人民法院出版社 2020 年版，第 231 页。

② 石宏主编：《〈中华人民共和国民法典〉释解与适用·婚姻家庭编继承编》，人民法院出版社 2020 年版，第 231 页。

时，结合特别程序的一般规则，确定遗产管理人的纠纷一般应当由被继承人死亡时的住所地或者主要遗产所在地的基层人民法院管辖。

（三）人民法院对遗产管理人的指定

《民法典》并未规定遗产管理人的资格，但是从遗产管理人应当承担的法定职责看，其不仅需要实施事实管理行为，而且需要实施法律行为，未尽应有的注意义务时还有承担民事责任的风险，所以，具备完全民事行为能力，应当是对遗产管理人的必然要求；同时，遗产管理事务不仅要妥善保管种类繁杂的财产，还要谨慎处理共同继承人之间以及继承人与遗产债权人等外部的复杂关系，平衡其利益冲突，这必然需要管理人具备一定的组织管理能力和相应的专业水平。所以，遗产管理人应当具备一定的资格和能力。

遗产管理人确定的争议是因遗产管理人的选任而产生的，《民法典》第1145条规定：遗产管理人选任的范围包括遗嘱执行人、继承人、民政部门或者村民委员会。而且该条就遗产管理人的范围没有兜底性规定，因此，人民法院应当在这些主体中指定遗产管理人。随着遗产管理人制度的成熟完善，继承关系当事人的需求不断增加，在遗产管理形成社会化、专业化趋势时，可探索指定第三方专业机构担任遗产管理人。

具体确定人选时，应当结合被继承人所立遗嘱等有关文件，坚持尊重被继承人内心意愿，有利于遗产的保护、管理、债权债务清理的原则。具体考虑的因素包括：是否有遗嘱，遗嘱是否有效、是否附有义务；主要遗产实际占有、使用、收益的情况；是否有侵害遗产的情况；债权人利益是否能够得到保护；人选的人格品行是否能够保证其尽到合理的注意义务、能力水平是否能够满足遗产管理的需要、与被继承人关系的亲疏程度；争议的主体和原因；[①] 对于需要由组织担任遗产管理人的，应重点审查被继承人的居民身份、是否确无继承人以及申请人是否为利害关系人、是否具备诉讼主体资格；对于需要由部分继承人担任遗产管理人的，还应兼顾考虑该部分继承人将来可能实际继承取得的财产份额；等等。

人民法院指定的遗产管理人可以是一人，也可以是多人。“如果是多个遗嘱执行人因为担任遗产管理人有争议，则可以指定一名或者数名遗嘱执行人为

---

① 石宏主编：《〈中华人民共和国民法典〉释解与适用·婚姻家庭编继承编》，人民法院出版社2020年版，第231~232页。

遗产管理人；如果是遗嘱执行人与继承人之间因遗产管理有纠纷，则可以在遗嘱执行人与继承人之间选择一人或者数人担任遗产管理人；如果是继承人之间因遗产管理人的确定发生纠纷，则应当在继承人之间指定合适的遗产管理人；如果是被继承人生前住所地的民政部门或者村民委员会之间因遗产管理人的确定发生纠纷，则需要在两者之间确定合适的机构担任遗产管理人。”[①]

人民法院指定遗产管理人的相关法律文书应当送达申请人、继承人、原遗产管理人及法院指定的遗产管理人，必要时还可以送达遗产债权人；遗产的处理涉及众多债权人或社会公共利益的，还可以向社会予以公告。法院指定的遗产管理人应当立即开始履行遗产管理职责，不得推卸或者擅自变更，否则应当承担遗产管理人的责任。

适用指引

一、本条对被继承人于《民法典》施行前死亡的遗产管理人确定争议的适用

被继承人于《民法典》施行前死亡的，争议的事实与《民法典》的时间关系有两种情况：一是继承人对遗产管理人选任的争议发生于《民法典》施行之后；二是该争议发生于《民法典》施行之前但是持续至施行之后仍未确定。对于第一种情况，应当参照发生在《民法典》施行后的法律事实处理，根据《民法典时间效力规定》第 1 条“民法典施行后的法律事实引起的民事纠纷案件，适用民法典的规定”的规定，直接适用《民法典》本条。第二种情况下可直接适用《民法典》。《民法典时间效力规定》第 1 条第 3 款规定：“民法典施行前的法律事实持续至民法典施行后，该法律事实引起的民事纠纷案件，适用民法典的规定，但是法律、司法解释另有规定的除外。”由于遗产管理人确定的争议表现为持续性，直至确定遗产管理人，所以，这种争议跨越《民法典》施行前后的，应当直接适用新法，不必通过“溯及”确定新法的效力。同时，《民法典时间效力规定》第 13 条至第 15 条关于是否丧失继承权、被继承人兄弟姐妹代位继承权行使、打印遗嘱效力的争议，均适用空白溯及，是因为引起这些

① 石宏主编：《〈中华人民共和国民法典〉释解与适用·婚姻家庭编继承编》，人民法院出版社 2020 年版，第 231 页。

争议的事实，如实施丧失继承权的行为、被继承人和被代位继承人死亡、打印遗嘱设立都属于发生在《民法典》施行前的法律事实，而且是瞬间性的，属于《民法典》施行前发生的法律事实引起的民事纠纷案件，在旧法没有规定、《民法典》有新增规定的情况下，应当通过“空白溯及”，为原本没有法律规范可适用的案件提供裁判依据。

二、在继承纠纷或被继承人债务清偿纠纷中当事人申请指定遗产管理人的处理

遗产管理人确定争议可能是单独的争议，提起单独的诉讼，也可能是在已经开始的继承纠纷或被继承人债务清偿纠纷诉讼中当事人又同时申请人民法院指定遗产管理人。人民法院在继承纠纷或被继承人债务清偿纠纷案件中能否支持该申请，在司法解释未作出细化规定之前，可从两个方面进行考量。其一是规范参考。《民法典继承编解释（一）》第 30 条规定：“人民法院在审理继承案件时，如果知道有继承人而无法通知的，分割遗产时，要保留其应继承的遗产，并确定该遗产的保管人或者保管单位。”这是对原《继承法意见》第 44 条规定的保留。虽然《民法典继承编解释（一）》第 30 条所指“确定遗产保管人”并非指遗产管理人，但是该条规定可作为人民法院在审理继承或被继承人债务清偿案件期间指定遗产管理人的程序规范参考。其二是目的考量。《民法典》设立遗产管理人确定争议解决程序的目的是确保遗产在分割之前不存在管理真空，该期间应当包含在继承纠纷或被继承人债务清偿纠纷案件诉讼过程中。在此期间当事人申请指定遗产管理人的，应当根据遗产的实际管理状态判断是否需要指定遗产管理人。如果遗产特别是主要遗产处于无人管理或者管理不当，遗产有毁损、灭失风险或者被隐匿、抢夺风险，审理继承纠纷或被继承人债务清偿纠纷案件的人民法院可以依据《民法典》本条判决支持申请人的申请。反之，遗产得到较好的管理，处于相对安全状态，指定遗产管理人甚至可能加剧当事人之间的矛盾的，则不宜支持申请人的申请。如有裁判认为，设定遗产管理人的意义在于更好地维护、管理遗产的现状，尽量避免遗产争议及维护继承人、债权人的合法权益。本案原告就遗产继承纠纷已经在法院提起了诉讼，而且案件正在审理中；同时，现在明确知道被继承人的遗产有人控制管理，原告要求指定其为遗产管理人更不利于维护遗产的现状，也不利于解决双方之间的争议。故法院判决驳回了原告的申请。

典型案例

一、欧某某申请指定遗产管理人纠纷案

关键词：指定遗产管理人　部分继承人下落不明　其他继承人争当遗产管理人　竞标

裁判摘要：在继承人暂时无法对遗产析产确权而又争当遗产管理人时，人民法院可以依申请，依据《民法典》第1146条的规定，通过特别程序指定个别或者部分继承人担任遗产管理人。对遗产管理人的选任，应秉承最有利于遗产保护和管理、有利于债权债务清理的原则，综合考虑被继承人内心意愿、各继承人与被继承人亲疏远近关系、各继承人管理保护遗产的能力水平以及各继承人实际可能继承的遗产份额等各方面因素。

基本案情：厦门市思明区某处房屋原业主为魏姜氏（19世纪生人）。魏姜氏育有三女一子，该四支继承人各自向下已经延嗣到第五代，但其中儿子一支无任何可查信息，幼女一支散落海外情况不明，仅长女和次女两支部分继承人居住在境内。因继承人无法穷尽查明，长女和次女两支继承人曾历经两代、长达十年的继承诉讼，仍未能顺利实现继承析产。《民法典》实施后，长女一支继承人以欧某士为代表提出，可由生活在境内的可查明信息的两支继承人共同管理祖宅；次女一支继承人则提出，遗产房屋不具有共同管理的条件，应由现实居住在境内且别无住处的次女一支继承人中的陈某1和陈某2担任遗产管理人。

生效裁判认为，魏姜氏遗产的多名继承人目前下落不明、信息不明，遗产房屋将在较长时间内不能明确所有权人，其管养维护责任可能长期无法得到有效落实，确有必要在析产分割条件成就前尽快依法确定管理责任人。而魏姜氏生前未留有遗嘱，未指定其遗嘱执行人或遗产管理人，在案各继承人之间就遗产管理问题又分歧巨大、未能协商达成一致意见，故当秉承最有利于遗产保护、管理、债权债务清理的原则，在综合考虑被继承人内心意愿、各继承人与被继承人亲疏远近关系、各继承人管理保护遗产的能力水平等方面因素，确定案涉遗产房屋的合适管理人。次女魏某2一支在魏姜氏生前尽到了主要赡养义务，与产权人关系较为亲近，且历代长期居住在遗产房屋内并曾主持危房改造，与遗产房屋有更深的历史情感联系，对周边人居环境更为熟悉，更有能力

实际履行管养维护职责，更有能力清理遗产上可能存在的债权债务；长女魏某1一支可查后人现均居住漳州市，客观上无法对房屋尽到充分、周到的管养维护责任。故，由魏某1一支继承人跨市管理案涉遗产房屋暂不具备客观条件；魏某2一支继承人能够协商支持由陈某萍、陈某芬共同管理案涉遗产房屋，符合遗产效用最大化原则。根据《民法典》第1146条的规定，判决指定陈某萍、陈某芬为魏姜氏房屋的遗产管理人。

典型意义：侨乡涉侨房产因年代久远、继承人散落海外，往往析产确权困难，存在管养维护责任长期处于搁置或争议状态的窘境，不少历史风貌建筑因此而残破贬损。本案中，审理法院巧用《民法典》新创设的遗产管理人法律制度，创造性地在可查明的继承人中引入管养房屋方案“竞标”方式，令争当遗产管理人的各支继承人分别阐述管理遗产的有利条件、能力水平和具体方案，让具有管养维护遗产房屋优势条件的部分继承人担任侨房遗产管理人，妥善解决了涉侨祖宅的管养维护问题，充分彰显了《民法典》以人为本、物尽其用的价值追求，为侨乡历史建筑的司法保护开创了一条全新路径。

【案　　号】（2021）闽0203民特224号

【审理法院】福建省厦门市思明区人民法院

【来　　源】2022年2月25日最高人民法院发布《人民法院贯彻实施民法典典型案例（第一批）》

二、张某申请指定遗产管理人纠纷案

关键词：指定遗产管理人　继承人放弃继承　遗产债权人申请

裁判摘要：被继承人留有遗产而继承人均放弃继承，导致遗产处于无人管理状态，影响遗产债权人实现债权。债权人作为遗产的利害关系人，有权申请人民法院指定遗产管理人，由被继承人生前住所地的民政部门或者村民委员会担任遗产管理人。本案被继承人居住在城市社区，由当地民政局作为其遗产的管理人，相较其户籍所在地的村民委员会更为适宜。

基本案情：2014年，张某通过受让取得对任某的120万元债权。2015年4月，任某死亡并留有遗产。2018年4月18日，张某就此向法院起诉要求任某的继承人及担保人偿还借款，任某的合法继承人均表示放弃继承其遗产。之后，张某认为任某的遗产处于无人继承、无人管理状态，损害其权益，依法应由任某生前所在的安徽省淮北市相山区民政局（以下简称相山区民政局）作为遗产管理人。相山区民政局则认为，该局对于任某的继承人情况不了解，无法核实其继承人的具体情况；任某所在的村民委员会作为遗产管理人更为适宜。双方就此发生争议。张某作为利害关系人，以债务人任某的遗产无人管理、严重损害其债权利益为由，向相山区法院申请指定相山区民政局为任某的遗产管理人，以维护自己的合法权益。

生效裁判认为，任某的遗产处于无人管理状态，而张某的债权亦无法受偿。张某作为利害关系人，有权申请人民法院指定任某的遗产管理人。任某生前居住在相山区某社区，故张某申请指定相山区民政局作为任某的遗产管理人，符合法律规定。法院依照《民法典》遗产管理法律规定，为有利于管理和维护遗产，确保各权利人利益顺利实现，判决指定相山区民政局为任某的遗产管理人。

【案　　号】（2011）民二终字第10号

【审理法院】最高人民法院

【来　　源】《人民法院报》2021年10月19日第3版

类案检索

一、徐某某与杨某1、杨某2等申请指定遗产管理人纠纷案

关键词：指定遗产管理人　遗产纠纷诉讼进行中　驳回申请

裁判摘要：对遗产管理人的确定有争议的，利害关系人可以向人民法院申请指定遗产管理人，但设定遗产管理人的意义在于更好地维护遗产状况，解决遗产争议及维护继承人的合法权益。申请人与被申请人就讼争遗产的纠纷正在另案继承纠纷诉讼审理过程中且尚未处置完毕，讼争遗产目前尚在被申请人的控制管理之下，要求指定其为遗产管理人不利于维护财产现状，也不利于解决双方的争议，因此，应当驳回申请人的申请。

【案　　号】（2021）沪0114民特171号

【审理法院】上海市嘉定区人民法院

二、铜川印台恒通村镇银行股份有限公司申请指定遗产管理人纠纷案

关键词：指定遗产管理人　唯一继承人下落不明　遗产权利人申请　参照无人继承

裁判摘要：没有继承人或者继承人下落不明的，利害关系人可以向法院起诉，申请指定遗产管理人。申请人作为债权人及抵押权人，与本案有利害关系，为实现其权利，有权向法院申请指定遗产管理人。在唯一继承人下落不明时，法院参照没有继承人或者继承人均放弃继承的情形，指定由被继承人生前住所地的民政部门担任遗产管理人。

【案　　号】（2021）陕 0203 民特 4 号

【审理法院】陕西省铜川市印台区人民法院

三、潘某某与重庆市万州区民政局申请指定遗产管理人案

关键词：指定遗产管理人　无人继承　遗产债权人　诉讼主体资格

裁判摘要：被继承人生前与申请人签订《房屋转让协议》，就该协议尚未履行完毕的事项申请人享有债权，属于利害关系人，具备向法院申请指定遗产管理人的诉讼主体资格，被继承人无继承人，其生前住所地的民政部门承担社会救济、社会福利事业、社区服务等工作，依法被指定为遗产管理人。

【案　　号】（2021）渝 0101 民特 847 号

【审理法院】重庆市万州区人民法院

第一千一百四十七条　遗产管理人应当履行下列职责：

（一）清理遗产并制作遗产清单；

（二）向继承人报告遗产情况；

（三）采取必要措施防止遗产毁损、灭失；

（四）处理被继承人的债权债务；

（五）按照遗嘱或者依照法律规定分割遗产；

（六）实施与管理遗产有关的其他必要行为。

关联规定

法律、行政法规、司法解释

《最高人民法院关于民事执行中变更、追加当事人若干问题的规定》

第二条第一款　作为申请执行人的自然人死亡或被宣告死亡，该自然人的遗产管理人、继承人、受遗赠人或其他因该自然人死亡或被宣告死亡依法承受生效法律文书确定权利的主体，申请变更、追加其为申请执行人的，人民法院应予支持。

第十条第一款　作为被执行人的自然人死亡或被宣告死亡，申请执行人申请变更、追加该自然人的遗产管理人、继承人、受遗赠人或其他因该自然人死亡或被宣告死亡取得遗产的主体为被执行人，在遗产范围内承担责任的，人民法院应予支持。

条文释义

一、本条主旨

本条是关于遗产管理人职责的规定。

二、条文演变

本条系《民法典》新增规定，以“列举 + 兜底”的方式统一规定了遗产管理人的六项职责，为遗产管理人行使管理遗产的权利、履行相关义务提供了明确的依据。

三、条文解读

依据本条规定，遗产管理人应当履行以下职责。

（一）清理遗产并制作遗产清单

清理遗产并制作遗产清单是遗产管理人的首要职责，也是为遗产的实际分割提供基础，是保护继承人和遗产债权人合法权益的重要程序。

1. 清理遗产并制作遗产清单的基本要求

清理遗产、制作遗产清单是为了确定遗产范围，保障遗产的完整性，同时为遗产的安全性提供保障基础。清理遗产要求遗产管理人清查、整理所有的遗产，要对遗产认真地进行清点、核实、收集，并根据遗产的内容登记造册、制作遗产清单，做到细致、详尽、不遗漏、无差错，确保遗产的完整，便于遗产管理、防止遗产散失，为遗产安全提供保障。

2. 清理遗产并制作遗产清单的内容

从遗产的表现形式来看，清理的遗产包括：（1）动产和不动产；（2）有形财产和无形资产；（3）现实财产和虚拟财产；（4）积极财产（债权）和消极财产（债务）等。从遗产的权属状态来看，清理遗产应当将被继承人的个人财产从共有财产中析分出来，包括家庭共有财产、夫妻共同财产，只能将被继承人的个人财产列入遗产。从遗产的效益形态看，遗产包括积极遗产和消极遗产，为保护遗产债权人的利益，遗产管理人不仅要清理被继承人的积极遗产，还要清理消极遗产，即遗产债务。为避免遗漏并保证准确，遗产管理人在清理遗产时应当实施必要的查询行为，比如向占有遗产的继承人、利害关系人了解情况，查询被继承人投资的公司的财务状况，向银行查询被继承人的存款和金融资产情况，向不动产登记机关查询被继承人持有的不动产情况及不动产上登记的其他权利，相关主体应当予以配合，确保遗产管理人能够依法履行职责。[①]

遗产管理人在清理遗产后，应当制作书面的遗产清单，全面、详细列明被继承人遗产的种类、数量、现状等情况，便于计算遗产价值、清算债权债务、移交遗产，供继承人查阅，保障遗产债权、债务得到有效收取和清偿，保障遗产得到有效的分配。

3. 清理遗产并制作遗产清单的程序要求

法律未规定制作遗产清单的形式、时间等具体要求。实践中，遗产清单应当标明制作日期并经遗产管理人签名，而且一般应当有两名以上的见证人在场，并在遗产清单上签名。制作遗产清单的时间，应当在从速清点遗产后，在合理的期限内尽快制作完成。

（二）向继承人报告遗产情况

遗产管理人在清理并制作遗产清单后，应当及时、全面、如实地向继承人报告遗产情况。

1. 向继承人报告遗产情况的意义

保护继承人的合法权益是遗产管理人制度的基本功能之一，因为继承人对于遗产享有的继承权具有排他性，遗产管理人履行职责、管理遗产不能损害继承人的合法权益。根据《民法典》第1145条规定的遗产管理人的确定方式看，在由相关组织担任遗产管理人的情况下，其职责侧重于通过遗产管理，保存遗产的价值并清偿债务。在遗嘱执行人或继承人担任遗产管理人，或者由继承人推选遗产管理人的情况下，遗产管理人的职责都应包括保护继承人的合法利益。故遗产管理人在清理遗产后，有必要向继承人报告遗产情况。

2. 报告遗产情况的对象

遗产管理人报告遗产情况，应向全体继承人为之，既包括遗嘱继承人，也包括法定继承人。为此，遗产管理人应当依法查明继承人的范围，不能遗漏继承人，避免出现损害部分继承人的情形。同时，虽然遗产债权人和受遗赠人也与遗产有利害关系，但是根据本项规定表述，遗产管理人报告的对象限于继承

---

① 石宏主编：《〈中华人民共和国民法典〉释解与适用·婚姻家庭编继承编》，人民法院出版社2020年版，第232页。

人，不包括受遗赠人和遗产债权人。[①] 遗产管理人没有向债权人、受遗赠人主动、全面地报告遗产情况的义务，但是根据民法的诚信基本原则，考虑遗产管理人依据遗嘱和法律规定履行分割遗产职责的需要，在债权人、受遗赠人请求知悉的情况下，遗产管理人也应如实向债权人、受遗赠人披露与后者利益相关的遗产情况。

3. 向继承人报告遗产情况的形式和内容

第一，报告的形式应当是书面形式。因为遗产管理人有制作遗产清单的义务，制作遗产清单后，就应当以书面形式向继承人报告。第二，报告的内容包括：（1）遗产的范围，是指遗产具体包括的种类、数量，包括债权债务等；（2）遗产的现状，是指遗产的占有情况、折旧程度、是否需要采取特别保管措施等。如果被继承人在遗嘱中特别说明某项遗产应当秘密归属于某个特定的继承人，则不宜向全体继承人公布。

（三）采取必要措施防止遗产毁损、灭失

遗产管理人受领职责后，就应当承担防止遗产毁损、灭失的职责，并非产生于履行报告义务之后。这是遗产完整和安全的保障，有利于及时防止遗产占有人私分、转移、隐匿、损毁遗产等行为。

1. 防止遗产毁损、灭失的意义

清理和保管遗产是遗产管理人的基本职责，其中清理是前提，保管是根本。防止遗产毁损、灭失是保障遗产完整和安全的应有之义，是保障继承人、债权人等利害关系人权益的必然要求。实际生活中，被继承人死亡后，由于操办丧葬事宜等风俗习惯上的原因以及其他事由，继承人一般不会立刻要求分割遗产。因此，从被继承人去世后到遗产分割前，有必要赋予遗产管理人防止遗产毁损、灭失风险的职责。

2. 必要措施的理解

遗产管理人在接受遗产后，应当积极妥善保管遗产，这是遗产管理人最基本的职责。遗产的毁损、灭失是对遗产完整和安全的威胁和损害，包括物理上的毁损、灭失和法律上的毁损、灭失。防止遗产毁损、灭失在性质上是遗产管理人保存遗产的行为。故遗产管理人为此应当采取必要的措施有四层含义：

---

① 石宏主编：《〈中华人民共和国民法典〉释解与适用·婚姻家庭编继承编》，人民法院出版社 2020 年版，第 232 页。

（1）遗产管理人应当在管理权限范围内采取措施。（2）遗产管理人应当针对不同遗产的权利属性和物理性能采取足以使遗产存续而不受毁损、灭失的措施。（3）遗产管理人采取的措施应当以必要为限，不得变更遗产标的物或权利的性质。（4）遗产管理人仅有防止遗产毁损、灭失的职责，没有确保遗产增值的义务。遗产管理人对遗产不宜有太大的处分权，只要确保遗产处于正常状态不至于毁损、灭失即可。[①] 遗产管理人应当在必要的范围内通过对遗产的改良和利用，使遗产得以保存，否则会构成处分行为，而不是管理上的必要行为。遗产管理人认为确有必要处分遗产的，一般应当与继承人共同协商办理；如果遗产管理人是由全体继承人共同担任，全体继承人协商一致的，可对遗产实行必要的处分。

遗产管理人在管理权限内为防止遗产毁损、灭失采取的必要行为，大致有以下几种：（1）为保存遗产而处理遗产。例如，对破旧房屋进行维修，以免房屋倒塌、损坏；对易损、易腐等不适宜继续保存的遗产及时变卖处理，以保存价款，防止遗产损坏和减值；对于保管费用较高的且要长期保存的遗产，可以变卖，保存价款。（2）对死者紧急债务和税款的清偿行为。例如，遗产管理人可以以遗产支付死者的丧葬费用、死者生前因治疗疾病所花费的医疗费用、死者生前应当缴纳的税款等。（3）对于死者生前的营业，有必要继续进行的营业行为。如收取利息、取得营业的收益、支付参加该营业的雇员的工资等。（4）在遗产遭受侵权威胁或损害的情况下，遗产管理人应当采取必要的法律措施确保遗产不遭受非法侵害。（5）遗产中的权利如不依法登记或者及时行使将丧失的，应当及时予以登记或者行使，例如，商标续展注册、专利年费缴纳。

鉴于遗产在此期间属于继承人共同共有，遗产管理人对遗产采取上述行为的，能够在事前征得继承人同意的，应当征求继承人同意，如果情况紧急来不及征求意见的，应当在采取行动后及时向继承人说明情况。

（四）处理被继承人的债权债务

1. 处理被继承人债权债务的含义

现代继承法倡导同时保护继承人及遗产债权人的合法权益，遗产管理人制度即为此目的而设立。第一，处理债权。被继承人生前的各种债权属于其个人

---

① 石宏主编：《〈中华人民共和国民法典〉释解与适用·婚姻家庭编继承编》，人民法院出版社2020年版，第233页。

合法财产，也是遗产的组成部分，应予及时收取。这里的债权包括合同之债、侵权之债以及不当得利和无因管理之债。遗产管理人应当依法向债务人主张债权，只要债务人未偿还所欠被继承人的债务，遗产管理人就可以通过各种方式，包括诉讼方式，依法请求债务人偿还。第二，是处理债务。被继承人去世后，就其生前所欠债务应当在分割遗产前，以遗产进行清偿，即应当在其遗产范围内优先清偿应当缴纳的税款和债务。被继承人的债权债务处于诉讼程序中的，遗产管理人应当积极参与相关诉讼，依法维护遗产权益，确保遗产利益最大化。遗产管理人处理完债权债务后，也应当将处理情况向继承人报告，以便继承人掌握遗产的实际情况。

2. 处理被继承人债权债务的程序

实践中，遗产管理人处理被继承人的债权债务主要涉及两个程序：

（1）确认被继承人的债权和债务。查明债权人和债务人才能有序收取债权、清偿债务，这是启动遗产继承程序的必要环节。实际生活中，有的遗产权益人（包括继承人、受遗赠人、债权人等）可能处于“隐藏”或“不为人知”的状态，故需要进行寻找，使其知悉自己享有的权益或继承已经开始的事实，督促遗产权益人及时行使权利。这是处理债权债务的首要步骤，故在继承开始后，遗产管理人应当通知继承人、债权人、受遗赠人及其他利害关系人继承开始的事实以及申报遗产债权债务，这是启动遗产继承程序的必要环节。

（2）清偿税款和债务。根据《民法典》第1159条和第1161条的规定，在分割遗产前，应当清偿被继承人依法应当缴纳的税款和债务；根据第1163条的规定，既有法定继承又有遗嘱继承、遗赠的，由法定继承人清偿被继承人依法应当缴纳的税款和债务；超过法定继承遗产实际价值部分，由遗嘱继承人和受遗赠人按比例以所得遗产清偿。遗产管理人公正、有效清偿遗产债务是保障遗产债权人利益的重要途径，也是遗产管理人制度的价值之一。在上述申报债权债务的公告期满后，遗产管理人应当按照遗产清册、遗产权益人的申报情况和法定清偿顺序进行清偿。

（五）按照遗嘱或者依照法律规定分割遗产

分割遗产，是指两个或两个以上的继承人共同继承遗产时，依法律规定的分配原则或者遗嘱指定的遗产分配原则、数额所进行的分配。这是遗产管理人的最终任务。从遗产管理人职责的角度，如果遗产在清偿税款和债务后还有剩余财产，应当在各继承人之间进行分配，从而使分割后的遗产为各个继承人所有。

1. 遗产分割的顺序

首先应当查明被继承人是否留有遗赠扶养协议、遗嘱或遗赠，有遗赠扶养协议的，应当首先按照协议办理；其次按照遗嘱继承或者遗赠进行分割；最后，如果没有上述情形，则按照法定继承进行分割。

2. 遗产分割的时间

根据《民法典》第1132条的规定，继承人可以协商确定遗产分割时间。所以，遗产分割时间的确定首先尊重遗嘱的指定，没有指定或者有指定但是继承人经协商另行确定了遗产分割时间的，遗产管理人可以根据继承人协商确定时间分割遗产。

3. 遗产分割的方式

如果遗嘱中指定遗产分割方式的，应按照遗嘱处理。如果没有遗嘱或者遗嘱未指定的，当事人可以协商确定；协商不成时，遗产管理人应当按照有利于生产和生活需要、不损害遗产的原则，采用实物分割、变价分割、作价补偿或者转为按份共有等方式进行分割。

4. 移交遗产

确定遗产分割方案后，遗产管理人有向遗赠扶养人、受遗赠人、继承人移交遗产的义务。当遗产无人继承且无人受遗赠时，根据《民法典》第1160条的规定，遗产归国家所有，用于公益事业；死者生前是集体所有制组织成员的，归所在集体所有制组织所有。此时不存在遗产分割，但是遗产管理人有向国家或集体所有制组织移交遗产的义务。

（六）实施与管理遗产有关的其他必要行为

这是一项兜底授权性的规定，只要是为了妥善有效管理遗产的目的，遗产管理人即可以实施相关行为，以更好地保护继承人和债权人权益。例如，参与遗产情况的调查或涉及遗产的诉讼，为财产办理必要的保险手续等。

适用指引

一、遗产管理人的职责既是权利也是义务和责任

本条以遗产管理人应当完成的任务内容为核心，亦同时赋予其相应的权利以及应当承担的责任范围。所以，遗产管理人的职责是法律赋予遗产管理人的权利、义务和责任。

遗产管理人的权利表现为，遗产管理人有权为了履行职责而实施必要的行为。比如，其有权查询遗产状况、处分遗产、监督遗赠执行和遗产债务清偿、排除遗产管理的各种妨碍、请求报酬等。

遗产管理人的义务表现为，遗产管理人一旦确定、产生，应当以中立的立场忠实、谨慎地履行遗产管理职责。本条规定的各项职责都是遗产管理人应尽的义务，而且这些义务的对象不是对个别继承人，而是对所有继承人、受遗赠人和债权人的义务。即使是在遗嘱执行人担任遗产管理人的场合，其职责也不限于执行遗嘱，而是应当通过履行本条规定的所有职责，对全体继承人、债权人等利害关系人负责。所以，遗产管理人履行义务与其产生的方式无关。

遗产管理人的责任表现为，遗产管理人履行职责不当，给继承人、受遗赠人、债权人造成损害的，应承担相应的民事责任。

二、遗产管理人在涉遗产诉讼中是否有独立的诉权

遗产管理期间，在涉遗产诉讼中遗产管理人能否以自己的名义起诉或应诉，尚有争议。《民法典》规定的遗产管理人制度未明确遗产管理人的独立诉权。但是基于保护遗产完整和安全的目的以及遗产管理人享有为此目的而实施相应民事行为的实体权利，包括对债权债务的处分，遗产管理人在遗产管理期间应当享有一定的诉权，并实施一定的处分行为。《最高人民法院关于民事执行中变更、追加当事人若干问题的规定》第 2 条第 1 款、第 10 条第 1 款已经赋予遗产管理人在执行程序中的独立主体地位。司法实践在一定程度上也肯定了遗产管理人的独立诉讼地位。如（2020）最高法民再 111 号案中，最高人民法院认为，一般情况下，遗产管理人及受托人进行遗产收集，为遗产管理、分配创造条件，有利于遗嘱受益人权利的实现，也有利于及时按照遗嘱分配遗产。因此，遗产管理人及受托人在收集遗产过程中遇到障碍，无法及时收集并

有效管理遗产时，有权以自己名义对相关民事主体提起民事诉讼以保证遗产安全。

需要明确的是，即使承认遗产管理人享有相对独立的诉权，这种诉权的行使也应当被限定于遗产管理人的职责履行范围之内；与履行遗产管理职责无关的诉讼主张，不应得到支持。

在法律、司法解释未明确遗产管理人的独立诉权之前，有必要对“遗产管理人在执行程序中的独立主体地位”作限缩解释，否则会给大量的继承诉讼带来实操层面的困难。

第一千一百四十八条　遗产管理人应当依法履行职责，因故意或者重大过失造成继承人、受遗赠人、债权人损害的，应当承担民事责任。

条文释义

一、本条主旨

本条是关于遗产管理人民事责任的规定。

二、条文演变

本条系《民法典》新增规定。本条为认定遗产管理人未尽职责的责任承担提供了明确依据。

三、条文释义

关于遗产管理人的责任，域外立法一般规定遗产管理人须尽善良管理人的注意义务，若由于自己的过失造成财产损失，要承担损害赔偿责任。本条前半句从正面要求遗产管理人应当依法履行职责，后半句从主观过错和损害后果两方面规定了遗产管理人承担责任的条件。本条明确了遗产管理人不正当履行遗产管理职责应当承担的法律后果，以法律责任保障其依法履职，同时作为确定遗产管理人责任承担的标准，为司法裁判提供了裁判依据。

（一）遗产管理人应当依法履行职责

首先，遗产管理人应当履行《民法典》第1147条赋予其的清理遗产、制作遗产清单，向继承人报告遗产情况，处理被继承人的债权债务，分割遗产等涉及遗产管理的各项职责。其次，遗产管理人应当依法履行各项职责。一方面，遗产管理人对于遗产的管理应当严格遵守有关法律、法规的规定，并负有善良管理人的注意义务；另一方面，遗产管理人不得滥用权利，不得实施违背公序良俗的行为。总之，应当确保遗产管理行为合法、适当。

（二）遗产管理人民事责任的构成要件

1. 遗产管理人有未依照法律规定履行遗产管理职责的行为

这是遗产管理人承担民事责任的客观要件，包括作为和不作为。比如：（1）未尽到妥善保管义务；（2）未全面清理遗产，存在漏报、瞒报；（3）未全面、如实向继承人报告情况；（4）未按照遗产债务的法定清偿顺序进行清偿，或者在遗产不能满足全部债权的情况下，未按照债权比例进行清偿；（5）对受遗赠人、遗嘱继承人和法定继承人未按法定效力顺序分配遗产；（6）在清偿遗产债务时，没有为缺乏劳动能力又没有生活来源的继承人保留必要的遗产；（7）在遗产分割时未为胎儿保留继承份额；（8）清偿债务后不移交遗产。以上仅为列举，具体应当根据遗产管理人是否依法履行职责进行具体判断。

2. 遗产管理人对未依照法律规定履行职责存在故意或者重大过失

这是遗产管理人承担民事责任的主观要件。依据本条规定，遗产管理人只有对未尽法定职责存在故意或重大过失时才承担责任，仅为一般过失时不承担责任。故意，是指遗产管理人明知其行为会侵害继承人等人的权益仍然为之。比如，超越管理权限处分财产、瞒报遗产情况、不清偿债务即分配遗产、不按照法定或遗嘱指定的原则分配遗产等。重大过失，是指遗产管理人违反了善良管理人应尽的谨慎注意义务而未尽法定职责。比如，漏报遗产情况、分配遗产时遗漏继承人或受遗赠人等。实践中，认定故意较为容易，对于重大过失和一般过失的区分，应以善良管理人的注意程度为标准，结合具体案情进行判断。比如，遗产管理人清理遗产时存在遗漏，应考察遗漏的遗产性质、遗漏的原因等，如果善良管理人尽到谨慎注意义务也无法避免遗漏，遗产管理人对遗漏就无过错或有一般过失；如果善良管理人尽到一般的注意义务即可避免遗漏，遗产管理人对遗漏就有重大过失。

3. 遗产管理人未依照法律规定履行职责造成了继承人、受遗赠人、债权人损害

这是遗产管理人承担民事责任的损害后果及其因果关系要件。首先，继承人等有财产损害；其次，该损害是因遗产管理人违法或不当实施了遗产管理行为引起的。比如，怠于行使遗产债权导致权利的诉讼时效消灭，未及时收回债权导致遗产灭失，未及时修缮破损的房屋导致房产价值减少，未清偿债务即分

割遗产，致使债权人利益受到损害，未按照法定或遗嘱指定的原则分配遗产，对继承人、受遗赠人造成损害，等等。

同时具备以上三个要件，受到损害的继承人、受遗赠人、债权人有权请求遗产管理人承担民事责任。

（三）遗产管理人承担民事责任的方式

从遗产管理人民事责任的构成可以看出，该责任属于侵权责任。具体的责任方式应当根据遗产管理人的侵权行为类型和造成的损害确定，包括：

1. 返还财产

返还财产适用于遗产管理人非法侵占遗产的情形。

2. 恢复原状

遗产管理人因违法或不当的行为导致遗产毁损，且有修复可能和必要的，应当通过修理等方式使遗产恢复原状。

3. 赔偿损失

损害赔偿责任是遗产管理人承担责任的主要方式，适用的前提是遗产管理人因故意或重大过失实施的遗产管理行为给继承人等造成了财产损害。赔偿的数额一般采取损失填补原则，大体相当于损害的数额。

适用指引

继承人共同担任遗产管理人时的民事责任的承担

根据《民法典》第1145条的规定，继承开始后，没有遗嘱执行人，继承人也未推选遗产管理人的，由继承人共同担任遗产管理人。此时的遗产管理人有两方面的特点。一是法律层面，遗产管理人具有双重身份，既是继承人也是遗产管理人，相应地也就有双重权利和双重义务。其权利和义务分别来源于遗产管理的规范和继承的规范。如《民法典》第1151条规定："存有遗产的人，应当妥善保管遗产，任何组织或者个人不得侵吞或者争抢。"其中"存有遗产的人"就包括继承人，继承人据此承担保管遗产的义务，行使返还遗产的权利；同时，其作为遗产管理人，根据《民法典》第1145条的规定，也承担保管遗产的责任和相应的权利。二是事实层面，由继承人共同担任遗产管理人的，往往继承人之间矛盾较大，特别是对遗产分配争议较大，其争议和分歧容易延伸到遗产管理过程和继承过程。在此过程中，出现损害部分继承人、受遗赠人或债权人利益情形的，应当根据其行为违反的义务来源，认定其承担继承人的责任还是承担遗产管理人的责任；同时违反了遗产管理职责和继承人义务的，受到损害的权利人可以选择适用请求权基础。

第一千一百四十九条　遗产管理人可以依照法律规定或者按照约定获得报酬。

关联规定

司法指导性文件

《最高人民法院关于向美琼、熊伟浩、熊萍与张凤霞、张旭、张林录、冯树义执行遗嘱代理合同纠纷一案的请示的复函》

……目前,《中华人民共和国民法通则》《中华人民共和国继承法》对遗嘱执行人的法律地位、遗嘱执行人的权利义务均未作出相应的规定。只要法律无禁止性规定，民事主体的处分自己私权利行为就不应当受到限制。张凤霞作为熊毅武指定的遗嘱执行人，在遗嘱人没有明确其执行遗嘱所得报酬的情况下，与继承人熊伟浩、熊萍等人就执行遗嘱相关的事项签订协议，并按照该协议的约定收取遗嘱执行费，不属于《中华人民共和国律师法》第三十四条禁止的律师在同一案件中为双方当事人代理的情况，该协议是否有效，应当依据《中华人民共和国合同法》的规定进行审查。只要协议的签订出于双方当事人的自愿，协议内容是双方当事人真实的意思表示，不违反法律和行政法规的禁止性规定，就应认定为有效……

条文释义

一、本条主旨

本条是关于遗产管理人获得报酬的规定。

二、条文演变

本条系《民法典》新增规定。本条作为《民法典》新增遗产管理人制度中最后一条规范，明确赋予遗产管理人获得报酬的权利，实现了遗产管理人权利、义务、责任的统一。

三、条文解读

遗产管理人在管理遗产的过程中，要承担《民法典》第1147条赋予其的六项管理职责，为有效平衡保护继承人和遗产权利人的利益，需投入大量的时间、人力、物力，要具备一定的专业知识和技能。而且要承担善良管理人的注意义务，否则面临承担侵权责任的风险。根据权利义务相统一的基本法律原则，遗产管理人应当有获得报酬的权利。所以，本条明确规定"遗产管理人可以依照法律规定或者按照约定获得报酬"。

（一）本条规范的性质

对于遗产管理人的报酬请求，从文意解释看，本条表述为：遗产管理人可以获得报酬，但是应当以相关法律规定或约定为依据。故遗产管理人请求报酬时不能仅以本条为依据，同时还应当以关于遗产管理人报酬的具体规定为依据，或者以其与被继承人、继承人等关于支付报酬的约定为依据。即本条必须与其他规范共同适用才能为遗产管理人主张报酬提供完整的请求权基础，除非当事人另有约定。所以，本条性质上属于引致性规范，其自身作用在于为遗产管理人报酬的特别立法提供法律基础，同时，本条允许当事人另行约定而排除相关特别法律规定的适用，所以本条属于任意性不完全规范。

（二）遗产管理人享有报酬请求权的依据

获得报酬是遗产管理人的权利，其行使权利的依据包括法律规定或者合同约定。目前，尚没有关于遗产管理人报酬确定及支付的法律规定，应当主要以合同约定为依据。根据《民法典》第1145条的规定，遗产管理人的产生方式不一，具体包括遗嘱执行人、继承人推选的人、继承人或者民政部门、村民委员会四类主体。不同的遗产管理人主体，因其产生基础不同，获得报酬的依据、方式应当有所区别。

1. 遗嘱执行人担任遗产管理人时的报酬

遗嘱执行人是代被继承人执行遗嘱的人，其按照被继承人在有效遗嘱中所表示的愿望而进行必要的遗产管理和执行行为。根据《民法典》第1133条第

1 款的规定，自然人可以通过遗嘱处分个人财产，同时指定遗嘱执行人。为保障遗产继承能够实现被继承人处分自己财产的意愿，根据《民法典》第 1145 条的规定，被继承人生前立遗嘱并指定遗嘱执行人的，应由遗嘱执行人担任遗产管理人。关于遗嘱执行人担任遗产管理人的，能否请求获得报酬的问题，首先，应当考察被继承人的意愿，如果被继承人在遗嘱中写明或者另行与遗嘱执行人签订协议约定了遗嘱执行人报酬的事宜，应当按照被继承人的遗嘱指定或者其与遗嘱执行人的约定执行；其次，考察遗产管理的当事人之间，主要是继承人与遗产管理人之间对报酬事宜是否有约定，有约定从约定。如果不存在上述依据，遗嘱管理人可否请求报酬，观点不一。但是，即使认为此时管理人不得请求报酬的观点，亦认可继承人或者受遗赠人自愿支付报酬的除外。根据《最高人民法院关于向美琼、熊伟浩、熊萍与张凤霞、张旭、张林录、冯树义执行遗嘱代理合同纠纷一案的请示的复函》(〔2002〕民一他字第 14 号) 的精神，在被继承人和遗嘱执行人没有约定的情况下，继承人和遗产管理人约定支付报酬的，只要不存在《民法典》关于民事法律行为无效的情形，该约定应为有效，继承人或者受遗赠人自愿支付报酬的，不应当干涉。

2. 继承人推选的人担任遗产管理人时的报酬

根据《民法典》第 1145 条的规定，没有遗嘱执行人的，继承人应当及时推选遗产管理人。继承人若为两人或者多人的，可以协商从继承人中推选出一名遗产管理人，也可以协商在继承人以外推选遗产管理人。被推选出的人选一旦接受即成为遗产管理人。此种情形下，遗产管理人和继承人之间实际上存在委托代理关系，双方可以通过合同约定有关遗产管理人报酬的条款；如果没有约定或者约定不明确的，应当按照《民法典》合同编第 510 条规定的精神进行处理和认定。因此，遗产管理人能否请求报酬，应当根据双方对遗产管理约定的是无偿还是有偿。约定有偿的，遗产管理人才有权获得报酬。

3. 继承人担任遗产管理人时的报酬

继承人担任遗产管理人，可以分为全体继承人共同担任遗产管理人、全体继承人一致推选个别或部分继承人担任遗产管理人、继承人争当遗产管理人而由法院指定个别或部分继承人担任遗产管理人等三种基本情况。无论哪种情形，一般认为遗产管理人管理的其实是自己的事务，管理产生的利益亦归属于自己，原则上不存在报酬问题，特别是继承人不得以自己作为遗产管理人应取得报酬为由，变相减少用于清偿被继承人债务的遗产范围和数量。然而，在不涉及外部债权人利益的情况下，继承人之间就报酬问题有约定的，可以从其约定。

4. 民政部门或村民委员会担任遗产管理人时的报酬

根据《民法典》第1145条的规定，没有继承人或者继承人均放弃继承的，由被继承人生前住所地的民政部门或者村民委员会担任遗产管理人。同时根据《民法典》第1160条的规定，无人继承又无人受遗赠的财产归国家所有，用于公益事业；死者生前是集体所有制组织成员的，归所在集体所有制组织所有。所以，此情形下，民政部门或村民委员会实质上是为了国家利益和集体利益，代表国家或者集体所有制组织进行遗产管理，具有行使行政职权的性质，原则上不应当支付报酬。

（三）遗产管理人报酬支付的来源和顺序

为确保遗产管理人实现收取报酬的权利，还应当明确报酬支付的来源和顺序。对此，本条没有规定。关于遗产的清偿顺序，根据《民法典》第1159条的规定，分割遗产应当清偿被继承人依法应当缴纳的税款和债务，但是应当为缺乏劳动能力又没有生活来源的继承人保留必要的遗产。据此，在遗产分割前，首先应当为缺乏劳动能力又没有生活来源的继承人保留必要的遗产，其次应当清偿被继承人依法应当缴纳的税款和债务。前者是对特定继承人基本生存的保障，优先顺位不得动摇，要考虑的是遗产管理人的报酬与被继承人的债务之清偿顺序应当如何安排。从域外立法看，普遍认为遗产管理的费用和遗产管理人的报酬均应从遗产中支付。鉴于遗产管理费用和遗产管理人的报酬都是因管理遗产而产生的支出，因此都应由遗产支付，而且应当优先于其他遗产债务受偿。遗产不足以支付报酬的，遗产管理人可以根据其与继承人、受遗赠人之间的约定，请求继承人、受遗赠人支付。

适用指引

一、人民法院指定遗产管理人时其报酬的确定

根据《民法典》第1146条的规定，对遗产管理人的确定有争议的，利害关系人可以向人民法院申请指定遗产管理人。人民法院指定遗产管理人的，基

于本条关于遗产管理人享有报酬请求权的基本规定，可以酌情确定遗产管理人的报酬。[①] 但是在此种情况下，因继承人等利害关系人之间对于遗产管理和分配往往存在分歧和矛盾，一般不会形成关于遗产管理人报酬的约定，同时目前又尚无相关法律规定，使遗产管理人报酬的确定成为司法裁判的难点。实践中可以遵循以下思路：遗产管理人同时是继承人，原则上不为其确定具体报酬，除非其他继承人明确提出并达成一致；遗产管理人系继承人以外的人的，如果遗产管理人明确提出收取报酬的请求，可以先由继承人与遗产管理人协商，协商不成的，根据遗产管理人收取报酬的理由、标准及相关依据，由法院酌情确定是否向遗产管理人支付报酬以及支付报酬的数额和期限。由于遗产分配完毕后遗产管理人再向继承人主张报酬存在难度，且不利于调动遗产管理人的积极性，也可探索由法院预留或冻结部分遗产，以备将来支付报酬所用。具体方式可由司法实践探索完善。

二、遗产管理人未尽职责构成违约责任和侵权责任竞合的处理

在遗产管理人依据约定已经收取报酬的情形下，如果其未尽法定职责，甚至因此给继承人、受遗赠人造成了损害，继承人、受遗赠人的权利如何救济，应当考虑：首先，双方形成了委托合同关系，可能通过协议对遗产管理涉及的事项、管理的要求和标准等有特殊约定，对遗产管理人未尽职责的行为，应当根据协议约定审查是否构成违约，构成违约的，继承人、受遗赠人有权拒绝支付报酬，已经支付的，有权要求遗产管理人返还报酬并承担约定的违约责任。其次，如果遗产管理人未尽职责是出于故意或者重大过失并因此给继承人、受遗赠人造成了损害，则同时构成对继承人、受遗赠人的侵权，继承人、受遗赠人有权依据《民法典》第1148条规定请求其承担损害赔偿责任。鉴于遗产管理人报酬是对其尽职履责行为的对价，在遗产管理人因未尽职责构成侵权时，继承人、受遗赠人有权拒绝支付报酬，已经支付的，应认定为继承人、受遗赠人的损失，有权要求遗产管理人返还报酬。此时，根据《民法典》第186条的规定，遗产管理人的行为构成违约责任和侵权责任的竞合，继承人、受遗赠人有权选择请求其承担违约责任或者侵权责任。无论适用哪种责任形式，遗产管理人需要返还报酬的数额，应当根据其已经完成的情况酌情确定。

---

① 石宏主编：《〈中华人民共和国民法典〉释解与适用·婚姻家庭编继承编》，人民法院出版社2020年版，第236页。

三、遗产管理人报酬和遗产管理费用的区别

遗产管理人报酬和遗产管理费用的产生都源自遗产管理行为。但是二者有本质的区别。

（一）功能不同

遗产管理人报酬是对于遗产管理人的酬劳，是遗产管理人为管理遗产所付出劳动的对价，遗产管理人是请求报酬的权利主体；遗产管理费用是遗产管理人为进行遗产管理支出的必要费用，遗产管理人代表继承人，对外是支付管理费用的义务主体。

（二）构成不同

遗产管理人报酬作为对于遗产管理人付出劳动的酬劳，一般是固定的数额或者按照遗产价值的一定比例计算的数额，是独立的支出项目，不存在构成问题。遗产管理费用则是遗产管理中各种支出的统称，一般包括以下三项：（1）保存遗产的必要费用，如遗产清单制作费、处理遗产债权债务的费用；（2）遗产分割的费用，如房产过户费用：（3）遗嘱执行的费用，如遗嘱的提示、告知的费用。

（三）依据不同

遗产管理人请求支付报酬应当以法律规定或者合同约定为依据，在没有法律明确规定的情况下，需要以被继承人的指定或者当事人对报酬的约定为依据。而遗产管理费用是为了遗产保存和管理支出的必要费用，其支付不需要特别的依据，无论当事人对于管理费用是否有约定，只要有遗产保存和管理之必要即应当支付。

第一千一百五十条　继承开始后，知道被继承人死亡的继承人应当及时通知其他继承人和遗嘱执行人。继承人中无人知道被继承人死亡或者知道被继承人死亡而不能通知的，由被继承人生前所在单位或者住所地的居民委员会、村民委员会负责通知。

关联规定

法律、行政法规、司法解释

《最高人民法院关于适用〈中华人民共和国民法典〉继承编的解释（一）》

第三十条　人民法院在审理继承案件时，如果知道有继承人而无法通知的，分割遗产时，要保留其应继承的遗产，并确定该遗产的保管人或者保管单位。

条文释义

一、本条主旨

本条是关于继承开始通知的规定。

二、条文演变

本条系对原《继承法》第23条的完全吸收。

三、条文解读

（一）继承开始通知的意义

继承始于被继承人死亡，所谓继承开始的通知，是指知道被继承人死亡事实的继承人或者组织将该事实通知给其他继承人和遗嘱执行人的行为。民间对此俗称“报丧”，“是广泛存在于中国社会的传统习俗，是人去世以后的第一种仪式，也是丧礼的开端”。[①] 继承的开始是具有特定法律意义的时点，能够引起继承法律关系发生，继承法律关系权利主体（法定继承人、遗嘱继承人、受遗赠人）、标的（遗产的范围）得以确定；遗产所有权发生转移；继承人、受遗赠人行使权利（放弃继承、接受遗赠等）的效力得以确定；占有遗产的人应当承担保管遗产的义务；遗嘱执行人应当履行遗产管理和分配的职责；影响遗赠扶养人、债权人行使权利等等。“通知”属于民法理论上的准法律行为，即不论通知人的“通知”中带有何种意思表示，不发生其意思所意欲发生的效果，而是产生法律规定的后果，即对于被通知者开始适用其行为的相关规定，如起算放弃继承权利的期限等。因此，知道继承开始，是相关主体行使权利、履行义务的前提条件。但是在现实生活中，继承开始后，由于种种原因，有的继承人可能不知道继承开始的事实，有的甚至全体继承人都不知道继承开始的事实。为了充分保障全体继承人的继承权，法律要求知道被继承人死亡事实的继承人或组织，应当将被继承人死亡的事实通知给其他继承人和遗嘱执行人，以便其及时行使权利、处理有关继承问题。这是继承开始的必要环节，也是“知情”继承人或有关组织应当承担的法律义务。

（二）继承开始通知的义务主体

根据本条规定，继承开始后负有通知其他继承人和遗嘱执行人的义务主体包括两类：一是知道被继承人死亡的继承人；二是被继承人生前所在单位或者住所地的居民委员会、村民委员会。

1. 继承人通知

继承人与被继承人存在较亲密的身份关系，往往共同生活，或是对被继承人日常生活照料较多，对被继承人生存状态的了解比其他主体更加全面、直接、及时。所以，与被继承人共同生活的继承人应当最先知道被继承人死亡的事实。而且与其他主体相比，继承人之间联系更加紧密，便于通知。由继承人承担通知义务，也符合处理家庭事务的一般社会习惯。

2. 被继承人生前所在单位或住所地的村民委员会、居民委员会履行通知

在没有继承人知道被继承人死亡的事实，或者虽然有继承人知道但不能通

① 龙卫球主编：《〈中华人民共和国民法典〉婚姻家庭编与继承编释义》，中国法制出版社2020年版，第359页。

知的情况下，由被继承人生前所在单位或者住所地的村民委员会、居民委员会履行通知义务。其中包括两种情形：一是无继承人知道被继承人死亡。如子女均在外地的空巢老人因突发疾病而死亡，子女难以及时知晓。二是知道被继承人死亡事实的继承人不能通知。如该继承人为无民事行为能力或限制民事行为能力。此时被继承人生前所在单位基于双方管理与被管理的关系和对被继承人情况的掌握，负有通知义务。同时，根据《村民委员会组织法》和《居民委员会组织法》的规定，村民委员会、居民委员会作为村民、居民自我管理、自我教育、自我服务的基层群众性自治组织，负有维护村民、居民合法权益的职责，应当基于对其辖区村民、居民的基本情况的了解，就所属村民、居民死亡的事实，履行继承开始的通知义务。

除了法律规定的通知义务人之外，其他知晓被继承人死亡事实的主体，也可以告知利害关系人被继承人死亡的事实。此时的告知并非义务。

（三）继承开始通知的对象

本条规定继承开始通知的对象包括两类主体：一是不知道被继承人死亡的继承人；二是被继承人在遗嘱中指定的遗嘱执行人。继承开始后，知道被继承人死亡的继承人或被继承人生前所在单位、居民委员会、村民委员会应当向该两类主体发出继承开始的通知。

1. 继承人

继承人是遗产的直接利害关系人，包括法定继承人和遗嘱继承人。（1）继承人有权继承遗产，对遗产享有所有权的期待权。继承开始的通知有利于尽快实现继承人的继承权，稳定财产关系。特别是在继承人为数人的情况下，根据我国民法原理，继承开始后遗产分割前，各继承人对遗产形成共同共有的关系，均有权根据法定继承的规则或者遗嘱指定，通过协商处理继承问题，进行遗产分割，获得其应得份额遗产的所有权。如果部分继承人因不知道继承已经开始而不对遗产进行分配、分割，使遗产长时间处于共同共有的权利不确定状态，有可能造成经济流通环节的阻碍，给继承人以外的第三人的财产权利造成损害。（2）继承人亦有权放弃继承遗产。《民法典》第 1124 条第 1 款规定："继承开始后，继承人放弃继承的，应当在遗产处理前，以书面形式作出放弃继承的表示；没有表示的，视为接受继承。"接受或放弃继承遗产都是继承人行使私权利的范畴，在继承人拟放弃继承权利的情况下，如其不能及时得到继承已经开始的通知，不能及时作出放弃继承的意思表示，不仅妨碍了其继承权利的行使，也可能导致遗产分割以其接受继承为前提，使财产所有权关系复杂化。

2. 遗嘱执行人

遗嘱执行人，是指有权按照遗嘱人的意志执行遗嘱的人。在遗嘱继承的情况下，被继承人生前可能通过设立遗嘱的方式指定了其遗产的继承人，同时指定遗嘱执行人。遗嘱执行人既可能是继承人也可能是继承人以外的其他人。同时根据《民法典》第 1145 条的规定，继承开始后，遗嘱执行人即为遗产管理人。被继承人指定的遗嘱执行人在继承开始后还应当承担《民法典》第 1147 条所规定的遗产管理人的义务和责任。因此，继承开始后，遗嘱执行人不能及时获得继承开始的消息，就无法及时履行其作为遗产管理人的职责，进而直接影响继承人、遗产债权人利益的实现。

（四）继承开始通知的时间和形式

1. 通知的时间

本条第一句规定，继承人应当及时通知其他继承人和遗嘱执行人。及时通知，要求继承人知道被继承人死亡的事实后立刻而不迟延地发出继承开始的通知。本条第二句关于被继承人生前所在单位或住所地的村民委员会、居民委员会履行通知义务的规定，未明确时间要求，解释上应当认为，第二句的规定以第一句的规定为基础，只是对特定情形下义务主体的明确，第一句关于履行通知义务的要求同样适用于该类义务主体，即被继承人生前所在单位或住所地的村民委员会、居民委员会在知道被继承人死亡的事实后，也应当及时履行通知义务。

2. 通知的方式

根据本条规定，继承人通知的具体方式不限，但是应当满足被通知者清晰、准确了解被继承人死亡的事实。参照《民法典》第 469 条关于合同形式的规定，继承开始通知的形式可以采用书面形式、口头形式或者其他形式。书面形式包括短信、微信、信件、电报、电传、传真、电子邮件等，口头形式包括电话等。具体应当以满足及时性要求为标准，根据与被通知人之间最便捷的联系方式确定。

适用指引

义务主体未尽通知义务的法律后果

继承开始通知的义务主体未履行通知义务包括不能通知和未通知两种情况。不能通知是指确因客观原因导致通知义务主体无法通知所有不知被继承人死亡的继承人。如继承人失去联系导致无法通知，对于没有通知的结果，义务主体主观上没有过错，不存在承担民事责任的问题。未通知，是指通知义务主体能够通知但没有通知或者通知遗漏继承人，使相关继承人未及时获知被继承人死亡的事实。如故意隐瞒，此种情况下，属于义务主体因主观过错未履行法定的通知义务，因此导致其他继承人财产损失的，应当承担民事责任。继承纠纷进入诉讼的，对于能够通知的继承人，都会以相应的身份参加诉讼，除非其以书面形式明确表示放弃继承权，针对确实无法通知的继承人，因其没有放弃继承权，司法应当对其继承权给予充分的保护。为此，《民法典继承编解释（一）》第 30 条规定："人民法院在审理继承案件时，如果知道有继承人而无法通知的，分割遗产时，要保留其应继承的遗产，并确定该遗产的保管人或者保管单位。"即通过确认无法通知继承人应继份并妥善保管的方式，保障继承人继承权的实现。待能够通知该继承人继承相关事实时，该继承人再行使接受遗产等权利；继承人死亡的，根据其死亡时间与被继承人死亡时间的先后，其应继份适用《民法典》关于代位继承或者转继承的规定处理。

第一千一百五十一条　存有遗产的人，应当妥善保管遗产，任何组织或者个人不得侵吞或者争抢。

关联规定

法律、行政法规、司法解释

《最高人民法院关于适用〈中华人民共和国民法典〉继承编的解释（一）》

第四十三条　人民法院对故意隐匿、侵吞或者争抢遗产的继承人，可以酌情减少其应继承的遗产。

条文释义

一、本条主旨

本条是关于遗产保管的规定。

二、条文演变

原《继承法》第24条规定："存有遗产的人，应当妥善保管遗产，任何人不得侵吞或者争抢。"本条在吸收该条规定的基础上，对于遗产保管的义务主体由"任何人"改为"任何组织或者个人"，更加通俗易懂。

三、条文解读

从被继承人死亡到遗产分割期间，遗产从法律上意义上属于继承人共同共有，但是由于继承份额不明，未经分割，针对各个继承人，遗产实际上处于所有权不明的状态，特别是在遗产管理人产生之前，容易形成保管"真空"。为切实保障全体继承人、受遗赠人和遗产债权人的利益，本条对于遗产分割前的保管作出专门规定，使遗产得以在继承开始时就获得保管，能够有效地避免遗

产的毁损、遗失，或者被部分继承人或其他利害关系人隐匿、抢夺等。本条从两方面规定了遗产的保管：一方面，存有遗产的人，应当妥善保管遗产；另一方面，任何组织或者个人不得侵吞或者争抢遗产。

（一）存有遗产的人应当妥善保管遗产

根据本条规定，只要是存有遗产的人，都有义务妥善保管遗产。

1. 义务主体

负有妥善保管遗产义务的主体是存有遗产的人。（1）此处之“人”是指存有遗产的任何人，即被继承人死亡时实际控制遗产的人。因存有遗产而依法负责保管遗产的人，也称遗产保管人，但是不包括遗产管理人，遗产管理人对于遗产的保管责任由遗产管理人制度调整。被继承人死亡后，其遗产可能由继承人实际占有，也可能因为其生前实施的法律行为，如出租、出借、储蓄、投资等，使遗产由继承人以外的人实际占有。所以，继承开始后、遗产分割前，遗产存有人可能是继承人，也可能是继承人以外的人。无论何种情况，存有遗产之人都有义务对其控制之下的遗产予以保管。（2）存有遗产的继承人放弃继承的，也负有保管遗产的义务。保管遗产是为了全体继承人及遗产利害关系人的利益，而非为了个别继承人的利益。继承人放弃继承的，只是放弃其应继份额，不能因此使遗产受有损害。所以，在未将存有的遗产交付给其他继承人或者遗产管理人之前，继承人放弃继承的，不能免除其保管遗产的义务。

2. 义务内容

妥善保管是一种作为的义务，存有遗产的人对遗产应尽到善良管理人的注意义务，根据遗产的种类、性质、状况等施以妥当的保管行为，确保遗产不被损害、毁损或者灭失。（1）妥善保管要求通过保管维持遗产的正常状态，比如对于毁损的财产应当及时修缮，对于易腐财产应当予以变卖。非经全体继承人同意，不得使用、收益或处分遗产。（2）妥善保管不要求确保遗产保值增值，比如对于有价证券，保管人没有义务根据市场行情予以变现。（3）被继承人生前与遗产存有人有合同关系的，比如出租、委托等，遗产存有人应当按照合同约定或相关法律规定的标准履行保管义务。（4）存有遗产的人因对遗产进行了超出基本义务的管理且与被继承人没有合同或其他法律关系构成无因管理的，根据无因管理的法律规定承担义务、享有权利。（5）存有遗产的人如果不愿意履行保管义务，应当通过协商交予其他继承人保管，或者在遗产管理人确定之后，交予遗产管理人保管，在移交之前，应当向遗产管理人如实报告存有遗产的情况。

（二）任何组织或者个人不得侵吞或者争抢遗产

义务主体和内容。根据本条规定，所有的组织和个人都不得侵吞或者争抢遗产，包括存有遗产的人。（1）存有遗产的人不仅应当妥善保管遗产，而且不得侵吞遗产。所谓侵吞，就是侵占吞没，是以秘密的手段将财产据为己有。不论谁存有遗产，基于什么原因存有遗产，都必须如实告知遗产管理人其存有遗产的事实，在其不愿意继续保管时，还应当将遗产交由遗产管理人管理。即便其根据遗嘱对存有的遗产有权继承或者受遗赠，也应当如此。（2）遗产存有人以外的其他任何组织或者个人，都不得抢夺遗产。所谓抢夺，是指采取公开的方式以暴力强取、争夺。继承人之外的人当然不得抢夺遗产，即使是继承人，在遗产分割前，作为遗产存有人以外的人也不得抢夺遗产；同时，不仅个人不得抢夺遗产，任何组织也不得抢夺遗产。如果遗产被依法征收征用，需要由享有法定权限的机关按照法定程序实施并依法给予补偿。

适用指引

一、违反妥善保管遗产义务的责任

遗产存有人应当妥善保管遗产，这是法定义务，如果未尽到妥善保管义务，导致遗产减值、灭失的，应当承担相应的民事责任。由于此种保管义务是无偿的，可参考适用《民法典》关于遗产管理人民事责任构成的规定，在遗产存有人因故意或者重大过失造成遗产损害的情况下，其应当承担民事责任。对于遗产的损害，遗产存有人无过错或者仅有一般过失的，不宜要求其承担民事责任。

二、违反不得侵吞或抢夺遗产的责任

不得侵吞或抢夺，是一种不作为的义务。侵吞、抢夺遗产势必会影响继承程序的正常进行，侵害继承人等利害关系人的财产权利，甚至威胁相关人员的人身安全。所以侵吞或者抢夺遗产是违法行为，主观上都有非法侵占财产的故意，不仅可能因构成侵权行为而承担返还财产、赔偿损失等民事责任，甚至可

能因为构成犯罪而需要承担刑事责任。根据《民法典继承编解释（一）》第 43 条的规定，人民法院对故意隐匿、侵吞或者争抢遗产的继承人，可以酌情减少其应继承的遗产。如果因抢夺遗产而杀害其他继承人的，根据《民法典》第 1125 条的规定，还会被剥夺继承权。

第一千一百五十二条 继承开始后，继承人于遗产分割前死亡，并没有放弃继承的，该继承人应当继承的遗产转给其继承人，但是遗嘱另有安排的除外。

关联规定

法律、行政法规、司法解释

《最高人民法院关于适用〈中华人民共和国民法典〉继承编的解释（一）》

第三十八条 继承开始后，受遗赠人表示接受遗赠，并于遗产分割前死亡的，其接受遗赠的权利转移给他的继承人。

条文释义

一、本条主旨

本条是关于转继承的规定。

二、条文演变

（一）关于转继承的条文演变

原《继承法》没有规定转继承制度，但是原《继承法意见》有相应的规定，其第52条规定："继承开始后，继承人没有表示放弃继承，并于遗产分割前死亡的，其继承遗产的权利转移给他的合法继承人。"《民法典》本条吸收了该条规定并予以完善，表现在：一是"权利"改为"遗产"，将原规定的"其继承遗产的权利转移给他的合法继承人"修改为"该继承人应当继承的遗产转给其继承人"，回答了司法实践关于转继承的客体是继承权还是遗产份额的疑问；二是遗嘱安排优先，根据遗嘱继承优先的原则增加了但书条款，规定遗嘱

另有安排的除外，使转继承的适用也能充分尊重被继承人处分遗产的自由。

（二）关于受遗赠权转继承的条文演变

原《继承法意见》第 53 条规定："继承开始后，受遗赠人表示接受遗赠，并于遗产分割前死亡的，其接受遗赠的权利转移给他的继承人。"此次《民法典》编纂未吸收该规定。鉴于该规定不违背《民法典》继承等制度的精神，最高人民法院在制定《民法典继承编解释（一）》过程中认为可以保留，经征求全国人大常委会法工委意见，全国人大常委会法工委亦未提出异议。同时考虑到，《民法典》物权编第 230 条对原《物权法》第 29 条进行重大修改，删去了受遗赠取得物权的，自受遗赠开始时发生效力的规定。可见，受遗赠的财产所有权已经从非法律行为的物权变动中剥离出来，应当遵循物权变动的一般原则，即使受遗赠人表示接受遗赠，遗产所有权亦不当然转移至受遗赠人。因此，《民法典继承编解释（一）》第 38 条完全沿用了原《继承法意见》第 53 条的规定，包括转继承的客体，也使用了"接受遗赠的权利"的表述，而未根据《民法典》本条的修改，采用"接受遗赠的遗产"。

三、条文解读

转继承，是指继承人在继承开始后、遗产分割前死亡，其应继承的遗产份额转由其继承人继承的法律制度。转继承实质上是先后发生的两个独立继承关系，相对于代位继承而言，其属于本位继承。所以又称二次继承或者再继承，转继承法律关系中，死亡的继承人称为被转继承人，实际接受遗产的被转继承人的继承人称为转继承人。转继承的法律后果是，继承人应当继承的遗产转给其继承人，受遗赠人接受遗赠的权利转给其继承人。

（一）转继承的性质

原《继承法意见》第 52 条表述为继承遗产权利的转移，导致实践中对于转继承的客体是继承权还是遗产份额产生了争议。一种观点认为，转继承是继承遗产权利的转移，因而不应将被转继承人应继承的遗产份额视为其同配偶的共同财产。另一种观点认为，转继承是将被转继承人应继承的遗产份额转由其继承人承受，转继承所转移的不是继承权，而是遗产所有权。在没有特别约定的情况下，应将被转继承人应继承的遗产份额视为其与配偶的共同财产。本条采纳了第二种观点，规定转继承转移的是被转继承人应当继承的遗产，符合继承权作为具有人身属性的财产权利不得转让的法理，同时根据《民法典》关于夫妻共同财产的规定，该遗产原则上应当属于被转继承人与配偶的共同财产。

继承人应当继承的遗产，根据《民法典》第230条关于因继承取得物权的，自继承开始时发生效力，以及第1121条关于继承从被继承人死亡时开始的规定，被继承人死亡时，继承开始，只要继承人生前未放弃或者丧失继承权，就已经取得其应当继承的遗产的所有权，被继承人的遗产转为该继承人的合法财产。虽然在遗产分割前继承人死亡，尚未实际接受遗产，但其仍然属于遗产的共有人。根据《民法典》第1062条和第1063条的规定，夫妻在婚姻关系存续期间，除遗嘱或者赠与合同中确定只归一方的财产外，继承或者受赠的财产应为夫妻共同财产，归夫妻共同所有。如果不存在转继承的情形，继承人如有配偶存在且无遗嘱确定遗产只归其中一方所有的情景下，其应继承的遗产属于夫妻双方共有，转继承的适用不会对继承关系的结果发生影响。在转继承的情形下，继承人如有配偶存在，其所继承的被继承人的遗产，自然应属于其与配偶的共同财产。综上，继承开始，继承人即取得遗产的所有权，转继承只是对被转继承人应继遗产份额的再继承，而非继承权利的转移。

（二）转继承的适用条件

根据《民法典》本条及《民法典继承编解释（一）》第38条的规定，适用转继承应当同时具备以下条件。

1. 继承人于特定的期间内死亡

继承人于继承开始之后、遗产分割之前死亡。继承人只有在此特定的期间内死亡才发生转继承的问题。继承人在被继承人死亡之前死亡的，应当适用代位继承；继承人在遗产分割之后死亡的，其已经确定地取得应当继承的遗产所有权，前一个继承已经终止，继承人的死亡引起新的继承关系，其继承人享有的是自己的继承权并直接继承遗产，不存在适用转继承的问题。

2. 被转继承人和转继承人都享有继承权

转继承关系的主体包括被转继承人和转继承人，转继承的适用要求其双方都享有继承权，如果被转继承人没有继承权，则其无权继承被继承人的遗产，也就不存在其应当继承的份额。同样，转继承人也应当对被转继承人享有继承权，否则其无权取得被转继承人应当继承的份额。为此，要求双方都不存在

《民法典》第1125条规定的丧失继承权的情形。

3. 被转继承人和转继承人都没有放弃继承，即都接受继承

被转继承人未实际取得遗产源于死亡的意外事件，而非放弃继承，放弃继承的，即失去了继承权，无权取得遗产的应继份额，转继承因没有转移的客体而不能适用；转继承人放弃继承的，同样失去了对被转继承人的继承权，无权取得被继承人的应继份额。被转继承人和转继承人接受继承意思的认定，根据《民法典》第1124条第1款的规定，继承开始后、遗产处理前，继承人未以书面形式作出放弃继承的表示，视为接受继承。

4. 遗嘱没有其他安排

转继承不仅适用于法定继承，也适用于遗嘱继承。由于遗嘱继承的效力优先于法定继承，基于对被继承人意志的尊重，本条规定了但书，即遗嘱另有安排的除外。所谓"遗嘱另有安排"，是指被继承人在其遗嘱中，特别说明所留遗产仅限于给继承人本人，不得转继承给其他人。因此，如果遗嘱中对继承人于继承开始后遗产分割前死亡的情况下，遗产由谁继承作出了特别安排，排除了转继承人继承的情形，此时应按照遗嘱内容确定财产的归属。

总之，在具备前三项条件的同时，还需遗嘱没有其他安排，才能适用转继承，反之，如果遗嘱另有安排，就排除了转继承的适用。

（三）受遗赠权的转继承

受遗赠权，是指受遗赠人根据遗嘱指定受领遗赠人赠与财产的权利。《民法典继承编解释（一）》第38条对受遗赠权的转继承进行了规定。参考《民法典》本条关于继承财产转继承的规定，受遗赠权的转继承的适用应当符合以下几个条件。

1. 受遗赠人在被继承人死亡后、遗产分割前死亡

受遗赠人在被继承人死亡前死亡的，遗赠尚未生效，受遗赠人不能取得受遗赠权，不存在转继承的问题；如果在遗产分割后死亡，则受遗赠财产已经转为受遗赠人的个人财产，将发生新的继承关系，而非转继承。

2. 受遗赠人表示接受遗赠

受遗赠人取得接受遗赠的权利，是适用转继承的前提。根据《民法典》第1124条的规定，受遗赠人应当在知道受遗赠后60日内，作出接受或者放弃受遗赠的表示；到期没有表示的，视为放弃受遗赠。因此，"受遗赠人表示接受遗赠”要求受遗赠人在法律规定的期间内作出接受遗赠的意思表示。在法定期间内表示放弃接受遗赠或者超过法定期间未表示接受遗赠的，都属于放弃受遗赠，不能适用转继承。

3. 遗嘱没有其他安排

《民法典继承编解释（一）》第 38 条并未规定遗嘱安排优先的限制，但是，基于以下考虑，受遗赠权的转继承应当受此限制。其一，《民法典》继承制度的设计和实施始终坚持尊重被继承人意思自治原则；其二，本条作为《民法典》第 1125 条规定在适用中的细化，应以《民法典》的规定为基础，否则在适用中会出现和继承遗产的转继承不一致的解释和效果；其三，与《民法典》相关规定的基本精神一致，比如《民法典》婚姻家庭编第 1063 条的规定，赋予遗嘱人或者赠与人关于遗产或赠与财产只归夫妻一方所有这种“专门安排”的意思表示的优先效力。因此，被继承人在其遗嘱中，没有特别说明所留遗产仅限于赠与受遗赠人本人的，受遗赠权才发生转继承，否则不得转继承给其他人。

适用指引

一、转继承与代位继承的区别

代位继承，是指在法定继承中被继承人的子女或者兄弟姐妹先于被继承人死亡时，由被继承人的子女的晚辈直系血亲或兄弟姐妹的子女代为继承。转继承与代位继承的相同点是都是因被继承人的继承人死亡而由继承人的继承人行使权利。但是，从二者位于继承编不同的位置可以看出，二者是不同的法律制度。代位继承属于法定继承的范畴，规范的是被继承人的子女或兄弟姐妹先于被继承人死亡情形下继承人的确定，即由被继承人的子女的直系晚辈血亲或者兄弟姐妹的子女代为继承，是法定继承的一种特殊情形；转继承属于遗产处理的范畴，规范的是被继承人的继承人在继承开始后、遗产处理前死亡情形遗产归属的确定，即由被继承人的继承人接受遗产，是遗产处理的一种特殊方式。二者具体有如下区别。

（一）性质不同

代位继承与本位继承相对应，具有替补的性质，继承人先于被继承人死亡，由代位继承人代替其位参加被继承人遗产的继承，代位继承人取得的是对被继承人的继承权，继承的是被继承人的遗产，属于间接继承。转继承是连续发生的二次继承，转继承人是以自己的名义取得被转继承人应继份额的所有权，属于直接继承，既适用于法定继承，也适用于遗嘱继承。从被继承人而言，转继承人享有的不是对被继承人遗产的继承权，而仅是分割遗产的权利。

（二）客体不同

代位继承中，代位继承人是代替被代位继承人行使对被继承人的继承权；转继承中，转继承人取得的是被转继承人应当继承的遗产份额。

（三）前提条件不同

转继承发生在继承开始之后、遗产分割前继承人死亡的情形，即继承人后于被继承人死亡；代位继承则发生在继承人先于被继承人死亡的情形。

（四）承受权利的主体不同

转继承中，被转继承人可能是被继承人的所有继承人，转继承人是被转继承人的法定继承人，包括第一顺序法定继承人，也包括第二顺序法定继承人。被代位继承人只能是被继承人的子女和兄弟姐妹，代位继承人只能是被代位继承人的晚辈直系血亲，被代位人是被继承人兄弟姐妹的，代位继承人只能是被继承人兄弟姐妹的子女。

（五）适用范围不同

转继承不仅适用于法定继承也适用于遗嘱。本条所指“继承人应当继承的遗产”，包括该继承人根据法定继承应当继承的遗产，也包括其根据遗嘱继承应当继承的遗产。而代位继承只适用于法定继承，不适用遗嘱继承，因为继承人在遗嘱生效前死亡的，应认为其尚未取得遗嘱继承权，也就不存在由他人代位继承的问题。而转继承中，继承人于继承开始后遗产分割前死亡，无论是法定继承人还是遗嘱继承人，都已实际取得了遗产继承权。

二、继承开始于婚姻关系存续期间但在遗产分割时夫妻已经离婚的，转继承财产的处理

根据《民法典》第 1062 条的规定，在没有特别约定的情况下，夫妻一方在婚姻关系存续期间继承所得的财产属于夫妻共同财产，包括一方根据转继承取得的财产。如果在转继承发生后、遗产分割前双方离婚的，尽管遗产尚未分割，转继承人或受遗赠人尚未实际取得遗产，但是因为转继承人取得的是被转继承人应当继承的遗产，受遗赠人取得的是遗嘱指定赠与的财产，其财产份额或者财产是确定的，而《民法典》第 1062 条规定的“夫妻在婚姻关系存续期间所得的”财产，不仅包括实际取得的财产，也包括确定取得的财产权利，所以，转继承作为“二次继承”，与第一次继承同理，继承开始后、遗产分割前双方离婚的，在双方没有特殊约定，被继承人也没有特别安排的情况下，夫妻一方因继承或转继承取得的财产，应当属于夫妻共同财产。

第一千一百五十三条　夫妻共同所有的财产，除有约定的外，遗产分割时，应当先将共同所有的财产的一半分出为配偶所有，其余的为被继承人的遗产。

遗产在家庭共有财产之中的，遗产分割时，应当先分出他人的财产。

关联规定

法律、行政法规、司法解释

1.《中华人民共和国合伙企业法》

第五十条　合伙人死亡或者被依法宣告死亡的，对该合伙人在合伙企业中的财产份额享有合法继承权的继承人，按照合伙协议的约定或者经全体合伙人一致同意，从继承开始之日起，取得该合伙企业的合伙人资格。

有下列情形之一的，合伙企业应当向合伙人的继承人退还被继承合伙人的财产份额：

（一）继承人不愿意成为合伙人；

（二）法律规定或者合伙协议约定合伙人必须具有相关资格，而该继承人未取得该资格；

（三）合伙协议约定不能成为合伙人的其他情形。

合伙人的继承人为无民事行为能力人或者限制民事行为能力人的，经全体合伙人一致同意，可以依法成为有限合伙人，普通合伙企业依法转为有限合伙企业。全体合伙人未能一致同意的，合伙企业应当将被继承合伙人的财产份额退还该继承人。

2.《最高人民法院关于适用〈中华人民共和国民法典〉婚姻家庭编的解释（一）》

第二十四条　民法典第一千零六十二条第一款第三项规定的“知识产权的收益”，是指婚姻关系存续期间，实际取得或者已经明确可以取得的财产性收益。

第二十五条 婚姻关系存续期间，下列财产属于民法典第一千零六十二条规定的“其他应当归共同所有的财产”：

（一）一方以个人财产投资取得的收益；

（二）男女双方实际取得或者应当取得的住房补贴、住房公积金；

（三）男女双方实际取得或者应当取得的基本养老金、破产安置补偿费。

第二十六条 夫妻一方个人财产在婚后产生的收益，除孳息和自然增值外，应认定为夫妻共同财产。

第二十七条 由一方婚前承租、婚后用共同财产购买的房屋，登记在一方名下的，应当认定为夫妻共同财产。

第二十八条 一方未经另一方同意出售夫妻共同所有的房屋，第三人善意购买、支付合理对价并已办理不动产登记，另一方主张追回该房屋的，人民法院不予支持。

夫妻一方擅自处分共同所有的房屋造成另一方损失，离婚时另一方请求赔偿损失的，人民法院应予支持。

第二十九条 当事人结婚前，父母为双方购置房屋出资的，该出资应当认定为对自己子女个人的赠与，但父母明确表示赠与双方的除外。

当事人结婚后，父母为双方购置房屋出资的，依照约定处理；没有约定或者约定不明确的，按照民法典第一千零六十二条第一款第四项规定的原则处理。

第三十条 军人的伤亡保险金、伤残补助金、医药生活补助费属于个人财产。

第三十一条 民法典第一千零六十三条规定为夫妻一方的个人财产，不因婚姻关系的延续而转化为夫妻共同财产。但当事人另有约定的除外。

第三十二条 婚前或者婚姻关系存续期间，当事人约定将一方所有的房产赠与另一方或者共有，赠与方在赠与房产变更登记之前撤销赠与，另一方请求判令继续履行的，人民法院可以按照民法典第六百五十八条的规定处理。

第三十三条 债权人就一方婚前所负个人债务向债务人的配偶主张权利的，人民法院不予支持。但债权人能够证明所负债务用于婚后家庭共同生活的除外。

第三十四条 夫妻一方与第三人串通，虚构债务，第三人主张该债务为夫

妻共同债务的，人民法院不予支持。

夫妻一方在从事赌博、吸毒等违法犯罪活动中所负债务，第三人主张该债务为夫妻共同债务的，人民法院不予支持。

第三十五条　当事人的离婚协议或者人民法院生效判决、裁定、调解书已经对夫妻财产分割问题作出处理的，债权人仍有权就夫妻共同债务向男女双方主张权利。

一方就夫妻共同债务承担清偿责任后，主张由另一方按照离婚协议或者人民法院的法律文书承担相应债务的，人民法院应予支持。

第三十六条　夫或者妻一方死亡的，生存一方应当对婚姻关系存续期间的夫妻共同债务承担清偿责任。

第七十一条　人民法院审理离婚案件，涉及分割发放到军人名下的复员费、自主择业费等一次性费用的，以夫妻婚姻关系存续年限乘以年平均值，所得数额为夫妻共同财产。

前款所称年平均值，是指将发放到军人名下的上述费用总额按具体年限均分得出的数额。其具体年限为人均寿命七十岁与军人入伍时实际年龄的差额。

第七十二条　夫妻双方分割共同财产中的股票、债券、投资基金份额等有价证券以及未上市股份有限公司股份时，协商不成或者按市价分配有困难的，人民法院可以根据数量按比例分配。

3.《最高人民法院关于适用〈中华人民共和国民法典〉物权编的解释（一）》

第九条　共有份额的权利主体因继承、遗赠等原因发生变化时，其他按份共有人主张优先购买的，不予支持，但按份共有人之间另有约定的除外。

条文释义

一、本条主旨

本条是关于遗产从夫妻共同财产和家庭共有财产中分出的规定。

二、条文演变

原《继承法》第26条第1款、第2款分别规定：“夫妻在婚姻关系存续期间所得的共同所有的财产，除有约定的以外，如果分割遗产，应当先将共同所有的财产的一半分出为配偶所有，其余的为被继承人的遗产。”“遗产在家庭共有财产之中的，遗产分割时，应当先分出他人的财产。”《民法典》本条继承了该条规定的内容，依然用两款分别规定了遗产从夫妻同财产中的分出和从家庭共有财产中的分出。其中第 1 款的文字有两处变化：一是关于夫妻共同财产，删除了“在婚姻关系存续期间所得的”的表述，因为关于夫妻共同财产的界定，《民法典》婚姻家庭编第 1062 条有专门规定，此处不必赘述；二是关于遗产分割时间的表述，将“如果分割遗产”改为“遗产分割时”，更加规范、精准，因为遗产分割是继承活动最后的必须进行的环节，以“如果”这种假设句式表达分割的时间，有所不妥。

三、条文解读

继承开始后，继承人取得遗产的前提是确定遗产的范围。《民法典》第 1122 条第 1 款规定：“遗产是自然人死亡时遗留的个人合法财产。”所以，只有被继承人的个人财产才属于遗产。因为死者一般属于家庭成员，必然存在遗产和家庭成员财产的区分问题。其中，明确属于被继承人个人的财产，如被继承人婚前个人购置的房产，当然属于遗产的范围。但是，被继承人与他人共有的财产，就需要将属于被继承人的份额从共有财产中区分出来，确定为其个人所有的部分才能纳入遗产范围。被继承人的财产与他人共有的情形一般是指夫妻共有、家庭共有、合伙共有。夫妻共有、家庭共有和合伙共有有不同的分割要求。被继承人在合伙期间死亡的，其合伙人资格的继承或者财产份额的确定和退还，应当适用《合伙企业法》的相关规定。本条规定的是遗产从夫妻共同财产和家庭共有财产中分出的问题。

（一）夫妻共同财产的认定及配偶财产的分出

从区分遗产和配偶一方财产的角度而言，可将我国的夫妻财产制分为分别财产制和共同财产制。实行分别财产制的话，因为夫妻双方约定婚前和婚后的财产都是分别归各自所有，财产归属比较明确，一般不存在配偶财产分出的问题。但是实行其他财产制的情况下，都会产生夫妻共同财产，只是确定共同财产的依据不同，基于约定适用一般共同制或部分共同制的，根据前者，婚姻关系存续期间所得的财产以及婚前财产均归共同所有；根据后者，婚姻关系存续

期间所得的财产以及婚前财产部分各自所有、部分共同所有。适用法定夫妻财产制的，在婚姻关系存续期间所得的财产，除特有财产外，均为夫妻共同所有。在有夫妻共同财产的场合，确定和分割遗产就要将属于配偶的财产分出。此时，婚姻的终止系因被继承人死亡所致，夫妻财产分割不同于离婚时的财产分割，不需要考虑惩罚、照顾等因素，所以本条规定，遗产分割时，按照均等原则，将夫妻共同所有的财产的一半分出归配偶所有，另一半为被继承人的遗产。

（二）家庭财产共有人财产的分出

现实生活中，有的夫妻是同一方父母共同生活的，特别是在我国广大农村，夫妻同一方（主要是男方）的父母、兄弟姐妹等其他家庭成员共同生活的现象比较普遍。为促进家庭和谐，有效调解家庭成员之间的权利义务关系，《民法典》第 1045 条在亲属、近亲属范围的基础上，明确规定了家庭成员的范围，其中第 3 款规定："配偶、父母、子女和其他共同生活的近亲属为家庭成员。"根据该条第 2 款规定，《民法典》将近亲属限制在共同生活的配偶、父母、子女、兄弟姐妹、祖父母、外祖父母、孙子女、外孙子女。家庭成员的共同生活可能产生财产共有关系，确定遗产范围和遗产分割往往涉及家庭共有财产的认定，并应当将其他共有人的财产分出。

1. 家庭共有财产的含义及特征

家庭共有财产，是指家庭成员在家庭共同生活关系存续期间共同创造、共同所得的财产。家庭共有财产具备以下特征：

（1）家庭共有财产的形成以家庭成员间的共同生活关系的存续为前提。共同共有一般基于共同生活、共同劳动而产生，没有家庭共同生活关系，就没有家庭共有财产的基础。

（2）家庭共有财产只能产生于具备某种特殊身份关系的家庭成员之间。夫妻共同财产是家庭共有财产的特殊形式，本条对夫妻共同财产和家庭共有财产分别规定，所以第 2 款所指家庭共有财产是指夫妻财产以外的家庭成员之间的共同财产。

（3）家庭共有财产包括家庭中全部成员或部分成员共同所有的财产，由全体或部分家庭成员共享所有权。凡是对家庭财产的形成作出贡献的成员，包括提供工资收入、经营收益、家务劳动等，都是共有人。

（4）家庭共有财产的来源为家庭成员在共同生活期间的共同所得和各自所得，所得的形式包括劳动收入、经营收入、接受继承或赠与等。所谓共同所得，包括家庭成员共同的劳动所得、共同继承的遗产、共同接受的赠与等；所谓各自所得，是指家庭成员个人所得但是按约定或者事实上纳入家庭共有财产范围的财产。但是家庭成员个人以自己的名义取得的财产而且未投入家庭生活的，即使在家庭成员共同生活期间取得，也属于其个人财产。

（5）家庭共有财产为共同共有财产，在家庭共有财产关系存续期间，各共有人不分份额，共同享有财产的所有权。根据《民法典》第 303 条的规定，共有人就共有财产分割没有约定或者约定不明确的，按份共有人可以随时请求分割，但是共同共有人在共有的基础丧失前，除非有重大理由需要分割，否则不得请求分割。被继承人死亡的，因该共有人主体消灭，仅需将其个人份额分出，不必然导致其他成员共有关系的消灭。

2. 遗产与家庭共有财产的分割

自然人在家庭共同生活期间死亡的，遗产处于家庭共有的状态，为确定遗产范围，必须将属于被继承人个人的财产从家庭共有财产中分割出来。本条第 2 款从遗产分割的角度，表述为“先分出他人的财产”，实质都是指遗产与家庭共有财产的分割。家庭共有财产的认定和分割，首先应当坚持约定优先。《民法典》第 308 条规定：“共有人对共有的不动产或者动产没有约定为按份共有或者共同共有，或者约定不明确的，除共有人具有家庭关系等外，视为按份共有。”根据该规定，就共同共有的认定而言，共有人对共有财产约定为共同共有的，应当按照共同共有处理；没有约定或者约定不明确的，一般视为按份共有，但是共有人具有家庭关系的，视为共同共有。因此，家庭成员经协商对家庭全部财产或相关财产的归属有约定的，应当按照其约定确定财产归属。如家庭成员共同购置的房产的产权登记载明是按份共有并记载了各共有人的份额，就应当按照产权证记载，认定该房产属于家庭成员按份共有，其中属于被继承人的份额才是其遗产；如家庭成员约定共有房屋归一人所有的，应按约定将该房产认定为该家庭成员单独所有。家庭成员没有约定、约定不明或者约定无效的，应当考察当事人是否具有《民法典》第 308 条规定的“家庭关系”，重点考量的因素是：（1）家庭成员是否存在共同生活关系，共同生活关系的形成要求家庭成员应当以共同生活为目的，长期、稳定地同居一处，为借住等目的，或者临时性地同居一处，不属于家庭成员的共同生活；（2）家庭财产的形

成是否基于特定的法律事实，如共同劳动、共同经营、共同接受赠与或继承，或者对家庭财产的形成有其他贡献等。经考察认定当事人具有家庭关系的，应当认定其家庭财产为共同共有。如家庭成员在共同生活期间取得的房产登记在一人名下，但是是全体成员共同购置或者共同出资建造，应当认定为共同共有财产。

适用指引

一、注意区分个人财产和家庭共有财产

在认定家庭共有财产并将遗产从中分出时，应根据财产所有权取得的法律事实的不同，正确把握家庭共有财产和家庭成员个人财产的界限，区分的标准是取得财产是基于家庭成员共同的法律事实还是个人基于一定的法律事实。除了根据约定属于家庭成员个人所有的以外，以下财产一般应认定为家庭成员个人所有的财产：（1）个人基于身份关系取得、不得转让的财产；（2）个人取得但是没有投入家庭共同生活的财产；（3）个人受赠或继承所得的财产。属于个人的财产，所有人死亡时，直接作为遗产；其他家庭人员死亡时，应当注意不能将个人财产纳入共有财产。

个人财产和家庭共有财产的区分，应当注意以下具体情形：（1）保护未成年子女的个人财产。未成年子女个人的生活用品、通过创作获得的报酬、奖励物品以及通过接受赠与、遗赠和继承等方式所获得的财产，所有权应属于未成年子女，其父母或其他家庭成员死亡时，对被继承人遗产的分割，应当将未成年子女的财产同父母的遗产以及其他家庭成员的财产进行区分，不能将未成年子女个人所有的财产纳入夫妻共同财产或家庭共同财产，尤其是在该财产由被继承人管理的情况下，更应当注意不能将其作为被继承人的遗产进行分割。（2）成年子女（含视为完全行为能力的子女）个人财产的认定。特别是家庭成员仅有父母和子女的情形下，如果子女已经参加工作并对家庭共有财产的形成有所贡献，一般应当认定产生了家庭共有关系。在其父母或其他家庭成员死亡、确定遗产范围时，应从共有的家庭财产中将子女应得的份额划分出来，剩余的才能作为夫妻或家庭共有财产进一步分割。（3）子女已经给付父母的赡养费属于父母的夫妻共同财产。子女给付父母赡养费是法定义务，不属于对家庭

财产的贡献。父母以收到的赡养费购置的财产，比如房产，所有权仍属于父母，与给付赡养费的子女之间不形成共有财产关系。在认定所有权时，应当将父母以赡养费购置的财产与父母和子女共同出资购置的财产相区别。

二、关于合伙财产的继承及分割

被继承人生前与他人有合伙关系的，也产生了共同共有财产。作为合伙人的被继承人死亡时，应当根据《合伙企业法》第50条的规定处理其合伙财产。该规定包含以下含义：（1）合伙人去世，其继承人并不当然成为合伙企业的合伙人，合伙企业是否退还其合伙财产份额根据其继承人是否实际加入合伙而定。（2）继承人愿意加入合伙，而且符合合伙协议约定或者经全体合伙人一致同意，从继承开始之日起，继承人取得该合伙企业的合伙人资格。此时，不必对合伙财产进行分割，只需确定继承人作为新合伙人的合伙财产份额。（3）继承人不愿意加入合伙，或者合伙协议对此没有约定而且未能获得全体合伙人一致同意，继承人不能继承被继承人的合伙资格，合伙企业应当将被继承人在合伙中的财产份额分出并退还继承人，具体份额按照出资比例或者协议约定的比例确定。上述退还的财产列入被继承人遗产范围，根据夫妻或家庭共有财产的认定规则确认是属于被继承人的个人财产抑或是夫妻或家庭共同财产。

三、分出家庭财产共有人的财产份额

本条关于夫妻共同财产的分割，明确规定按照等分原则，分出一半为配偶所有，但是对于家庭共有财产的分割，没有明确确定财产份额的原则。原《民法通则意见》第90条规定："在共同共有关系终止时，对共有财产的分割，有协议的，按协议处理；没有协议的，应当根据等分原则处理，并且考虑共有人对共有财产的贡献大小，适当照顾共有人生产、生活的实际需要等情况。但分割夫妻共有财产，应当根据婚姻法的有关规定处理。"该条对夫妻共同财产和其他共同财产的分割作出了区分规定，前者根据婚姻法律关于夫妻财产分割的规则处理，其他共同财产，包括家庭共同财产的分割按照该条规定处理，首先坚持协议优先，没有协议的，以等分为基本原则，同时兼顾共有人对共有财产的贡献大小并适当照顾共有人生产、生活的实际需要等确定各共有人的份额。这一意见对司法实践发挥了很好的指导作用，在司法实践中得到长期运用，亦已获得社会认可。在最高人民法院出台新的相关司法解释前，该意见以及其体

现的精神，如权利义务相一致、适当照顾弱者等，可作为裁判说理、裁判规则的参考。

四、遗产债务与夫妻或家庭共同债务的区分

根据遗产包括积极财产也包括消极财产和分割遗产应当优先清偿债务的原理和规则，分割遗产时，应当将被继承人生前所欠的个人债务同夫妻或家庭所欠的共同债务区分开。属于《民法典》第 1064 条第 2 款所规定的或者其他情形的被继承人个人的债务，应列入其遗产，以被继承人的遗产优先清偿；虽以被继承人名义欠债，但是符合《民法典》第 1064 条关于配偶一方事后追认、债务用于日常家事或者债权人能够证明该债务用于夫妻共同生活、共同生产经营或者基于夫妻双方共同意思表示的规定，或者债务用于家庭共同需要的，则属于夫妻或家庭的共同债务，应用夫妻或家庭共有财产优先清偿。

典型案例

陈某与刘某等分家析产案

关键词：家庭共有财产　参与建设　共同共有

裁判摘要：农村宅基地建房及颁发土地使用权证，往往是一个家庭成员作为申请人，其他成员作为共同居住人一起进行宅基地申请和审批手续。虽以个人作为申请人呈报并获得批准，土地使用权证也仅登记一人，但土地使用权证并非房产权属证明，不能据此认定案涉房屋为土地使用权人一人所有。参与出资和建设的家庭成员，可以成为房产的共同共有人，但是根据其年龄、体力、能力根本无能力出资或出力参与房屋建设，或者对其参与出资和建设举证不充分的，不能成为房产的共同共有人。

基本案情：陈某与刘某系夫妻，二人育有陈某 1、陈某 2、陈某 3。1989 年，陈某与刘某以陈某 2 的名义向政府申请动用空杂地 70 平方米建房三层，建筑面积 210 平方米，政府于 1991 年批准其申请，颁发了福建省建设用地许可证及土地使用权证。1992 年至 1994 年，陈某与刘某完成了案涉房屋第 1~2 层的建设；2004 年至 2005 年，以陈某 2 为主完成了案涉房屋第 3~5 层的建设，其中第 4~5 层未办理加层建设审批手续。陈某于 2008 年去世，其家庭成

员因案涉房产分割成讼。审理中，陈某3自愿放弃在本案中享有的相关权益。

生效裁判认为：案涉房屋于1989年申请用地进行基建时，陈某2、陈某1、陈某3均年幼，三人均缺乏经济收入来源，根本无能力出资或出力参与房屋建设，案涉房屋的建设方只能为陈某与刘某夫妻二人，故案涉房屋第1~2层为陈某与刘某夫妻共同财产。陈某去世后，各继承人均未表示放弃继承，应视为均已接受继承。对此应按析产案件处理，并根据实际情况进行具体分割。在陈某3明确表示放弃其在本案享有的相关权益情形下，结合诉争房产的性质、用途、现时使用情况等因素，对属于陈某的份额部分，按刘某占50%，陈某1、陈某2各占25%予以分割，并由刘某、陈某2共同支付陈某1相应的折价补偿款。因陈某1主张其参与出资和建设案涉房屋第3层的依据不充分，对案涉房屋第3层暂不予处理。诉争房屋第4~5层未经审批建设，属违章建筑，不予确权处理。

【案　　号】（2019）闽05民终5383号

【审理法院】福建省泉州市中级人民法院

【来　　源】《中国法院2021年度案例（婚姻家庭纠纷）》

第一千一百五十四条　有下列情形之一的，遗产中的有关部分按照法定继承办理：

（一）遗嘱继承人放弃继承或者受遗赠人放弃受遗赠；

（二）遗嘱继承人丧失继承权或者受遗赠人丧失受遗赠权；

（三）遗嘱继承人、受遗赠人先于遗嘱人死亡或者终止；

（四）遗嘱无效部分所涉及的遗产；

（五）遗嘱未处分的遗产。

条文释义

一、本条主旨

本条是关于有遗嘱时按法定继承办理情形的规定。

二、条文演变

原《继承法》第 27 条规定："有下列情形之一的，遗产中的有关部分按照法定继承办理：（一）遗嘱继承人放弃继承或者受遗赠人放弃受遗赠的；（二）遗嘱继承人丧失继承权的；（三）遗嘱继承人、受遗赠人先于遗嘱人死亡的；（四）遗嘱无效部分所涉及的遗产；（五）遗嘱未处分的遗产。"《民法典》本条继承了该条规定的内容，同时进行了以下完善性的修改：一是鉴于《民法典》第 1125 条第 3 款增加规定了受遗赠权丧失的情形，在本条第 2 项"遗嘱继承人丧失继承权"之后增加规定"受遗赠人丧失受遗赠权"的，按照法定继承办理；二是鉴于遗赠的对象不仅包括自然人还包括组织，所以在本条第 3 项关于相关主体消灭的规定中，在"遗嘱继承人、受遗赠人先于遗嘱人死亡"的基础上，增加"终止"的表述；三是对于原法条文字中不必要的"的"予以删除，使文字更加精简。

三、条文解读

根据《民法典》第 1123 条的规定，继承开始后对于遗产处理的方式包括法定继承、遗嘱继承、遗赠和遗赠扶养协议。其适用的效力顺序依次是遗赠扶养协议、遗嘱继承或遗赠、法定继承。既没有遗赠扶养协议也没有遗嘱的情况下，才能按照法定继承处理遗产。但是，有遗赠扶养协议、遗嘱的，遗赠扶养协议、遗嘱可能因效力瑕疵或者权利主体意思等特定原因而不能或者无须执行，也会有遗嘱未处分的遗产，这就涉及这些遗产应当如何处理的问题。法定继承作为遗嘱继承的补充，能够弥补被继承人未能实现或没有表达的遗愿。本条规定即赋予了法定继承的这种填补功能，明确五种情形下相应遗产按照法定继承办理。从规范体系角度，本条与第 1123 条共同构成确定法定继承适用范围的条款。

（一）遗嘱继承人放弃继承或者受遗赠人放弃受遗赠

根据《民法典》第 1124 条的规定，继承开始后、遗产处理前，继承人可以放弃继承，受遗赠人可以在知道受遗赠后 60 日内放弃受遗赠。如果遗嘱继承人放弃接受遗嘱继承，受遗赠人放弃受遗赠，那么遗嘱所涉及的相应遗产就不能按照被继承人的遗愿执行，而是转为按照法定继承办理。

（二）遗嘱继承人丧失继承权或者受遗赠人丧失受遗赠权

《民法典》第 1125 条规定了继承人丧失继承权、受遗赠人丧失受遗赠权的法定事由。其中，因故意杀害被继承人或者为争夺遗产而杀害其他继承人导致继承权的绝对丧失，不可恢复；因遗弃被继承人或者虐待被继承人，伪造、篡改、隐匿或者销毁遗嘱，以欺诈、胁迫手段迫使或者妨碍被继承人设立、变更或者撤回遗嘱导致继承权丧失的，可适用被继承人宽恕制度，继承权可能得以恢复。遗嘱继承人如果实施了法律规定的导致继承权绝对丧失的行为，或者实施了法律规定的导致继承权相对丧失后未得到被继承人的宽恕，将导致其没有权利参与继承，根据遗嘱本应由其接受的遗产应当按照法定继承办理。而且，丧失继承权的继承人不仅无权参加遗嘱继承，也不能参加法定继承。受遗赠人实施第 1125 条规定的导致继承权丧失的行为，也将丧失受遗赠权，而且是确定地丧失，不适用被继承人宽恕制度，根据遗嘱本应由其获赠的遗产也应当按

照法定继承办理。

（三）遗嘱继承人、受遗赠人先于遗嘱人死亡或者终止

继承从被继承人死亡开始，遗嘱也自此时生效。只有在继承开始之时具有民事权利能力的自然人（处于生存状态）或者组织（处于存续状态）才具有继承能力，才有成为继承人或受遗赠人的资格。遗嘱人设立遗嘱时可能并不知道其所指定的继承人或者受遗赠人已经死亡或者终止的事实，此时，遗嘱所指定的继承人因死亡或者终止已经丧失民事主体资格，也就丧失了获得遗嘱继承权或者受遗赠权的资格，所涉及的财产应当按照法定继承办理。转为适用法定继承后，对先于被继承人死亡的被继承人的子女，可由其晚辈直系血亲代位继承，对先于被继承人死亡的被继承人的兄弟姐妹，由其子女代位继承。也就是说，继承人先于被继承人死亡的，丧失的仅是遗嘱继承权，其法定继承权由特定的晚辈亲属代位继承。但是受遗赠人先于遗嘱人死亡或者终止的，确定地不能接受遗赠，相应的财产只能按法定继承办理。

（四）遗嘱无效部分所涉及的遗产

遗嘱继承优先于法定继承，但是遗嘱继承优先适用的前提是遗嘱合法有效。如果遗嘱无效，就不具有执行的法律效力，不能适用遗嘱继承。对于遗嘱的无效，可从三方面理解：（1）遗嘱因主体不合格或意思表示瑕疵而无效。《民法典》第1143条规定的遗嘱无效的四种情形，属于法定无效，具备其中之一，应当认定遗嘱无效，相应财产转为按照法定继承办理。其中，无民事行为能力人或者限制民事行为能力人所立的遗嘱，遗嘱人受欺诈、胁迫所立遗嘱，伪造的遗嘱，一般导致遗嘱全部无效，所涉财产都应当按照法定继承办理；遗嘱被篡改的，一般只是导致被篡改的部分内容无效，那么只有被篡改所涉及的部分财产按照法定继承办理。（2）遗嘱因违反特定的形式要求而无效。《民法典》第1138条规定：遗嘱人在危急情况下可以立口头遗嘱，但是危急情况消除后，遗嘱人能够以书面或录音录像形式立遗嘱的，无论是否以录音录像形式重新设立遗嘱，原口头遗嘱均无效，该遗嘱所涉的遗产按照法定继承办理。（3）遗嘱因处分他人财产而无效。遗嘱作为遗嘱人生前人处分其个人财产并于遗嘱人死亡时发生效力的法律行为，只能处分其个人所有的财产，处分他人财产的，则因无权处分而无效。《民法典继承编解释（一）》第26条规定："遗嘱人以遗嘱处分了国家、集体或者他人财产的，应当认定该部分遗嘱无效。”对于此种无效遗嘱，其法律后果表现为不能按照遗嘱指定将他人的财产转移给继承人或受遗赠人所有，所涉财产不能按照法定继承办理。

（五）遗嘱未处分的遗产

遗嘱未处分的遗产就是遗嘱中未涉及的遗产。被继承人生前设立遗嘱时，可能是有意只处理部分财产，也可能是遗漏部分财产，无论何种原因，凡是遗嘱未处分的遗产，都应当按照法定继承办理。此时，应优先执行遗嘱，对于遗嘱处分的财产按照遗嘱指定处理，遗嘱执行完毕后还有剩余遗产的，才能适用法定继承。

适用指引

一、遗嘱因形式要件瑕疵不发生效力的，所涉财产应当按照法定继承办理

遗嘱的形式，是指遗嘱人处分自己财产的意思表示的方式。立遗嘱是要式民事法律行为，遗嘱形式必须符合法律规定，才能产生法律效力。《民法典》规定了六种遗嘱形式，包括：自书遗嘱、代书遗嘱、打印遗嘱、录音遗嘱、录像遗嘱、口头遗嘱、公证遗嘱，并对每种形式都规定了严格的形式要件。一般认为，遗嘱是遗嘱人单方作出的在其死亡后才发生效力的民事法律行为，由于当事人已死亡，是否真实意思表示无法自证，故为了充分保证遗嘱的真实性，确保遗嘱体现遗嘱人处分自己死后遗产的真实意思，应当从严把握遗嘱形式要件在认定遗嘱效力方面的规定，不具备形式要件的遗嘱不发生法律效力。2011年12月6日《最高人民法院研究室关于代书遗嘱虽不符合法定形式要件但确系遗嘱人真实意思表示能否认定有效问题的答复》指出：“根据《中华人民共和国继承法》以及《最高人民法院关于贯彻执行〈中华人民共和国继承法〉若干问题的意见》的有关规定，不符合法定形式要件的代书遗嘱不宜认定为有效。”因此，凡是不具备《民法典》规定的形式要件的遗嘱，都不发生法律效力，所涉遗产应当按照法定继承办理。

二、附义务遗嘱的继承人、受遗赠人不能接受的遗产的处理

附义务遗嘱，是指遗嘱中明确指定遗嘱继承人或者受遗赠人必须履行一定义务的遗嘱。遗嘱所附义务主要包括两类：一是为社会公共利益附加的义务，如须将遗嘱中指定的财产用于社会福利事业；二是为自然人附加义务，如须对某人尽一定义务。在附义务的遗嘱继承、遗赠中，遗嘱继承人或受遗赠人在接受权利的同时，必须承担遗嘱人在遗嘱中为其设定的义务。附义务遗嘱的效力包含两个层面：一是遗嘱的效力，遗嘱本身是一种附期限的民事法律行为，遗嘱人死亡始即发生法律效力；二是遗嘱所附义务的效力，即遗嘱人将特定财产指定由特定继承人继承或赠与特定受遗赠人这一附义务意思表示的效力，一般要求意思表示真实、所附义务合法且可能履行。如果遗嘱继承人或受遗赠人没有正当理由不履行遗嘱义务，根据《民法典》第 1144 条，经利害关系人或者有关组织请求，人民法院可以取消其接受附义务部分遗产的权利。《民法典继承编解释（一）》第 29 条进一步规定：人民法院取消其接受附义务部分遗产的权利的，由提出请求的继承人或者受益人负责按遗嘱人的意愿履行义务，接受遗产。由此可知，附义务遗嘱仅是要求继承人或者受遗嘱人必须完成一定的义务才能够接受财产的，继承人或者受遗嘱人不履行所附义务的，并非遗嘱无效，附义务部分遗产不能按照法定继承办理，而是由履行遗嘱义务的继承人或者组织接受遗产。

第一千一百五十五条　遗产分割时，应当保留胎儿的继承份额。胎儿娩出时是死体的，保留的份额按照法定继承办理。

关联规定

法律、行政法规、司法解释

《最高人民法院关于适用〈中华人民共和国民法典〉继承编的解释（一）》

第三十一条　应当为胎儿保留的遗产份额没有保留的，应从继承人所继承的遗产中扣回。

为胎儿保留的遗产份额，如胎儿出生后死亡的，由其继承人继承；如胎儿娩出时是死体的，由被继承人的继承人继承。

条文释义

一、条文主旨

本条是关于保留胎儿继承份额的规定。

二、条文演变

1985 年的原《继承法》第 28 条规定："遗产分割时，应当保留胎儿的继承份额。胎儿出生时是死体的，保留的份额按照法定继承办理。"

三、条文解读

根据《民法典》第 13 条的规定，自然人从出生时起到死亡时止，具有民事权利能力。根据《民法典》第 16 条的规定，涉及遗产继承、接受赠与等胎儿利益保护的，胎儿视为具有民事权利能力。不难看出，在胎儿是否具有民事权利能力上，《民法典》采用了个别保护的模式，即原则上不承认胎儿具有民

事权利能力，只在涉及遗产继承、接受赠与等某些事项上对胎儿的利益进行保护，视为具有民事权利能力。法国、德国、日本等国家，也都采用这种立法模式。应当注意到，在原《民法总则》施行之前，我国民法未明确赋予胎儿民事权利能力，原《民法通则》对此问题未作规定，只是在原《继承法》第 28 条规定了保留胎儿的继承份额制度。原《民法总则》首次在立法上采用法律拟制的方式，赋予了胎儿在其利益保护领域的民事权利能力，《民法典》沿袭了这一规定。

既然《民法典》第 16 条规定，在涉及遗产继承时，胎儿视为具有民事权利能力，也就说明胎儿享有继承权，能够依法继承遗产。但是由于胎儿毕竟尚未出生，为了确保胎儿继承权的实现，《民法典》本条专门对此进行规范。

本条规定了两层意思：

第一，遗产分割时，应当保留胎儿的继承份额。胎儿享有继承权，根据《民法典》第 1121 条，被继承人死亡时继承开始，但此时胎儿尚未出生，无法确定胎儿是否能够顺利娩出，如果胎儿娩出时是死体，则胎儿就自始没有继承权。因此，在对被继承人的遗产进行分割时，需要保留胎儿的继承份额。所谓保留胎儿的继承份额，就是在计算参与遗产分割的人数时，应该将胎儿列入计算范围，作为参与分割的一分子，将其应得的遗产划分出来。[①] 应当注意到，保留胎儿的继承份额，不仅适用于法定继承，也同样适用于遗嘱继承。在法定继承中，当胎儿在继承人范围内时，按照继承顺序，根据法定继承的分割比例或者协商确定的分割原则、比例等，为胎儿保留应当继承的份额。在遗嘱继承中，被继承人的遗嘱中明确哪些遗产由胎儿继承时，就应当在分割遗产时将此部分遗产为胎儿保留，其他继承人不得予以分割。需要说明的是，如果胎儿是多胞胎的，应当按照胎儿的数量保留继承份额。如胎儿是双胞胎的，应当保留的遗产份额为两份；是三胞胎的，应当保留的遗产份额为三份。

第二，胎儿娩出时是死体的，保留的份额按照法定继承办理。当胎儿顺利分娩时，胎儿成为自然人，成为独立的民事主体，此时为胎儿所保留的遗产份额当然由出生的婴儿继承，成为婴儿取得的遗产。当胎儿分娩失败，即娩出的胎儿是死体时，根据《民法典》第 16 条，其民事权利能力自始不存在，那么其继承权溯及消灭，自始不具备继承的权利，那么为胎儿所保留的遗产份额自

① 黄薇主编：《中华人民共和国民法典释义（下）》，法律出版社 2020 年版，第 2216 页。

然不能由没有继承权利的死体胎儿所取得。根据本条的规定，此时为胎儿所保留的遗产份额应当由被继承人的法定继承人按照法定继承予以分割。

适用指引

一、关于对胎儿的理解

关于胎儿的定义，我国法律没有明确规定。医学上一般把人的孕育过程分为三个阶段：一是受精卵；二是胚胎；三是胎儿。胎儿时期的胚胎已初具人形，眼、耳、口、鼻、四肢已具雏形，超声检查可见早期心脏形成，并有搏动。但是这种医学上的划分一般不能用于法律领域，否则会使尚未形成医学上胎儿的胎体的合法权益得不到保护，而且胚胎与胎儿的临界点也无法精准把握，刻板地在法律领域运用医学上胎儿的定义，将会使法律适用出现混乱状态。在法律适用上，从母体受孕开始到脱离母体独立呼吸成为真正的民事主体，都可以适用此条款，作为此条款保护的对象，在遗产分割时，为其保留继承份额，即法律上对胎儿的保护应当涵盖母体受孕的整个过程。

二、区分胎儿娩出时是死体的情形和胎儿娩出后夭折的情形

第一种情形，即娩出的胎儿是死体时，胎儿原视为具有的民事权利能力溯及地消灭，自始不存在，根据本条的规定，为胎儿所保留的遗产份额按照法定继承由被继承人的其他继承人予以分割。

第二种情形，胎儿娩出时是活体，但随即夭折的。此种情形下，胎儿娩出时是活体，成为婴儿，此时原为胎儿所保留的遗产份额已经由此婴儿所继承，由婴儿合法占有，即使此婴儿随即死亡，婴儿所继承的此部分遗产也不再作为原被继承人的遗产由其他继承人按照法定继承予以分割，而应当作为婴儿的遗产由婴儿的继承人依照法定继承的方式继承。

三、胎儿继承案件的诉讼主体

胎儿在出生之前被继承人死亡，胎儿享有继承权，应当根据法律规定或者遗嘱在分割被继承人遗产时为胎儿保留继承份额。如果其他继承人在分割被继承人遗产时，没有为胎儿保留继承份额或者保留的继承份额不足，如何保护胎

儿的合法权益，由谁来代胎儿主张权利呢？胎儿因未出生，从民事行为能力角度讲，应视为无民事行为能力人，[①] 就由其监护人作为法定代理人，代胎儿行使继承权。审判实践中，涉及胎儿继承的案件，胎儿尚未出生的，一般由其法定代理人以法定代理人的名义进行起诉或者应诉；胎儿出生后，出生后的婴儿可以当事人的身份出现在诉讼中，其法定代理人可以婴儿的名义代理其起诉或者应诉。

四、为胎儿保留的遗产份额保管问题

制定《民法典》时，在遗产分割的时间上并未采取推迟到胎儿出生后再行分割的模式，而是采取了为胎儿保留继承份额的模式，那么不论在胎儿出生前还是出生后，都可以分割遗产。遗产分割发生在胎儿出生之后的，分得的遗产可以直接移交其法定代理人，由其法定代理人代为管理。遗产分割发生在胎儿出生之前时，即为本条所规定的内容，采取保留份额的方式进行保管。

事实上，遗产分割发生在胎儿出生之前时，如果将胎儿应继承的遗产直接移交胎儿的法定代理人在理论上讲也是可以的，但是一旦出现胎儿娩出是死体的情况，胎儿所分得的遗产就要转为按法定继承办理，也就意味着胎儿的法定代理人要把胎儿已经分得的遗产重新交出去，此时就可能出现返还不能或者拒绝返还的情形，有引发新的纠纷的风险。为妥善解决这一风险，本条采取了“保留份额”的方式。更为详细地说，在胎儿出生之前，胎儿应继承的遗产并不直接移交胎儿的法定代理人，而是由遗产管理人“保留”管理，如果胎儿顺利娩出，遗产管理人应将保留的遗产移交胎儿的法定代理人；如果胎儿娩出时为死体，遗产管理人可以按照法定继承直接分割所保留的份额，而无须胎儿的法定代理人返还。在胎儿出生之前，胎儿的法定代理人也无权要求遗产管理人向其移交为胎儿所保留的遗产份额。

---

① 陈甦、谢鸿飞：《民法典评注：继承编》，中国法制出版社2020年版，第282页。

指导案例

指导案例50号：李某、郭某阳诉郭某和、童某某继承纠纷案
（最高人民法院审判委员会讨论通过　2015年4月15日发布）

关键词：民事　继承　人工授精　婚生子女

裁判要点：

1. 夫妻关系存续期间，双方一致同意利用他人的精子进行人工授精并使女方受孕后，男方反悔，而女方坚持生出该子女的，不论该子女是否在夫妻关系存续期间出生，都应视为夫妻双方的婚生子女。

2. 如果夫妻一方所订立的遗嘱中没有为胎儿保留遗产份额，因违反《中华人民共和国继承法》第十九条[①]规定，该部分遗嘱内容无效。分割遗产时，应当依照《中华人民共和国继承法》第二十八条[②]规定，为胎儿保留继承份额。

相关法条：

1. 原《中华人民共和国民法通则》第五十七条[③]

2. 原《中华人民共和国继承法》第十九条[④]、第二十八条[⑤]

基本案情：

原告李某诉称：位于江苏省南京市某住宅小区的306室房屋，是其与被继承人郭某顺的夫妻共同财产。郭某顺因病死亡后，其儿子郭某阳出生。郭某顺的遗产，应当由妻子李某、儿子郭某阳与郭某顺的父母即被告郭某和、童某某等法定继承人共同继承。请求法院在析产继承时，考虑郭某和、童某某有自己房产和退休工资，而李某无固定收入还要抚养幼子的情况，对李某和郭某阳给予照顾。

被告郭某和、童某某辩称：儿子郭某顺生前留下遗嘱，明确将306室赠予二被告，故对该房产不适用法定继承。李某所生的孩子与郭某顺不存在血缘关

---

① 现为《民法典》第1141条。
② 现为《民法典》第1155条。
③ 现为《民法典》第136条。
④ 现为《民法典》第1141条。
⑤ 现为《民法典》第1155条。

系，郭某顺在遗嘱中声明他不要这个人工授精生下的孩子，他在得知自己患癌症后，已向李某表示过不要这个孩子，是李某自己坚持要生下孩子。因此，应该由李某对孩子负责，不能将孩子列为郭某顺的继承人。

法院经审理查明：1998 年 3 月 3 日，原告李某与郭某顺登记结婚。2002 年，郭某顺以自己的名义购买了案涉建筑面积为 45.08 平方米的 306 室房屋，并办理了房屋产权登记。2004 年 1 月 30 日，李某和郭某顺共同与南京军区南京总医院生殖遗传中心签订了人工授精协议书，对李某实施了人工授精，后李某怀孕。2004 年 4 月，郭某顺因病住院，其在得知自己患了癌症后，向李某表示不要这个孩子，但李某不同意人工流产，坚持要生下孩子。5 月 20 日，郭某顺在医院立下自书遗嘱，在遗嘱中声明他不要这个人工授精生下的孩子，并将 306 室房屋赠与其父母郭某和、童某某。郭某顺于 5 月 23 日病故。李某于当年 10 月 22 日产下一子，取名郭某阳。原告李某无业，每月领取最低生活保障金，另有不固定的打工收入，并持有夫妻关系存续期间的共同存款 18 705.4 元。被告郭某和、童某某系郭某顺的父母，居住在同一个住宅小区的 305 室，均有退休工资。2001 年 3 月，郭某顺为开店，曾向童某某借款 8500 元。

南京大陆房地产估价师事务所有限责任公司受法院委托，于 2006 年 3 月对涉案 306 室房屋进行了评估，经评估房产价值为 19.3 万元。

裁判结果：

江苏省南京市秦淮区人民法院于 2006 年 4 月 20 日作出一审判决：涉案的 306 室房屋归原告李某所有；李某于本判决生效之日起 30 日内，给付原告郭某阳 33 442.4 元，该款由郭某阳的法定代理人李某保管；李某于本判决生效之日起 30 日内，给付被告郭某和 33 442.4 元、给付被告童某某 41 942.4 元。一审宣判后，双方当事人均未提出上诉，判决已发生法律效力。

裁判理由：

法院生效裁判认为：本案争议焦点主要有两方面：一是郭某阳是否为郭某顺和李某的婚生子女？二是在郭某顺留有遗嘱的情况下，对 306 室房屋应如何析产继承？

关于争议焦点一。《最高人民法院关于夫妻离婚后人工授精所生子女的法律地位如何确定的复函》[1]中指出："在夫妻关系存续期间，双方一致同意进行人工授精，所生子女应视为夫妻双方的婚生子女，父母子女之间权利义务关系适用《中华人民共和国婚姻法》的有关规定。"郭某顺因无生育能力，签字同意医院为其妻子即原告李某施行人工授精手术，该行为表明郭某顺具有通过人工授精方法获得其与李某共同子女的意思表示。只要在夫妻关系存续期间，夫妻双方同意通过人工授精生育子女，所生子女均应视为夫妻双方的婚生子女。《中华人民共和国民法通则》第五十七条[2]规定："民事法律行为从成立时起具有法律约束力。行为人非依法律规定或者取得对方同意，不得擅自变更或者解除。"因此，郭某顺在遗嘱中否认其与李某所怀胎儿的亲子关系，是无效民事行为，应当认定郭某阳是郭某顺和李某的婚生子女。

关于争议焦点二。《中华人民共和国继承法》(以下简称《继承法》) 第五条[3]规定："继承开始后，按照法定继承办理；有遗嘱的，按照遗嘱继承或者遗赠办理；有遗赠扶养协议的，按照协议办理。"被继承人郭某顺死亡后，继承开始。鉴于郭某顺留有遗嘱，本案应当按照遗嘱继承办理。《继承法》第二十六条[4]规定："夫妻在婚姻关系存续期间所得的共同所有的财产，除有约定的以外，如果分割遗产，应当先将共同所有的财产的一半分出为配偶所有，其余的为被继承人的遗产。"最高人民法院《关于贯彻执行〈中华人民共和国继承法〉若干问题的意见》第38条[5]规定："遗嘱人以遗嘱处分了属于国家、集体或他人所有的财产，遗嘱的这部分，应认定无效。"登记在被继承人郭某顺名下的306室房屋，已查明是郭某顺与原告李某夫妻关系存续期间取得的夫妻共同财产。郭某顺死亡后，该房屋的一半应归李某所有，另一半才能作为郭某顺的遗产。郭某顺在遗嘱中，将306室全部房产处分归其父母，侵害了李某的房产权，遗嘱的这部分应属无效。此外，《继承法》第十九条[6]规定："遗嘱应当对缺乏劳动能力又没有生活来源的继承人保留必要的遗产份额。"郭某顺在立遗嘱时，明知其妻子腹中的胎儿而没有在遗嘱中为胎儿保留必要的遗

① 已失效。
② 现为《民法典》第136条。
③ 现为《民法典》第1123条。
④ 现为《民法典》第1153条。
⑤ 现为《民法典继承编解释（一）》第26条。
⑥ 现为《民法典》第1141条。

产份额，该部分遗嘱内容无效。《继承法》第二十八条[①]规定："遗产分割时，应当保留胎儿的继承份额。"因此，在分割遗产时，应当为该胎儿保留继承份额。综上，在扣除应当归李某所有的财产和应当为胎儿保留的继承份额之后，郭某顺遗产的剩余部分才可以按遗嘱确定的分配原则处理。

类案检索

官某1、官某2等继承纠纷案

关键词：继承 胎儿 保留遗产份额 扣回

裁判摘要：遗产分割时，胎儿虽未出生，但依然享有继承权。无论其他继承人当时是否清楚胎儿的存在，是否有侵害胎儿继承权的故意，均不能成为不保留胎儿继承份额的理由。其他继承人在分割遗产时没有为胎儿保留遗产份额的，应当保留的份额从其他继承人所继承的遗产中扣回。

【案　　号】（2020）川01民终2260号

【审理法院】四川省成都市中级人民法院

① 现为《民法典》第1155条。

第一千一百五十六条　遗产分割应当有利于生产和生活需要，不损害遗产的效用。

不宜分割的遗产，可以采取折价、适当补偿或者共有等方法处理。

关联规定

法律、行政法规、司法解释

《最高人民法院关于适用〈中华人民共和国民法典〉继承编的解释（一）》

第四十二条　人民法院在分割遗产中的房屋、生产资料和特定职业所需要的财产时，应当依据有利于发挥其使用效益和继承人的实际需要，兼顾各继承人的利益进行处理。

条文释义

一、条文主旨

本条是关于遗产分割的原则和方法的规定。

二、条文演变

1985 年的原《继承法》第 29 条规定："遗产分割应当有利于生产和生活需要，不损害遗产的效用。不宜分割的遗产，可以采取折价、适当补偿或者共有等方法处理。"

《民法典》编纂过程中，本条未发生任何修改，完全承袭了原《继承法》第 29 条的规定。

三、条文解读

继承开始时，所有继承人对遗产是共同共有的关系，而遗产分割就是以消

灭遗产的共同共有关系为目的的法律行为。遗产分割之后，各继承人所获得的遗产即转为继承人个人财产。如果被继承人只有一个继承人，继承人可以单独继承被继承人的所有遗产，那么也就谈不上遗产分割，故遗产分割发生在被继承人有多个继承人的情形。遗产分割的效果是各继承人对遗产的共同共有关系消灭，遗产上的权利义务分别归属于各继承人。

（一）关于物尽其用的分割原则

前文所述，遗产分割发生在有多个继承人的情形。例如，被继承人遗产中有三间相同的房屋，继承人有三个，则可每名继承人分得一间；被继承人遗产中有数吨大米，则可按照继承人数量平均分给各继承人。但现实生活往往要复杂得多，许多遗产是无法进行物理分割的。如被继承人遗产中有一辆农用拖拉机，被继承人有三名，显然无法像分大米一样把拖拉机分成三份，那么如何确定由谁来继承这辆拖拉机，就是本条所要解决的问题。

本条第 1 款，以“遗产分割应当有利于生产和生活需要”和“不损害遗产的效用”从正反两方面规定了遗产的物尽其用原则。换言之，为达到“不损害遗产的效用”的目的，应当按照“有利于生产和生活需要”的原则来分割遗产。这一规定表明，如何分割遗产，关系到作为遗产的物的效用发挥，不仅仅只涉及继承人的利益，对于社会生产、公共利益的维护，促进社会财富增加同样具有意义。那么，人民法院在分割遗产中的实物时，就应当要考虑两个方面的问题，即“物的效用”和“物为谁所用”，以作为遗产的物由谁来继承才能发挥物的效用，来决定遗产的分割。如前文所讲的例子，被继承人遗产中有一辆农用拖拉机，三名继承人中若只有一人生活在农村以农业为生，其他继承人均生活在城市且从事非农业工作，那么分割遗产时，一般情况下应把此农用拖拉机分割给生活在农村以农业为生的继承人，这样才可能充分发挥遗产农用拖拉机的效用，这就是“有利于生产”原则的运用。又如，被继承人张某的遗产中有一辆小轿车，继承人有张大、张二、张三共三名，其中仅有张三与被继承人张某共同生活，此辆小轿车平时由张三和张某共同使用，而张大、张二分别有自己的小轿车，张三并无自己的小轿车，那么分割遗产时，一般情况下应把此辆小轿车分割给张三，这是“有利于生活需要”原则的运用。再如，被继承人遗产中有名贵古董茶具一套，那么在分割遗产时，一般应由其中一名继承人继承整套茶具为宜，这样才能保持此套古董茶具的完整性，有利于实现该古董茶具的最大经济价值，才能诠释“物尽其用”原则；否则，如果对此套古董茶具予以拆分，由不同的继承人分别继承，则会明显减损成套古董茶具的价值。

（二）关于不宜分割遗产的处理方法

本条第 2 款规定：“不宜分割的遗产，可以采取折价、适当补偿或者共有等方法处理。”所谓“不宜分割的遗产”，是指不宜进行实物分割的遗产，或者说进行实物分割，将会减损遗产实际效用或者改变其性质的遗产。这一点，与《民法典》第 304 条规定的对共有物的分割方法是相同的。当然，“不宜分割的遗产”是指“不宜”实物分割，并非仅指绝对不能实物分割。例如，一辆汽车、一台电视机、一幅名贵字画等，实物分割将会使其变成废品，属于绝对不能实物分割的；又如，前文所述成套古董茶具，虽然可以实物分割，但分割后会减损其实际效用、实际价值，因此“不宜”实物分割。对于此类遗产处理时，要按照《民法典》第 1132 条和本条规定，引导继承人本着互谅互让、和睦团结的精神，根据“遗产分割应当有利于生产和生活需要，不损害遗产的效用”的原则，采取折价、适当补偿或者共有等方法处理。根据本条和《民法典》第 304 条的规定，遗产分割的方法主要包括：（1）实物分割；（2）折价与补偿分割；（3）变价分割；（4）保留共有。

1. 实物分割

对遗产进行实物分割就是对作为遗产的物进行物理上的分割，各继承人按照各自应继承的份额分别占有。根据《民法典》第 304 条的规定，采取实物分割的前提“共有的不动产或者动产可以分割且不会因分割减损价值”，遗产实物分割也要坚持这一原则，即同时满足“可以分割”和“不因分割减损价值”两个前提。比如被继承人遗产中的大米、面粉等粮食，可以实物分割且不会影响其效用发挥，不会减损其价值，则可以采取实物分割的方法；而像汽车、电视机、空调等以整体发挥效用的物，就不宜按照各继承人的继承份额进行分割，而应作为一个整体进行分割，否则就导致了物的损坏，影响物的效用发挥。

2. 折价与补偿分割

对于不宜实物分割的遗产，如果某个继承人愿意取得该遗产，则可以由该继承人取得该遗产。如果有两个或两个以上的继承人愿意取得该遗产，无法协商一致的，则应当综合物的效用和继承人的实际需要、能力，从有利于生产和

生活需要的角度出发，确定由哪个继承人取得该遗产。为保持公平，取得该遗产的继承人，应当按照其他继承人的继承份额的比例，分别补偿其他继承人相应的价款。根据《民法典》第304条的规定，折价分割或者拍卖、变卖的条件是“难以分割或者因分割会减损价值”，这一规定与本条“不损害遗产的效用”的规定是一致的。例如，被继承人张某死亡时留有遗产一辆汽车，市场价值约30万元，继承人甲、乙、丙的继承份额分别为1/3，其中只有甲愿意取得该汽车，则可以确定该汽车由甲继承，同时甲分别补偿乙、丙各10万元。应当指出的是，适当补偿其他继承人的价款是可以各继承人之间协商确定的，协商不成的，应当根据作为遗产的物的价值和其他继承人的继承份额确定，而物的价值也是可以由各继承人协商确定的，协商不成的可以采用评估等方法确定，也可以比照市场上同类物品的价值确定。

3. 变价分割

对于某个不宜实物分割的遗产，各继承人都不愿意取得该遗产，则可以将该遗产变卖或者拍卖，换成价款，由各继承人按照各自继承份额的比例分割价款。由于使用变价分割的方式分割遗产，实质上是对遗产的处分，所以应当经过全体继承人的同意，采用变卖或者拍卖的方式变价，一般也应当经过全体继承人的同意。其中变卖是以非竞价方式，按照通常议价出售方式将遗产转让给他人；拍卖则是依法委托拍卖机构，以公开竞价的方式，将遗产转让给最高应价者。

4. 保留共有

有些遗产不适宜进行实物分割，所有继承人均愿意取得该遗产，或者继承人出于某种原因愿意继续维持遗产的共有状态，则可以采取保留共有的分割方式，由继承人按照各自的继承份额对该遗产享有共有权。应当注意的是，继承开始之后，继承人之间是可以约定对全部遗产或者部分遗产保持不予分割状态的，此时对于不予分割的遗产，各继承人之间仍然是继承开始时的共同共有关系；而保留共有的方式应当认定为对遗产进行了“分割”处理，遗产在共有分割之后，各继承人间对遗产也已经不再是原来的共同共有关系，而是根据各自的继承份额变成了按份共有关系。例如，被继承人遗产中一幅传家名贵字画，所有继承人均愿意取得该传家名贵字画，无法协商一致由谁继承，又不愿意采取拍卖、变卖的方式变价分割，即可以达成共识，采取保留共有的方式，按照各自的继承份额对该传家名贵字画按份共有。

适用指引

一、关于遗产折价的时间点

采取折价与补偿分割的方式，涉及作为遗产的物的价值确定问题，如果各继承人能够对遗产折价的价款协商达成一致，当然能使得折价与补偿分割能够顺序进行；如果各继承人不能对遗产折价的价款达成一致，则难以确定取得遗产的继承人适当补偿其他继承人的价款数额。诉讼中法院一般采取对遗产进行评估的方法解决这一问题，那么评估中确定折价的时间点就成了实践中的重要问题。一般而言，继承开始的时间与遗产分割中折价的时间不是同一时间，有时中间相隔数年，遗产的实际价值随着时间的变化会发生变化，会发生增值或者贬值。我国司法实践中，法院一般采用诉讼的时间点作为确定遗产折价款的时间点。例如，被继承人留有房产一套，三名继承人甲、乙、丙继承份额均为1/3，被继承人死亡时房产市场价值约30万元，后房产未发生重大装修或修缮，三年后三名继承人诉至法院请求继承此房产，诉讼中对于继承人甲取得该房产所有权三人协商达成一致意见，但对甲补偿乙、丙的价款未协商一致，此时法院应当确定以诉讼中遗产折价分割的时间节点为评估时间节点，假设评估为60万元，则甲取得房产所有权时应分别补偿乙、丙各20万元。

二、遗产分割的效力

《民法典》第1121条规定："继承从被继承人死亡时开始。"自继承开始后，继承人即有权按照其继承份额继承遗产。即虽然遗产分割一般会晚于继承开始之时，但遗产分割的效力及于继承开始之时。遗产分割时，各继承人按照其继承份额取得遗产，不仅包括分割时尚存的遗产，也包括继承开始时应由其取得的遗产，也包括其应取得遗产的孳息，同时还有权请求侵害了其应继承遗产份额的侵权人返还遗产。

三、遗产分割的举证责任

按照民事诉讼"谁主张、谁举证"的证据规则，继承人应当就其主张的遗产分割方案如何有利于生产和生活需要承担举证责任；认为其他继承人提出的遗产分割方案违背"不损害遗产效用"原则的，应当举证证明如何不利于生产

和生活需要。对于遗产分割方法产生争议的，继承人应当就其主张分割方法的可行性和其他继承人主张分割方法的不当之处承担举证责任。

类案检索

一、许1、许2、许3、许4、许5继承纠纷案

关键词：继承　份额　补偿　折价

裁判摘要：虽然案涉房屋可以从中间楼梯分为南、北各一栋的布局，但考虑到继承人之间的矛盾，若共有案涉房屋在使用过程中容易产生冲突；又考虑到涉案房屋由许1与被继承人共建，案涉房屋对于许1来说带有对被继承人的夫妻思念之情；许1享有案涉房屋的份额较多，其他继承人享有案涉房屋份额较少，且在他处均有居所，案涉房屋可由许1继承所有，并向其他继承人补偿房屋折价款。

【**案　　号**】（2021）桂06民终1090号

【**审理法院**】广西壮族自治区防城港市中级人民法院

二、陈某与林某法定继承纠纷案

关键词：继承　照顾　房屋效用　变卖　份额

裁判摘要：被继承人去世前，由陈某陪同其去医院就诊检查，陈某付出了时间和精力并承担一定数额的医疗费用，陈某在情感上、生活中特别是被继承人患病治疗期间给予了陪伴和照顾。但在二继承人离婚时约定被继承人抚养权归陈某的情况下，被继承人仍由林某实际抚养，林某亦未再婚，全部心力倾注在女儿即被继承人身上，对林某应继承的遗产份额应予适当照顾。遗产分割应当有利于生产和生活需要，不损害遗产的效用。案涉房屋由林某实际居住，且系被继承人生前居所，房屋价值较大，强行要求林某支付折价款，势必涉及房屋的变卖，不利于公序良俗的实现。在此情况下，可以在继承时仅处理房屋的份额，由二继承人按份共有房屋。

【**案　　号**】（2021）京01民终8707号

【**审理法院**】北京市第一中级人民法院

三、郭某1与郭某6等法定继承纠纷案

关键词： 继承　折价补偿　评估　份额

裁判摘要： 各继承人明确本案遗产范围只有案涉房屋，且均认可郭某1对案涉房屋装修花费10万元。郭某1主张其尽到较多的赡养义务，其他继承人尽赡养义务较少，但未提交充分证据证明，各继承人应当平均继承遗产。考虑到仅有郭某1主张案涉房屋所有权，其他继承人只主张房屋折价补偿款，故可以由郭某1继承取得案涉房屋所有权。关于补偿款的具体数额，各继承人就房屋的市场价值无法协商一致，法院以诉讼中的时间委托鉴定机构评估案涉房屋的价值，参考各继承人应继承的份额、郭某1对案涉房屋的装修及折旧等综合因素确定。

【案　　号】（2021）京01民终7763号

【审理法院】北京市第一中级人民法院

第一千一百五十七条　夫妻一方死亡后另一方再婚的，有权处分所继承的财产，任何组织或者个人不得干涉。

关联规定

法律、行政法规、司法解释

《中华人民共和国宪法》

第十三条　公民的合法的私有财产不受侵犯。

国家依照法律规定保护公民的私有财产权和继承权。

国家为了公共利益的需要，可以依照法律规定对公民的私有财产实行征收或者征用并给予补偿。

条文释义

一、条文主旨

本条是关于配偶再婚时有权处分继承的财产的规定。

二、条文演变

1985年的原《继承法》第30条规定："夫妻一方死亡后另一方再婚的，有权处分所继承的财产，任何人不得干涉。"《民法典》本条将"任何人"修改为"任何组织或者个人"。

三、条文解读

遗产分割完成后，继承人所分得被继承人的遗产即成为继承人的个人财产，即便是按保留共有方式取得的遗产，共有人之间也是按份共有。那么，夫妻一方死亡，生存配偶通过继承取得的死亡配偶的遗产即成为生存配偶的个人财产，享有对所分得遗产的所有权，当然在法律允许的范围内享有对这部分财产的占有、使用、收益和处分的权利。不论生存配偶是否再婚，其对这部分财产所享有占有、使用、收益和处分的权利均不会发生变化。依据《宪法》第13条，公民的合法的财产不受侵犯。如果生存配偶再婚，其既可以把这部分财产带到再婚的家庭使用，也可以出租、出卖、赠与他人或作其他处分，其他任何组织和个人均不得干涉，否则生存配偶可以依法请求侵权人停止干涉、排除妨害，以保护其合法的财产权利。

根据《宪法》第48条，我国实行男女平等原则，男性和女性在政治、经济、文化、社会和家庭生活等各方面均享有平等的权利。《民法典》在规范婚姻家庭关系中贯彻男女平等原则主要体现在三个方面：（1）男女双方在结婚、离婚问题上的权利义务是平等的；（2）夫妻双方在家庭中的地位是平等的；（3）其他男女家庭成员之间的权利和义务也是平等的。《民法典》第1041条第2款规定：我国实行婚姻自由、一夫一妻、男女平等的婚姻制度。对于“婚姻自由”，《民法典》第1046条以“结婚应当男女双方完全自愿，禁止任何一方对另一方加以强迫，禁止任何组织或者个人加以干涉”作出规定。婚姻自由，既适用于未婚男女，又适用于离异男女，也适用于已婚丧偶的男女。自然人死亡后，其民事主体资格消灭，他人与其的身份关系也即终止。夫妻一方死亡的，夫妻关系随之消灭，生存的一方有权与他人再婚。从男女平等原则和婚姻自由原则出发，本条所规定的“夫妻一方死亡后另一方再婚的”中的“再婚”，不仅包括丈夫死亡后，妻子再婚的情形，也包括妻子死亡后，丈夫再婚的情形。在《民法典》继承篇起草审议过程中，有的意见认为，本条没有必要规定，可以删除。[1] 但是考虑到我国的特殊情况，一些相对落后地区受旧有思想影响较深，干涉丧偶妇女带产改嫁的现象仍时有发生，一些宗族观念较深的家庭认为丧偶妇女继承了丈夫的遗产，即是取得了家族的财产，不能带产改嫁，否则就要放弃所继承的遗产，这种干涉侵害了丧偶妇女的婚姻自由，也侵害了丧偶妇女的财产权利。因此，保留本条对保护生存配偶的人身和财产权利，尤其是保护丧偶妇女带产改嫁这一合法行为，仍然具有现实意义。当然，本条不仅保护丧偶妇女的人身和财产权利，也保护丧妻男子的权利。举例说明，甲、乙系夫妻关系，甲死亡后，乙继承取得房产一套，后乙与丙再婚，甲的父母认

① 黄薇主编：《中华人民共和国民法典释义（下）》，法律出版社2020年版，第2220页。

为该房产为其家族所有，不能为外人所居，要求乙退出房产并阻止乙、丙继续居住。甲的父母即违反了本条规定，侵犯了乙对该房产的使用权。

实质上可以认识到，配偶死亡的，生存配偶能否继承遗产与其将来是否再婚无关，生存配偶对所继承财产的处分也与其是否再婚无关。应当指出，生存配偶可以处分的财产，不仅包含其继承死亡配偶的遗产，也包含夫妻共同财产中属于自己的那一部分财产。此外，配偶死亡，生存配偶再婚，并将未成年子女带到新组建家庭生活，对于属于未成年子女的财产，生存配偶也有权一并带走。

适用指引

一、生存配偶再婚先于遗产分割的，在遗产分割时仍可继承遗产

本条文规定的内容主要是针对生存配偶继承死亡配偶的遗产后可以带产再婚。但在现实生活中，遗产分割的时间有时较晚，往往会出现生存配偶再婚后才开始遗产分割的情况。那么此时，生存配偶是否还能够继承遗产？生存配偶对死亡配偶遗产的继承权，是基于生存配偶与死亡配偶生前的婚姻关系，只要在死亡配偶死亡前，生存配偶一直与其保持合法的婚姻关系，就享有对死亡配偶遗产的继承权，除非因生存配偶具有《民法典》第 1125 条所规定的丧失继承权的法定情形，否则，此继承权不因生存配偶再婚而消灭。当然，如果死亡配偶死亡前双方已离婚，双方婚姻关系终止，生存配偶即无权再以配偶身份继承死亡配偶的遗产。生存配偶自愿放弃继承权则是另外一种情形，与生存配偶是否享有继承权无关。

二、生存配偶以保留共有方式与其他继承人共同继承遗产，处分财产时的注意事项

本条文所规定的生存配偶再婚后处分所继承的财产时“任何组织或者个人不得干涉”，并非指生存配偶可以为所欲为地处分所继承的财产，处分所继承的财产时仍受法律法规的规制，不得侵害他人的权益。例如，生存配偶以保留共有方式与其他继承人共同继承遗产时，此时生存配偶与其他继承人对遗产是按份共有关系，生存配偶处分其所占财产份额时，不得违反《民法典》第 306

条，不得侵犯其他继承人的优先购买权；处分财产时不得侵犯承租人的优先购买权等等。举例说明：甲、乙是夫妻关系，丙、丁是甲的父母，甲、乙有房产一套，甲死亡后，乙、丙、丁分割房产，其中，乙本身占有房产的一半，继承另一半的1/3，乙共计占有房产的2/3份额，丙、丁分别占有房产1/6份额，乙再婚后，出卖其对房产2/3的财产权利，不得侵犯丙、丁的优先购买权，同等条件下应当优先卖给丙、丁。

类案检索

一、王甲、王乙、王丙与骆某某所有权确认纠纷案

关键词：继承　份额　再婚　处分

裁判摘要：案涉房屋原属于王某某与黄某某夫妻共同财产，应视为双方各占有案涉房屋50%产权份额。黄某某去世后，黄某某占有的50%发生法定继承，王某某与王甲、王乙、王丙各继承12.5%。王某某总计占有案涉房屋62.5%的份额。王某某与骆某某再婚后，王某某将其占有涉案房屋50%的产权份额析产转移给骆某某，系王某某对于自己财产的处分，该处分行为合法有效。王某某对案涉房屋还占有的12.5%的份额，王某某去世未留有遗嘱，骆某某与王甲、王乙、王丙作为第一顺位法定继承人，均有权继承。

【案　　号】（2021）粤0114民初7341号

【审理法院】广东省广州市花都区人民法院

二、高某与赵某1、赵某2法定继承纠纷案

关键词：继承　份额　再婚　处分

裁判摘要：高某与赵某某原系夫妻，赵某某去世后，对遗留的财产没有进行分割。后高某与他人再婚引起儿子赵某1与儿媳不满，赵某1不让高某进家门并阻止高某采伐林木，高某遂提起本案诉讼。法院审理认为，案涉房屋系高某与赵某某婚姻关系存续期间修建取得，案涉林木系高某与赵某某婚姻关系存续期间经营取得，根据《民法典》第1153条，确认案涉房屋与林木的一半为高某所有，另一半为赵某某的遗产。高某、赵某1、赵某2系被继承人赵某某的第一顺位继承人，可均等分得赵某某的遗产。确认高某享有两处财产2/3的

份额，赵某 1、赵某 2 各享有 1/6 的份额。根据《民法典》第 1157 条，高某再婚后，有权处分所继承的财产，任何组织和个人不得干涉。

【案　　号】（2021）川 1826 民初 82 号

【审理法院】四川省芦山县人民法院

第一千一百五十八条　自然人可以与继承人以外的组织或者个人签订遗赠扶养协议。按照协议，该组织或者个人承担该自然人生养死葬的义务，享有受遗赠的权利。

关联规定

一、法律、行政法规、司法解释

1.《中华人民共和国民法典》

第四百六十七条　本法或者其他法律没有明文规定的合同，适用本编通则的规定，并可以参照适用本编或者其他法律最相类似合同的规定。

在中华人民共和国境内履行的中外合资经营企业合同、中外合作经营企业合同、中外合作勘探开发自然资源合同，适用中华人民共和国法律。

第六百五十八条　赠与人在赠与财产的权利转移之前可以撤销赠与。

经过公证的赠与合同或者依法不得撤销的具有救灾、扶贫、助残等公益、道德义务性质的赠与合同，不适用前款规定。

第一千一百二十三条　继承开始后，按照法定继承办理；有遗嘱的，按照遗嘱继承或者遗赠办理；有遗赠扶养协议的，按照协议办理。

2.《中华人民共和国老年人权益保障法》

第二十条　经老年人同意，赡养人之间可以就履行赡养义务签订协议。赡养协议的内容不得违反法律的规定和老年人的意愿。

基层群众性自治组织、老年人组织或者赡养人所在单位监督协议的履行。

第三十六条　老年人可以与集体经济组织、基层群众性自治组织、养老机构等组织或者个人签订遗赠扶养协议或者其他扶助协议。

负有扶养义务的组织或者个人按照遗赠扶养协议，承担该老年人生养死葬的义务，享有受遗赠的权利。

第四十八条　养老机构应当与接受服务的老年人或者其代理人签订服务协议，明确双方的权利、义务。

养老机构及其工作人员不得以任何方式侵害老年人的权益。

3.《最高人民法院关于适用〈中华人民共和国民法典〉继承编的解释（一）》

第三条 被继承人生前与他人订有遗赠扶养协议，同时又立有遗嘱的，继承开始后，如果遗赠扶养协议与遗嘱没有抵触，遗产分别按协议和遗嘱处理；如果有抵触，按协议处理，与协议抵触的遗嘱全部或者部分无效。

第四十条 继承人以外的组织或者个人与自然人签订遗赠扶养协议后，无正当理由不履行，导致协议解除的，不能享有受遗赠的权利，其支付的供养费用一般不予补偿；遗赠人无正当理由不履行，导致协议解除的，则应当偿还继承人以外的组织或者个人已支付的供养费用。

二、部门规章及规范性文件

《遗赠扶养协议公证细则》

第二条 遗赠扶养协议是遗赠人和扶养人为明确相互间遗赠和扶养的权利义务关系所订立的协议。

需要他人扶养，并愿将自己的合法财产全部或部分遗赠给扶养人的为遗赠人；对遗赠人尽扶养义务并接受遗赠的人为扶养人。

第三条 遗赠扶养协议公证是公证处依法证明当事人签订遗赠扶养协议真实、合法的行为。

第四条 遗赠人必须是具有完全民事行为能力、有一定的可遗赠的财产、并需要他人扶养的公民。

第五条 扶养人必须是遗赠人法定继承人以外的公民或组织，并具有完全民事行为能力、能履行扶养义务。

第六条 遗赠扶养协议公证，由遗赠人或扶养人的住所地公证处受理。

第七条 办理遗赠扶养协议公证，当事人双方应亲自到公证处提出申请，遗赠人确有困难，公证人员可到其居住地办理。

第八条 申办遗赠扶养协议公证，当事人应向公证处提交以下证件和材料：

（一）当事人遗赠扶养协议公证申请表；

（二）当事人的居民身份证或其他身份证明；

（三）扶养人为组织的，应提交资格证明、法定代表人身份证明，代理人应提交授权委托书；

（四）村民委员会、居民委员会或所在单位出具的遗赠人的家庭成员情况证明；

（五）遗赠财产清单和所有权证明；

（六）村民委员会、居民委员会或所在单位出具的扶养人的经济情况和家庭成员情况证明；

（七）扶养人有配偶的，应提交其配偶同意订立遗赠扶养协议的书面意见；

（八）遗赠扶养协议；

（九）公证人员认为应当提交的其他材料。

第九条 符合下列条件的申请，公证处应予受理：

（一）当事人身份明确，具有完全民事行为能力；

（二）当事人就遗赠扶养协议事宜已达成协议；

（三）当事人提交了本细则第八条规定的证件和材料；

（四）该公证事项属于本公证处管辖。

对不符合前款规定条件的申请，公证处应作出不予受理的决定，并通知当事人。

第十条 公证人员接待当事人，应按《公证程序规则（试行）》第二十四条规定制作笔录，并着重记录下列内容：

（一）遗赠人和扶养人的近亲情况、经济状况；

（二）订立遗赠扶养协议的原因；

（三）遗赠人遗赠财产的名称、种类、数量、质量、价值、坐落或存放地点，产权有无争议，有无债权债务及处理意见；

（四）扶养人的扶养条件、扶养能力、扶养方式，及应尽的义务；

（五）与当事人共同生活的家庭成员意见；

（六）遗赠财产的使用保管方法；

（七）争议的解决方法；

（八）违约责任；

（九）公证人员认为应当记录的其他内容。

公证人员接待当事人，须根据民法通则和继承法等有关法律，向当事人说明签订遗赠扶养协议的法律依据，协议双方应承担的义务和享有的权利，以及不履行义务承担的法律责任。

第十一条　遗赠扶养协议应包括下列主要内容：

（一）当事人的姓名、性别、出生日期、住址，扶养人为组织的应写明单位名称、住址、法定代表人及代理人的姓名；

（二）当事人自愿达成协议的意思表示；

（三）遗赠人受扶养的权利和遗赠的义务；扶养人受遗赠的权利和扶养义务，包括照顾遗赠人的衣、食、住、行、病、葬的具体措施及责任田、口粮田、自留地的耕、种、管、收和遗赠财产的名称、种类、数量、质量、价值、坐落或存放地点、产权归属等；

（四）遗赠财产的保护措施或担保人同意担保的意思表示；

（五）协议变更、解除的条件和争议的解决方法；

（六）违约责任。

第十二条　遗赠扶养协议公证，除按《公证程序规则（试行）》第二十三条规定的内容审查外，应着重审查下列内容：

（一）当事人之间有共同生活的感情基础，一般居住在同一地；

（二）当事人的意思表示真实、协商一致，协议条款完备，权利义务明确、具体、可行；

（三）遗赠的财产属遗赠人所有，产权明确无争议；财产为特定的、不易灭失；

（四）遗赠人的债权债务有明确的处理意见；

（五）遗赠人有配偶并同居的，应以夫妻共同为一方签订协议；

（六）扶养人有配偶的，必须征得配偶的同意；

（七）担保人同意担保的意思表示及担保财产；

（八）公证人员认为应当查明的其他情况。

第十三条　符合下列条件的遗赠扶养协议，公证处应出具公证书：

（一）遗赠人和扶养人具有完全民事行为能力；

（二）当事人意思表示真实、自愿；

（三）协议内容真实、合法，条款完备，协议内容明确、具体、可行，文字表述准确；

（四）办证程序符合规定。

不符合前款规定条件的，应当拒绝公证，并在办证期限内将拒绝的理由通知当事人。

第十四条 订立遗赠扶养协议公证后，未征得扶养人同意，遗赠人不得另行处分遗赠的财产，扶养人也不得干涉遗赠人处分未遗赠的财产。

条文释义

一、条文主旨

本条是关于遗赠扶养协议的规定。

二、条文演变

1985 年的原《继承法》第 31 条规定："公民可以与扶养人签订遗赠扶养协议。按照协议，扶养人承担该公民生养死葬的义务，享有受遗赠的权利。公民可以与集体所有制组织签订遗赠扶养协议。按照协议，集体所有制组织承担该公民生养死葬的义务，享有受遗赠的权利。"

《民法典》本条与原《继承法》第 31 条相比，首先是把"公民"修改为"自然人"；其次是把原来的两款变成了一款，把"扶养人"和"集体所有制组织"合并修改为"组织或者个人"，明确有关组织和个人都可以成为"扶养人"；最后，是给"组织或者个人"加了定语"继承人以外的"，明确了"扶养人"的范围。总体上，与原《继承法》相比，本条扩大了"扶养人"的范围。

遗赠扶养协议在我国是从农村五保供养制度发展形成而来的。我国农村五保供养制度建立于 1956 年，在原《1956 年到 1967 年全国农业发展纲要》第 30 项"实行'五保'，优待烈属和残废革命军人，供养和尊敬父母"部分提出"农业合作社对于社内缺乏劳动力、生活没有依靠的鳏寡孤独的社员，应当统一筹划，指定生产队或者生产小组在生产上给以适当的安排，使他们能够参加力能胜任的劳动；在生活上给以适当的照顾，做到保吃、保穿、保烧（燃料）、保教（儿童和少年）、保葬，使他们的生养死葬都有指靠"。同年 6 月，第一届全国人民代表大会第三次会议通过的原《高级农业生产合作社示范章程》第 53 条第 1 款规定："农业生产合作社对于缺乏劳动力或者完全丧失劳动力、生活没有依靠的老、弱、孤、寡、残疾的社员，在生产上和生活上给以适当的安排和照顾，保证他们的吃、穿和柴火的供应，保证年幼的受到教育和年老的死

后安葬，使他们生养死葬都有依靠。”这两个文件的规定形成了农村五保供养制度的雏形。1985 年制定原《继承法》时，通过总结农村五保供养制度和民间实践经验，形成了原《继承法》第 31 条的相关规定。至 1994 年 1 月，国务院颁布原《农村五保供养工作条例》，五保供养制度以国务院行政法规的形式予以确定，其中第 2 条规定：“本条例所称五保供养，是指对符合本条例第六条规定的村民，在吃、穿、住、医、葬方面给予的生活照顾和物质帮助。”第 9 条规定：“五保供养的内容是：（一）供给粮油和燃料；（二）供给服装、被褥等用品和零用钱；（三）提供符合基本条件的住房；（四）及时治疗疾病，对生活不能自理者有人照料；（五）妥善办理丧葬事宜。五保对象是未成年人的，还应当保障他们依法接受义务教育。”第 18 条规定：“五保对象的个人财产，其本人可以继续使用，但是不得自行处分；其需要代管的财产，可以由农村集体经济组织代管。”第 19 条规定：“五保对象死亡后，其遗产归所在的农村集体经济组织所有；有五保供养协议的，按照协议处理。”由于第 18 条、第 19 条规定与 1985 年的原《继承法意见》第 55 条不一致，2000 年 6 月最高人民法院专门作出《关于如何处理农村五保对象遗产问题的批复》（已失效），明确规定：“农村五保对象死亡后，其遗产按照国务院《农村五保供养工作条例》第十八条、第十九条的有关规定处理。”2006 年，国务院制定了新的《农村五保供养工作条例》。

本条规定以立法形式确立遗赠扶养协议的法律地位，符合我国的实际情况。一方面，遗赠扶养协议有利于减轻社会负担、弥补社会救济不足。2006 年制定新《农村五保供养工作条例》时，第 11 条修改为“农村五保供养资金，在地方人民政府财政预算中安排。有农村集体经营等收入的地方，可以从农村集体经营等收入中安排资金，用于补助和改善农村五保供养对象的生活”。将五保供养经费纳入了公共财政管理。即便如此，受国家和地方财力、人口老龄化影响，社会保障事业尚无法完全满足社会需要，现阶段还难以全面解决农村鳏寡孤独老人的赡养问题；况且，一些城市贫困老年人同样存在无人赡养问题，特别是子女意外死亡的失独家庭。遗赠扶养协议可以借助有关组织和个人的力量，扶养孤老病残，解决生养死葬问题，减轻国家和地方财政负担，弥补社会保障制度的不足。另一方面，遗赠扶养协议也有利于更好地解决农村“五保户”遗产问题。一些地方农村的“五保户”由集体组织负责供养，但在“五保户”死亡后，“五保户”的亲属与集体组织争夺遗产的现象时有发生。通过遗赠扶养协议，明确扶养人和遗赠人的权利义务，能够使扶养人更好地履行扶养义务，减少“五保户”死亡后的遗产纠纷。

三、条文解读

遗赠扶养协议就是自然人（遗赠人）与继承人以外的组织或者个人（扶养人）所签订，内容是扶养人承担遗赠人生养死葬的义务，并享有受遗赠的权利的协议。

遗赠扶养协议是合同的一种，《民法典》第 467 条第 1 款规定：“本法或者其他法律没有明文规定的合同，适用本编通则的规定，并可以参照适用本编或者其他法律最相类似合同的规定。”那么，《民法典》继承编对于遗赠扶养协议没有规定的，应当适用《民法典》合同编第一分编“通则”的相关规定。遗赠扶养协议是双方法律行为，根据《民法典》第 134 条的规定，应当基于协议双方当事人意思表示一致。一般来讲，遗赠扶养协议主要包含以下内容。

（一）协议双方当事人及其基本信息

协议应当载明遗赠人的姓名、身份证号、住址等基本信息。如果扶养人是自然人，应当载明扶养人的姓名、身份证号、住址等基本信息；如果扶养人是组织，应当载明组织的名称、统一机构代码、住所地等基本信息。

对于遗赠人，作为自然人，只要其本人同意以遗赠扶养协议的形式来解决生养死葬问题即可，与其是否有法定扶养义务人以及其法定扶养义务人是否同意无关。

对于扶养人，本条规定，扶养人只能是遗赠人的继承人以外的组织或者个人。在条文起草过程中，亦有意见提出，遗赠人与其继承人签订遗赠扶养协议也是可以的。但考虑到，赡养老人是中华民族的传统美德，如果允许部分继承人与被继承人以签订遗赠扶养协议的方式承担赡养义务继而继承遗产，而另一部分继承人放弃继承遗产而不承担赡养义务，与法律规定的赡养义务不符，也与中华民族的传统美德不符。[①] 而且，如果被继承人因为部分继承人对其尽赡养义务较多而愿意让其多继承遗产，另一部分继承人对其尽赡养义务较少而愿意让其少继承或不继承遗产，则可以通过遗嘱形式解决，无须签订遗赠扶养协

① 黄薇主编：《中华人民共和国民法典释义（下）》，法律出版社 2020 年版，第 2222 页。

议。故，最终本条规定，扶养人必须是继承人之外的组织或者个人。应当注意的是，本条规定的“继承人之外的组织或者个人”并非绝对所有的继承人均不能签订遗赠扶养协议，此处的“继承人”一般指第一顺序继承人，原因在于作为第一顺序继承人的配偶、子女、父母，配偶之间互有法定扶养义务，成年子女对父母有法定的赡养义务，父母对未成年子女有法定的抚养义务，他们之间无须用遗赠扶养协议的方式解决扶养问题。[①] 在被继承人存在第一顺序继承人的情况下，被继承人希望与作为第二顺序继承人的兄弟姐妹、祖父母、外祖父母签订遗赠扶养协议，也是可以的。例如，甲年迈无人照顾，其与子女间矛盾颇深，子女也未对其尽赡养义务，甲与其妹妹乙签订遗赠扶养协议，由乙负责其生养死葬，甲死亡后遗产由乙继承，是可以的。当然，有时第二顺序继承人也会对被继承人负有法定扶养义务。例如，《民法典》第 1074 条第 2 款规定：“有负担能力的孙子女、外孙子女，对于子女已经死亡或者子女无力赡养的祖父母、外祖父母，有赡养的义务。”第 1075 条第 2 款规定：“由兄、姐扶养长大的有负担能力的弟、妹，对于缺乏劳动能力又缺乏生活来源的兄、姐，有扶养的义务。”此时，孙子女、外孙子女、由兄、姐扶养长大的弟、妹对被继承人有法定的扶养义务，是不可以作为遗赠扶养协议的扶养人的。

（二）扶养人的义务

根据条文，扶养人承担遗赠人生养死葬的义务。承担遗赠人生养的义务，即要求在遗赠人生存期间，扶养人要照料遗赠人的生活，在遗赠人生病时照料就医，遗赠人和扶养人可以合意在协议中载明照料的内容、标准等。承担遗赠人死葬的义务，即可要求在遗赠人死亡后，扶养人要负责办理遗赠人的丧事，遗赠人和扶养人可以合意在协议中载明丧事的标准等事项。

（三）遗赠人的义务

根据条文规定，扶养人享有受遗赠的权利，即遗赠人有义务将自己的全部或部分遗产遗赠给扶养人。因此，遗赠扶养协议中应当根据遗赠人和扶养人的合意，载明遗赠人的哪些财产在其死亡后将赠与扶养人。同时，还应当约定遗赠扶养协议生效后，遗赠人不得随意擅自处分已经约定将遗赠给扶养人的财

① 陈甦、谢鸿飞：《民法典评注：继承编》，中国法制出版社 2020 年版，第 298 页。

产。应当注意，协议约定遗赠人死亡后将赠与扶养人的财产仅能是其个人财产，约定其死亡后将赠与扶养人的财产系他人财产的，此部分约定无效。

（四）违约责任

与其他合同一样，遗赠人和扶养人可以协商在遗赠扶养协议中载明违约条款，约定一方违反约定，另一方可以要求解除协议并承担违约责任。如扶养人拒绝履行扶养义务或者未达到协议所约定的扶养标准，遗赠人可以要求解除协议并且不必支付扶养人费用；如遗赠人未经扶养人同意，擅自处分协议所约定其死亡后将赠与扶养人的财产，扶养人可以要求解除协议，并要求遗赠人支付相应的扶养费用。举例说明：甲与村委会签订遗赠扶养协议，约定村委会负责照料甲的生活和就医，甲死亡后将其所有的房屋赠与村委会，村委会按照协议约定派人照料甲的生活和就医，但甲未与村委会协商便将其所有的房屋卖给同村的乙，则村委会可以要求解除遗赠扶养协议，并要求甲按照协议约定支付相应的扶养费用。

（五）争议解决方式

与一般合同一样，遗赠人和扶养人可以合意在遗赠扶养协议中载明因协议履行发生争议后的争议解决方式，可以约定通过仲裁方式、调解方式或者诉讼方式等。

适用指引

一、遗赠扶养协议的形式要求

关于遗赠扶养协议的形式，《民法典》没有作明确规定。但是，由于遗赠扶养协议签订后，至协议全部履行的时间一般比较长，且扶养人要在遗赠人死亡后才能取得遗产，故遗赠扶养协议需要以书面形式签订。否则，遗赠人死亡后，难以确认遗赠扶养协议是否真实存在，如果遗赠人的继承人与扶养人争夺遗产，扶养人将面临难以举证的尴尬局面。

二、遗赠扶养协议与遗赠的区别

遗赠扶养协议带有遗赠的性质，但又不同于遗赠。首先，遗赠是单方法律行为，只要遗赠人作出处分其死亡后财产的意思表示且符合法律规定的要件即可，遗赠就能发生法律效力，无须受遗赠人或其他任何人同意；遗赠扶养协议是双方法律行为，必须要遗赠人和扶养人双方意思表示一致方可成立。其次，遗赠扶养协议是双务、有偿合同，遗赠人与扶养人互负义务、互享权利，扶养人享有接受遗赠的权利但承担遗赠人生养死葬的义务，遗赠人接受扶养人的扶养但负有死亡后将财产赠与扶养人的义务；而遗赠则是单务无偿法律行为，受遗赠人接受遗赠而无须支付对价，具有纯获利性。最后，正因为遗赠扶养协议与遗赠有上述区别，遗赠人对于遗赠有任意撤销权，在其死亡之前，可以随时撤销遗赠；但遗赠扶养协议则不同，遗赠人和扶养人都不享有任意撤销权，变更协议内容或者解除协议均需要双方达成新的合意才行。

三、遗赠扶养协议与养老服务协议的区别

《老年人权益保障法》第48条第1款规定：“养老机构应当与接受服务的老年人或者其代理人签订服务协议，明确双方的权利、义务。”此条文是关于养老服务协议的规定。通常情况下，养老服务协议是养老机构与老年人或者其亲属签订的，向老年人提供养老服务，并收取老年人或者其亲属费用的合同。养老机构向老年人提供养老服务的对价通常是金钱，并无接受老年人“遗赠”的内容。当然，养老机构也可以作为扶养人，与老年人签订遗赠扶养协议。

四、遗赠扶养协议的效力等级

《民法典》第1123条规定：“继承开始后，按照法定继承办理；有遗嘱的，按照遗嘱继承或者遗赠办理；有遗赠扶养协议的，按照协议办理。”由此可见，我国遗产继承方式中，遗赠扶养协议效力最高，遗嘱次之，法定继承再次。原因在于，遗赠扶养协议是双务有偿合同，扶养人承担遗赠人生养死葬的义务并获得受遗赠的权利，遗赠人享有被扶养的权利同时负有向扶养人遗赠财产的义务。而法定继承人、遗嘱继承人、受遗赠人取得遗产是无偿的，因此在遗产继承中，遗赠扶养协议的效力等级高于遗嘱和法定继承。

五、与他人签订遗赠扶养协议是否免除法定扶养人的扶养义务

法定扶养人对被扶养人的扶养义务系基于身份关系由法律所拟定的，遗赠人签订遗赠扶养协议并不能使其与其法定扶养人之间的身份关系消灭，其法定扶养人仍应对其尽到扶养义务。即遗赠人与他人签订遗赠扶养协议并不免除法定扶养人的扶养义务。

六、签订遗赠扶养协议后，扶养人是否会丧失受遗赠的权利

遗赠人与扶养人签订遗赠扶养协议后，如扶养人未尽扶养义务或者未达到协议所约定的扶养标准，遗赠人可以要求解除协议，扶养人当然不再享有受遗赠的权利；如扶养人虽尽了扶养义务，但在扶养过程中实施了《民法典》第1125条第1款所规定的行为，比如虐待遗赠人情节严重，则同样丧失受遗赠的权利。

类案检索

一、杨某1、黎平县茅贡镇寨南村二组遗赠扶养协议纠纷案

关键词：继承　遗赠扶养协议

裁判摘要：遗赠扶养协议系遗赠人和扶养人为明确互相间遗赠和扶养权利义务关系所订立的协议。从杨某某与杨某1签订的《协议书》内容看，约定了杨某1作为扶养人对杨某某生养死葬的义务，杨某某自愿去世后将其财产及山林权益赠与杨某1，该《协议书》为遗赠扶养协议。《协议书》签订后杨某1将杨某某接到其家中扶养，杨某某去世后杨某1负责办理了杨某某的丧葬事宜，已经尽到生养死葬的义务。杨某某生前承包的山林等现在已经由杨某1管理和耕种，且山林已经变更登记到杨某1名下。杨某1请求对石某某承包山林及相应的补贴主张权利，但杨某1与石某某间并未订立遗赠扶养协议，杨某1也未实际对石某某尽到任何扶养义务，其主张对石某某的遗产和其名下的承包山林主张权利缺乏事实和法律依据，不能成立。

【案　　号】（2021）黔26民终3330号

【审理法院】贵州省黔东南苗族侗族自治州中级人民法院

二、罗某、郑某遗赠纠纷案

关键词：继承 遗赠扶养协议 份额

裁判摘要：案涉房屋是被继承人林某与肖某在夫妻关系存续期间取得，为夫妻共同财产。在林某死亡后，案涉房屋一半为林某遗产，另一半为肖某所有。罗某作为林某的儿子、肖某作为林某的丈夫，享有平等继承权，因此罗某、肖某各继承案涉房屋中林某份额的1/2，罗某共占有涉案房屋1/4产权份额，肖某共占有3/4产权份额。肖某签订遗赠扶养协议时将案涉房屋全部作为其个人财产予以处分，侵犯了罗某的继承权益，肖某处分行为部分无效。罗某虽提供了肖某书写的具有自书遗嘱性质的书面文件，但肖某与郑某其后签订有《遗赠扶养协议书》且已公证，应以最后所公证的《遗赠扶养协议书》为准，《遗赠扶养协议书》为被继承人肖某最后的真实意思表示。法律并未规定扶养人对被扶养人承担生养死葬义务必须要以扶养人的自有资金履行，肖某与郑某签订的《遗赠扶养协议书》也没有约定肖某生前的扶养费用和后事的费用全部由郑某支付，罗某主张《遗赠扶养协议书》无效和郑某未尽到扶养义务，没有法律和事实依据。因此，郑某按照协议可以接受肖某案涉房屋3/4产权份额的遗赠。

【案　　号】（2021）粤01民终22688号

【审理法院】广东省广州市中级人民法院

三、李某、神某遗赠扶养协议纠纷案

关键词：继承 遗赠扶养协议 见证人 生养死葬

裁判摘要：白某与李某签订《遗赠扶养协议书》，有录像记载双方签订过程，有两位见证人在《遗赠扶养协议书》上签字，且见证人出庭作证，足以证明《遗赠扶养协议书》系白某与李某的真实意思表示。根据李某提供的白某生前与其共同生活期间的医疗费票据、微信转账截图、房屋租赁合同、证人证言、丧葬费票据，以及白某生前的通话录音等相关证据，可以证明李某作为扶养人已按协议约定对受扶养人白某履行了扶养义务。神某主张从《遗赠扶养协议书》签署至白某死亡的时间较短，李某获得的财产及财产性权利远远超过了其付出的时间、成本等对价。对此，法院认为，一方面，在签署协议前李某已对白某进行实际的扶养照顾；另一方面，在协议签署后李某已经履行了对白某生养死葬的义务，《遗赠扶养协议书》的履行时间不影响李某依约取得白某的遗产。

【案　　号】（2021）京01民终8695号

【审理法院】北京市第一中级人民法院

第一千一百五十九条　分割遗产，应当清偿被继承人依法应当缴纳的税款和债务；但是，应当为缺乏劳动能力又没有生活来源的继承人保留必要的遗产。

关联规定

法律、行政法规、司法解释

1.《中华人民共和国税收征收管理法》

第四十五条　税务机关征收税款，税收优先于无担保债权，法律另有规定的除外；纳税人欠缴的税款发生在纳税人以其财产设定抵押、质押或者纳税人的财产被留置之前的，税收应当先于抵押权、质权、留置权执行。

纳税人欠缴税款，同时又被行政机关决定处以罚款、没收违法所得的，税收优先于罚款、没收违法所得。

税务机关应当对纳税人欠缴税款的情况定期予以公告。

2.《最高人民法院关于适用〈中华人民共和国民法典〉继承编的解释（一）》

第二十五条　遗嘱人未保留缺乏劳动能力又没有生活来源的继承人的遗产份额，遗产处理时，应当为该继承人留下必要的遗产，所剩余的部分，才可参照遗嘱确定的分配原则处理。

继承人是否缺乏劳动能力又没有生活来源，应当按遗嘱生效时该继承人的具体情况确定。

条文释义

一、本条主旨

本条是关于分割遗产应当缴纳税款、清偿债务、保留必要遗产的规定。

二、条文演变

原《继承法》第19条规定："遗嘱应当对缺乏劳动能力又没有生活来源的继承人保留必要的遗产份额。"第33条规定："继承遗产应当清偿被继承人依法应当缴纳的税款和债务，缴纳税款和清偿债务以他的遗产实际价值为限。超过遗产实际价值部分，继承人自愿偿还的不在此限。"原《继承法意见》第61条规定："继承人中有缺乏劳动能力又没有生活来源的人，即使遗产不足清偿债务，也应为其保留适当遗产，然后再按继承法第三十三条和民事诉讼法第一百八十条的规定清偿债务。"《民法典》在原《继承法》第19条、第33条的基础作出了本条规定。

三、条文解读

遗产是被继承人财产权利和财产义务的统一体。根据权利义务相一致的原则，继承人接受继承，应当同时接受被继承人的财产权利和财产义务，不能仅继承财产权利，而不继承财产义务。这就是所谓的概括继承原则或总体继承原则。分割遗产时，清偿被继承人依法应当缴纳的税款和债务，实际上就是继承人履行财产义务的行为。

遗产债务可以分为广义和狭义两类，狭义的遗产债务是指被继承人生前个人依法应当缴纳的税款和完全用于个人生活及生产需要所欠下的债务；广义的遗产债务还包括继承开始后，因遗产的管理、分割以及执行遗嘱等所支出的费用，即继承费用。本条规定应指狭义上的遗产债务，即被继承人生前个人依法应当缴纳的税款和完全用于个人生活需要所欠下的债务。完全用于被继承人个人需要，是指与为满足家庭共同生活需要增加家庭共有财产、偿还家庭共有债务无关的、只是用来满足被继承人个人需要所负的债务。主要包括：（1）应缴纳的税款；（2）合同之债；（3）损害赔偿之债；（4）不当得利之债；（5）无因管理之债；（6）其他属于被继承人个人的债务。这里需要强调的是，遗产债务是被继承人生前所欠的债务，不应当包括继承人的债务。继承开始是区分被继承人债务和继承人债务的分界点，被继承人生前所欠债务为遗产债务，继承人继承的财产义务以所继承遗产为限。继承开始后所欠的殡葬被继承人的费用、与遗产有关的管理费用及继承费用不属于遗产债务，继承人的偿还义务亦不受继承遗产的限制。

在确定遗产债务时，应注意与其他债务的区分。首先，应将遗产债务与家庭共同债务进行区分。家庭共同债务，是指家庭成员共同作为债务人所承担的债务。主要包括：（1）为家庭成员生活需要而承担的债务；（2）为增加家庭共有财产承担的债务；（3）夫妻共同债务等。家庭共同债务应当用家庭共有财产来偿还，而不能用被继承人的遗产来偿还。只有家庭共同债务中属于被继承人应当承担的部分，属于遗产债务范畴的，应用被继承人的遗产来清偿。其次，应将遗产债务与被继承人以个人名义所欠债务进行区分。被继承人以个人名义所欠债务，不仅包括被继承人为个人生活需要所欠的债务，也包括被继承人以个人名义所欠的用于家庭共同生活的债务，为有劳动能力的继承人的生活需要或其他需要而欠下的债务，因继承人不尽扶养、抚养、赡养义务又迫于生活需要而以个人名义欠下的债务。这些以被继承人个人名义所欠债务不属于遗产债务。最后，应将遗产债务与继承费用进行区分。继承费用指继承开始后，因遗产的管理、分割以及执行遗嘱所支出的费用。遗产债务应指被继承人生前所负债务，而继承费用是被继承人死后因继承所产生的费用。继承费用的增加或者减少会造成遗产本身的增加或者减少，其实际属于遗产的一部分。遗产债务要在遗产实际价值减去继承费用后的价值范围内去清偿，即继承费用应从遗产中支付，但其不属于遗产债务的范围。

关于遗产债务清偿与分割遗产的顺序，存在两种不同的方式：（1）先清偿债务后分割遗产。这是一种总体清偿方式，即先从遗产中清算出遗产债务，从遗产中支出相当于遗产债务的财物交付给债权人，然后根据各继承人应继承的份额，分配剩余遗产。（2）先分割遗产后清偿债务。这是一种分别清偿方式，即先按照继承人应继承份额分割遗产，同时按照该份额分摊债务，然后由各继承人根据自己分摊的债务数额向债权人清偿。遗产债务清偿与分割遗产的顺序对只有一个继承人的情形，并无实质性影响，而对于多个继承人的情形，会对债权人的利益产生较大影响。本条规定没有对此作出明确规定，《民法典》第 1161 条对继承人清偿被继承人依法应缴纳税款和债务的限额进行了规定，由此可以看出，上述两种遗产债务清偿与分割遗产顺序的方式在实践中均可采用。

《民法典》第 1130 条第 2 款规定："对生活有特殊困难又缺乏劳动能力的继承人，分配遗产时，应当予以照顾。"《民法典》第 1141 条规定："遗嘱应当为缺乏劳动能力又没有生活来源的继承人保留必要的遗产份额。"即在法定继承的遗产分配中，应对生活有困难又缺乏劳动能力的继承人予以照顾；在遗嘱继承中，明确遗嘱应当为缺乏劳动力能力又没有生活来源的继承人保留必要的遗产份额。上述规定均是贯彻养老育幼原则的具体体现。在清偿遗产债务时，也应当坚持这一原则。原《继承法意见》第61条规定：继承人中缺乏劳动能力又没有生活来源的人，即使遗产不足以清偿债务，也应为其保留适当的遗产，然后再按有关规定清偿债务。《民法典》本条亦规定："分割遗产，应当清偿被继承人依法应当缴纳的税款和债务；但是，应当为缺乏劳动能力又没有生活来源的继承人保留必要的遗产。"因此，在清偿遗产债务时，即使遗产的实际价值不足以清偿债务，也应当为需要特殊照顾的缺乏劳动能力又没有生活来源的继承人保留适当的遗产，以满足其基本生活需要。

从本条规定的内容看，遗产债务清偿时，应给予特殊照顾的人应具备以下三个条件：（1）缺乏劳动能力；（2）没有生活来源；（3）继承人。缺乏劳动能力，是指在被继承人死亡时，其继承人不具备或不完全具备劳动的能力。没有生活来源，是指继承人不具有独立维持个人最低物质生活水平的经济条件。只有缺乏劳动能力又无生活来源这两个条件同时具备的继承人才享有在遗产不足以清偿债务时取得适当遗产的权利。同时，继承人是否缺乏劳动能力又无生活来源，应依被继承人死亡时该继承人的具体情况而定，如缺乏劳动能力又无生活来源的继承人在被继承人死亡时取得劳动能力或生活来源的，便不再需要特殊的照顾。需要强调的是，本条规定应当为继承人保留适当遗产，不包括继承人以外的依靠被继承人扶养的人或继承人以外对被继承人扶养较多的人。他们可以根据《民法典》第1131条的规定分得适当遗产，但如果遗产的实际价值已不足以清偿遗产债务时，不应为上述两种类型且缺乏劳动能力又无生活来源的人保留遗产。

适用指引

被继承人的债务，是指被继承人个人生前依法应该缴纳的税款、罚金以及应由其个人偿还的合法的财产性债务。被继承人的债务可分为两类：一类是公法领域中的财产义务，如应缴纳的税款；另一类是私法领域中的债务，被继承人的债务应由其个人清偿，在被继承人死亡的情况下，其债务应由其遗产实际价值来进行清偿。

一、区分被继承人个人债务和夫妻共同债务

很多被继承人债务虽然是以被继承人个人名义，但实际用于夫妻共同生活，应当认定为夫妻共同债务，而非单纯的被继承人的个人债务。通常在司法实践中，如果被继承人生前债务为夫妻共同债务，债权人往往会将被继承人的配偶和其他继承人一并诉至法院，要求共担责任。此时，配偶一方既是债务人也是继承人，配偶一方与其他继承人之间应当如何分配清偿责任，以及配偶一方承担偿还责任的同时，其他继承人在继承遗产的范围内连带清偿还是就配偶未偿还部分承担清偿责任等都是易引发争议的问题。

目前对于此类纠纷，我们倾向性的观点是一般对于被继承人与其配偶的夫妻共同债务，该配偶负有清偿义务，其他继承人以遗产范围为限承担连带清偿责任，对外承担的清偿责任超出比例者，可向其他继承人追偿。被继承人配偶和其他继承人之间承担上述债务的比例，可参照夫妻共同财产和遗产的分割比例确定。

二、区分被继承人债务和继承费用

被继承人债务是被继承人生前所形成的债务，应当从遗产中支付。继承费用是因继承而发生的费用，是在被继承人死亡后形成的，通常包括遗产管理费用、制作遗产清册、遗产分割费用、遗嘱执行费用，这些费用与被继承人并无直接关联，不应认定为被继承人所负的债务，也不属于继承人所应继承的部分。目前在实践中，上述费用虽然不属于被继承人债务，但考虑到这些费用的支出与遗产管理直接相关，对继承人、被继承人的债权人均有利，故可从遗产中支出。

三、是否应为代位继承人保留必要的遗产

在遗产不足以清偿债务时，对于缺乏劳动能力又没有生活来源的代位继承人，也应为其保留必要遗产。在代位继承的情况下，代位继承人实际上已取代了被代位继承人也就是继承人的继承地位，享有代位继承的权利。在这种情形下，如其既缺乏劳动能力又无生活来源，对其给予特殊照顾，符合我国养老育幼这一原则。

类案检索

唐某某、国家开发银行保证合同纠纷案

关键词：继承遗产　清偿　被继承人　税款和债务

裁判摘要：被继承人死亡后，其继承人提起继承、析产纠纷一案，已发生法律效力的民事判决确定被继承人财产中的50%归其妻所有，其余作为遗产在继承人中进行分割。在被继承人的遗产中，确定被继承人的妻子继承5%，而被继承人的妻子并未放弃继承，故其应当在所继承遗产5%的范围内承担被继承人依法应当偿还的债务。本案一审判决并未确定由被继承人与其妻子的夫妻共同财产对主债权承担保证责任，而是仅确定由继承人在所继承遗产的范围内承担保证责任，并不涉及被继承人妻子所分割被继承人财产50%的部分。因此，被继承人的妻子以案涉贷款并未用于夫妻共同生活、对贷款不知情且无过错，不应承担连带保证责任为由提起上诉，其理由不能成立，应予以驳回。

【案　　号】（2019）最高法民终395号

【审理法院】最高人民法院

第一千一百六十条　无人继承又无人受遗赠的遗产，归国家所有，用于公益事业；死者生前是集体所有制组织成员的，归所在集体所有制组织所有。

关联规定

一、法律、行政法规、司法解释

1.《中华人民共和国民事诉讼法》

第一百九十八条　申请认定财产无主，由公民、法人或者其他组织向财产所在地基层人民法院提出。

申请书应当写明财产的种类、数量以及要求认定财产无主的根据。

第一百九十九条　人民法院受理申请后，经审查核实，应当发出财产认领公告。公告满一年无人认领的，判决认定财产无主，收归国家或者集体所有。

第二百条　判决认定财产无主后，原财产所有人或者继承人出现，在民法典规定的诉讼时效期间可以对财产提出请求，人民法院审查属实后，应当作出新判决，撤销原判决。

2.《最高人民法院关于适用〈中华人民共和国民法典〉继承编的解释（一）》

第四十一条　遗产因无人继承又无人受遗赠归国家或者集体所有制组织所有时，按照民法典第一千一百三十一条规定可以分给适当遗产的人提出取得遗产的诉讼请求，人民法院应当视情况适当分给遗产。

3.《最高人民法院关于适用〈中华人民共和国民事诉讼法〉的解释》

第三百四十八条　认定财产无主案件，公告期间有人对财产提出请求的，人民法院应当裁定终结特别程序，告知申请人另行起诉，适用普通程序审理。

第四百六十条　发生法律效力的实现担保物权裁定、确认调解协议裁定、支付令，由作出裁定、支付令的人民法院或者与其同级的被执行财产所在地的人民法院执行。

认定财产无主的判决，由作出判决的人民法院将无主财产收归国家或者集体所有。

二、部门规章及规范性文件

《司法部公证律师司关于无人继承财产是否由公证处受理的复函》

上海市公证处：

你处一九八四年三月五日（84）沪证发字第12号《关于无人继承财产是否由公证处继续受理的请示报告》收悉。经研究同意你处第一种意见，根据《民事诉讼法（试行）》第一百四十一条的规定，关于无人继承财产应由人民法院受理。

条文释义

一、本条主旨

本条是关于无人继承遗产的处理的规定。

二、条文演变

原《继承法》第32条规定："无人继承又无人受遗赠的遗产，归国家所有；死者生前是集体所有制组织成员的，归所在集体所有制组织所有。"本条规定是在原《继承法》第32条的基础上修改而来，与原《继承法》第32条规定不同的是，本条规定明确了无人继承又无人受遗赠的遗产归国家所有后的用途，明确规定归国家所有的无人继承的遗产应当用于公益事业。一般情况下，财产由财产所有权人占有、使用、收益、处分，但是，在特殊情况下，财产有可能与主体相脱离而成为无主财产。这种情形下，通过立法确定将无主财产归于国家或集体所有制组织，有助于对该财产的管理和保护，做到物尽其用，更好地发挥财产的效用；明确将归国家所有的无人承受的遗产用于公益事业，为困难的社会群体和个人提供帮助，为教育、科学、文化、卫生、体育事业，以及环境保护、社会公共设施建设等涉及公共利益的领域提供支持，有利于促进社会发展和进步，维护社会生产和生活的稳定。

三、条文解读

无人继承又无人受遗赠的遗产，是指继承开始后，没有继承人或继承人全部放弃继承，且无人接受遗赠的遗产。主要包括三种情况：（1）死者无法定继承人，也未立遗嘱指定受遗赠人，生前也未与他人签订遗赠扶养协议；（2）被继承人的法定继承人、遗嘱继承人全部放弃继承，受遗赠人全部放弃受遗赠；（3）被继承人的法定继承人、遗嘱继承人全部丧失继承权，受遗赠人全部丧失受遗赠权。另外，被继承人死亡后，没有法定继承人或者法定继承人丧失继承权，仅在遗赠中处理了部分遗产，其余遗产也构成无人继承遗产。

不论基于何种原因，只要被继承人的遗产实际上无人受领，就会形成无人继承遗产，此种情况下，遗产不能任由他人先占取得。继承开始后，如继承人和受遗赠人仍处于不明状态时，必须通过公告程序寻找继承人和受遗赠人。

各国继承立法均对无人承受遗产的处理作出了规定，大多都采用无人承受的遗产归国家所有的做法。但各国在国家取得遗产的地位上存在不同的认识，主要有以下两种观点：一种是继承权主义，认为国家是作为无人承受遗产的法定继承人而取得遗产；另一种是先占权主义，认为国家有优先取得无人承受遗产的权利。我国关于无人承受遗产的处理与其他国家的规定有所不同。从本条规定的内容看，我国是根据死者的身份来确定无人承受遗产的归属。如果死者生前是集体所有制组织成员的，包括城镇集体所有制单位的职工、农村集体所有制单位的职工、村民的，其无人承受的遗产归死者生前所在的集体所有制组织所有；其他身份的自然人死亡后，其无人承受的遗产归国家所有。

关于无人继承又无人受遗赠的遗产的处理。一是清偿死者债务。无论国家还是集体所有制组织取得遗产，都必须在所取得的遗产实际价值范围内清偿死者生前所欠的债务，支付为办理死者丧葬事宜所花掉的必要费用。清偿债务后的剩余财产，才归国家或集体组织所有。二是非继承人取得适当的遗产。如果有继承人之外的依靠被继承人扶养的缺乏劳动能力又没有生活来源的人，或者继承人之外的对被继承人扶养较多的人，应当酌情分给其适当的遗产，剩余部分才归国家或集体组织所有。三是分情况归国家或集体所有制组织所有。遗产应依照死者生前的身份，决定其归属：凡死者生前是国家机关、全民所有制企业和事业单位职工，或个体劳动者、无业城镇居民的，其遗留的无人继承又无人受遗赠的遗产，归国家所有；如果死者生前属于农村或城镇集体所有制组织的成员，其所遗留的无人继承又无人受遗赠的遗产，应归生前所在的集体所有制组织所有。

原《继承法》对无主遗产收归国有的具体程序没有作出规定，实践中一般并不是按照遗产继承的程序，而是按照《民事诉讼法》认定财产无主案件的特别程序进行处理。首先，由公民、法人或其他组织向遗产所在地基层人民法院提出申请。其次，人民法院经审查核实，公布遗产认领公告。最后，公告满1年后无人要求继承和接受遗赠的，即判决该项遗产为无主财产，收归国家或集体所有。但是，这只是法律上推定该项遗产没有继承人又没有受遗赠人，如果合法继承人或受遗赠人出现，对财产提出请求，人民法院审查属实后，则应当作出新判决，撤销原判决，将该项遗产判归合法继承人或者受遗赠人所有。

由于原《继承法》对于无主遗产收归国有的规定比较简单，对于启动无主遗产的认定和处理程序的主体并未明确，对于收归后遗产如何处理也未作规定，导致司法实践中无法确定由哪个组织代表国家对无主遗产主张权利、启动无主遗产的处理程序，在客观上造成无主遗产无人处理，一直处于搁置状态，影响了遗产的正常流通和物尽其用。因《民法典》本条现明确了收归国有的无主遗产需用于公益事业，故可由从事社会公益事业的国家机关或组织，如民政部门或经注册认证的社会公益组织来启动无主遗产的认定及处理程序，能够使得无主遗产充分发挥其公益价值。

此外，根据原《继承法》第14条的规定，对继承人以外的依靠被继承人扶养的缺乏劳动能力又没有生活来源的人，或者继承人以外的对被继承人扶养较多的人，可以分配给他们适当的遗产。对于无主遗产，司法实践中上述权利人以原告身份提起诉讼，要求分得无主遗产的部分份额，但由谁作为被告参加诉讼并无明确规定，通常将被继承人遗产的实际管理人或保管人、其生前所在单位或所在社区列为被告参加诉讼。

适用指引

原《继承法意见》第57条规定：遗产因无人继承收归国家或集体组织所有时，按原《继承法》第14条规定，如果可以分给遗产的人提出取得遗产的要求，人民法院应视情况适当分给遗产。原《继承法》第14条确立了继承法律制度的酌给遗产原则，即对继承人以外的依靠被继承人扶养的缺乏劳动能力

又没有生活来源的人，或者继承人以外的对被继承人扶养较多的人，可以分给他们适当的遗产。在制定《民法典继承编解释（一）》时，坚持注重弘扬了这一社会价值观，即对于在死者生前对其扶养较多的人，可以适用《民法典》第1131条规定的酌给遗产制度，使其获得一定数额的遗产，不仅在继承中贯彻了正义、扶助的理念，也有助于发扬我国养老育幼、互助互爱的传统美德，因此，《民法典继承编解释（一）》第41条规定，遗产因无人继承又无人受遗赠归国家或集体所有制组织所有时，按照《民法典》第1131条规定可以分给适当遗产的人提出取得遗产的诉讼请求，人民法院应当视情况适当分给遗产。

实践中还应注意五保户遗产的处理。根据《农村五保供养工作条例》的相关规定，五保制度，是指对老年、残疾或者未满16周岁的村民，无劳动能力、无生活来源又无法定赡养、抚养、扶养义务人，或者法定赡养、抚养、扶养义务人无赡养、抚养、扶养能力的，在吃、穿、住、医、葬方面给予生活照顾和物质帮助的制度。对于如何处理五保户的遗产，原《继承法意见》第55条规定："集体组织对'五保户'实行'五保'时，双方有扶养协议的，按协议处理；没有扶养协议，死者有遗嘱继承人或法定继承人要求继承的，按遗嘱继承或法定继承处理，但集体组织有权要求扣回'五保'费用。"但是，1994年的原《农村五保供养工作条例》改变了农村五保户遗产的归属，其中第18条规定："五保对象的个人财产，其本人可以继续使用，但是不得自行处分；其需要代管的财产，可以由农村集体经济组织代管"；第19条规定："五保对象死亡后，其遗产归所在的农村集体经济组织所有；有五保供养协议的，按照协议处理"。可见，农村五保户死亡后，在没有五保供养协议的情况下，遗产由原来的可以由遗嘱继承人或法定继承人继承，变为归所在农村集体经济组织所有。为此，原《最高人民法院关于如何处理农村五保对象遗产问题的批复》（法释〔2000〕23号）规定：农村五保对象死亡后，其遗产按照国务院《农村五保供养工作条例》第18条、第19条的有关规定处理。该批复基于当时生效的《农村五保供养工作条例》，改变了原《继承法意见》第55条确立的继承规则。随后，2006年新的《农村五保供养工作条例》出台，又废除了1994年《农村五保供养工作条例》第18条和第19条。依据2006年《农村五保供养工作条例》第11条规定，农村五保供养资金，在地方人民政府财政预算中安排。有农村集体经营等收入的地方，可以从农村集体经营等收入中安排资金，用于补助和改善农村五保供养对象的生活。可见，目前五保户的供养资金主要来源于地方政府预算。在此情况下，不仅五保对象遗产归农村集体经济组织所有失去了依据，集体组织要求扣回五保费用也失去了依据。考虑到农村五保户的相关政策发生多次变化，因此，清理中不仅废止了《最高人民法院关于如何处理农村五保对象遗产问题的批复》，而且对原《继承法意见》第55条也同时予以废止。司法实践中，如果存在五保户的遗产纠纷，可以根据《民法典继承编解释（一）》第39条规定的精神予以处理。

类案检索

张某、湘南联合社遗赠扶养协议纠纷案

关键词：遗产处理　集体经济组织成员　无人继承

裁判摘要：2010年，丁某某与张某签订《房地产买卖承诺书》，明确张某已支付了购买丁某某位于杭州市萧山区义桥镇房屋的总价款20万元。2013年，丁某某向法院起诉要求确认上述买卖合同无效；要求张某支付房屋占用期间租金。后丁某某申请撤诉，法院裁定准许。2014年1月，丁某某又与张某签订《遗赠扶养协议》，约定因丁某某年事已高、又无子女，无条件把案涉房屋赠送给张某，张某应尽赡养照顾丁某某义务等内容。2018年1月30日，双方签订《补充协议》约定，张某每年支付丁某某赡养费30 000元等内容。2020年11月，因张某未支付赡养费，丁某某向法院提起诉讼。经法院调解，双方达成调解协议如下："张某于2021年2月1日前支付丁某某2018年、2019年两年赡养费、医疗费共计70 000元。"后丁某某申请强制执行该民事调解书，因张某无可供执行财产，执行程序终结。2021年6月22日，丁某某提起诉讼，要求解除与张某之间的遗赠扶养协议，由张某返还案涉房屋。次日，丁某某死亡。丁某某无法定继承人，生前系集体经济组织湘南联合社成员，故湘南联合社作为丁某某的遗产继受人继续参加诉讼。张某提交收据、微信转账详单等证据欲证明已支付丁某某赡养费用共计24 400元。法院认定，张某仅支付赡养费用700元，实质上未履行约定的赡养义务，不能享有受遗赠的权利。考虑到丁某某与张某之间先发生案涉房屋的买卖合同关系，后双方又协商达成了遗赠扶养协议，现张某不能取得案涉房屋，湘南联合社作为丁某某的遗产继受人，有权要求张某返还案涉房屋，并承担向张某返还房款的义务。张某

不能取得房屋系自身过错导致，且其实际使用房屋已逾10年，综合考量张某主张的湘南联合社应向其承担的装修赔偿、利息损失及房屋增值损失，以及湘南联合社主张的张某应承担的房屋占用费用，法院酌情确认双方责任相抵，互不承担。庭审中湘南联合社同意返还张某支付的赡养费用24 400元，不违反法律规定，法院予以支持。判决解除丁某某与张某签订的《遗赠扶养协议》；张某向湘南联合社返还案涉房屋；湘南联合社支付张某款项共计224 400元。

【案　　号】（2021）浙0109民初11599号

【审理法院】浙江省杭州市萧山区人民法院

第一千一百六十一条　继承人以所得遗产实际价值为限清偿被继承人依法应当缴纳的税款和债务。超过遗产实际价值部分，继承人自愿偿还的不在此限。

继承人放弃继承的，对被继承人依法应当缴纳的税款和债务可以不负清偿责任。

条文释义

一、本条主旨

本条是关于继承人对遗产债务的清偿责任的规定。

二、条文演变

原《继承法》第33条规定了限定继承原则，亦分为两款表述，第1款规定："继承遗产应当清偿被继承人依法应当缴纳的税款和债务，缴纳税款和清偿债务以他的遗产实际价值为限。超过遗产实际价值部分，继承人自愿偿还的不在此限。"在编纂《民法典》过程中，将该规则中的"继承遗产"变更为"继承人所得遗产"，更加明确了继承人的限定继承以实际所得的遗产为限，超出实际所得遗产实际价值的，继承人对被继承人依法应当缴纳的税款和债务不负法定清偿义务。第2款规定："继承人放弃继承的，对被继承人依法应当缴纳的税款和债务可以不负偿还责任。"在《民法典》编纂中将"偿还"这一表述变为"清偿"，与"税款""债务"等义务更加契合。

三、条文解读

本条第1款规定了限定继承原则的规定，第2款规定了限定继承原则的例外。

（一）限定继承原则的概念和特征

限定继承原则，是民法上公平原则在继承法中的具体体现，是指继承人清偿被继承人的遗产债务只以遗产的实际价值为限，超过遗产实际价值的部分，继承人不负清偿责任。也就是说，继承人对被继承人的遗产债务承担的是以继承的遗产实际价值为限的有限清偿责任，而非无限清偿责任。依据该原则，继承人接受遗产后，对于被继承人生前依法应当缴纳的税款和个人所欠债务，仅在其接受的遗产的实际价值范围内，承担清偿义务。对于超出遗产实际价值的债务，可以不负清偿责任。当然，对于继承人自愿偿还超过所得遗产实际价值部分的被继承人生前应缴纳的税款和个人所负的债务的，属于继承人权利自治的范畴，法律对此并不进行干预。

关于遗产债务的清偿，在早期罗马法中，继承人继承死者的财产后，往往会将继承的财产与自己的财产混合，由此，罗马法起初实行继承人的无限责任原则，即继承人继承的遗产不足以清偿所继承的债务时，该继承人仍应承担清偿责任，从自己的财产中予以补足，而并无推卸的理由。罗马法发展到查士丁尼时期开始规定，继承人仅在所受利益范围内承担偿还被继承人债务的责任。这也是现代各国继承法上限定继承原则的历史渊源。限定继承原则为各国普遍所采纳的原因主要在于：一方面，被继承人和继承人之间虽具有一定的亲属关系，但二者仍然属于平等独立的主体，各自具有独立的民事行为能力和责任能力，理应以自己所有的财产为限承担责任；另一方面，根据权利义务相一致原则，继承人继承遗产，取得权利的同时必须承担一定的义务，即清偿被继承人所负债务。但这一义务又应以继承人所继承的遗产范围为限，超出继承遗产的范围由继承人清偿被继承人的债务，对继承人的要求过于苛刻。

（二）我国民法的限定继承原则

本条规定包括了三层含义：一是继承人清偿债务的限度。继承人、受遗赠人对被继承人生前债务的清偿以其所得的遗产的实际价值为限，对超出的部分，不承担清偿责任。二是继承人超过遗产实际价值自愿偿债的许可。如果继承人对于超过遗产实际价值的部分自愿偿还，则不受该限定继承原则的限制，法律也并不禁止该种行为，但是继承人在偿还后不得以自己不知道只应承担有限清偿义务为由而要求返还超过遗产实际价值的那部分。三是放弃继承可以免除清偿债务。由于继承人已经放弃继承权，依照权利和义务相一致的原则，不享有继承权利则无须承担缴纳税款和偿还遗产债务的义务。应当说，前两层含义是遗产债务清偿的基本规则，无论遗产是否已经分割，其均应适用之，如将其限定于“遗产已经分割的场合”有所不妥。在2018年4月和9月的两次民法典继承编草案征求意见稿中增加了“遗产已经分割”的规定，而在2019年7月和12月的草案征求意见稿中已经将“遗产已经分割”的规定删除，更符合客观实际，便于司法实务的操作。而后一层含义在遗产已经分割的情况下是不会发生的。因为继承人放弃继承的，就不会参与遗产分割。

（三）继承人清偿被继承人债务的原则

根据财产对主体产生的效益，财产分为积极财产和消极财产，积极财产包括物权、知识产权和债权等，消极财产则指债务等。积极财产与消极财产的统一性体现在二者依附于特定民事主体，对立性体现在积极财产天然承担着清偿消极财产的使命。积极财产与消极财产的对立统一，构成了被继承人债务清偿所应当坚持的概括继承与限定继承原则。

1. 概括继承

因继承取得物权的，自继承开始时发生效力。积极财产的归属在法律上因继承发生无缝流转，同时，由于积极财产与消极财产的统一性，继承人必须一并继受消极财产。继承人放弃继承的，对被继承人遗留的积极财产不再享有权利，亦不承担清偿其消极财产的义务。

2. 限定继承

被继承人死亡后，其积极财产与消极财产就是相对确定的，基于消极财产对积极财产的消耗，如果积极财产不足以清偿消极财产，除继承人自愿偿还的，继承人不再承担偿还义务。另外，如果继承人对被继承人未尽法定的扶养义务，致使被继承人因此产生债务的，则继承人应当对该债务不按限定继承原则承担清偿责任。如果是第三人单方主动代继承人履行对被继承人的扶养义务，则构成继承人个人的无因管理债务。

理解这一原则，还需要明确以下内容：一是要明确区分继承开始前的债务与继承开始后所产生的债务。继承开始是区分被继承人债务和继承人债务的分界点，遗产债务是被继承人生前所欠的债务，不应当包括继承人的债务。继承人应负责偿还的债务和缴纳的税款只限于被继承人生前所欠债务和税款的范

围，不包括被继承人死后继承人所欠的债务和应该缴纳的税款，且应以其继承的遗产为限。在继承开始以后，遗产分割完毕以前，与遗产有关的管理费用、继承费用不属于遗产债务。虽然继承开始后产生的债务是在继承人实际取得遗产以前发生，但是在被继承人死后、继承人已依当然继承主义取得遗产所有权后产生的，因此应当由继承人清偿，而不受其继承遗产的限制。二是明确区分继承开始时遗产的实际价值与分割遗产时遗产的实际价值。本条所规定的“遗产实际价值”，是指遗产在被继承人死亡时的实际价值，而非遗产分割时的实际价值。由于生活中往往存在被继承人死亡后很长一段时间不进行遗产分割的情形。例如，父母一方去世后，遗产未进行分割，而是在另一方去世后再一并进行分割。这时就可能存在继承人在遗产分割前已实际占有全部或部分遗产，并由于对遗产的使用而导致其价值的减少，即分割遗产时遗产的实际价值与继承开始时遗产的实际价值已发生变化。在这种情况下，在清偿债务时，继承人应承担的债务或债务份额仍应按继承开始时遗产的实际价值确定，并且该继承人不得以放弃继承为理由拒绝对债务的承担。即在继承人放弃继承时，如果遗产因在分割前已被该继承人实际占有并消耗掉部分价值而不足以清偿债务，则应由该继承人补偿其消耗的部分价值。

（四）被继承人债务的范围

被继承人的债务，是指被继承人生前所负担的个人债务或者共同债务中应由其承担的债务份额。债务按是否以金钱为标的，分为金钱债务与非金钱债务，非金钱债务的标的包括物、行为等。如果行为债务必须以被继承人本人的特殊技能履行，则在被继承人死亡的情况下，其行为债务只能以特定计量方式转换为金钱债务，以确保债权人的债权总量守恒。根据债务产生的原因，被继承人债务包括：被继承人依法应缴纳的税款；被继承人根据合同所应履行的给付财物的债务；返还不当得利之债；因无因管理而负担的偿还必要管理费用的债务；侵权损害赔偿之债等。

（五）特定遗产债务的清偿

本条规定将限定继承原则作为一般规定，但是对于特定遗产债务的清偿并未进行明确。根据一般的继承理论和审判实践，应当认为，死者生前为其有劳动能力的继承人的需要所欠的债务和因继承人不尽扶养、抚养、赡养义务而使被继承人迫于生活需要欠下的债务，不以该继承人所继承的遗产的实际价值为限，该继承人应负无限的清偿责任，即应以自己固有的财产进行清偿。

继承人对这部分债务承担无限清偿责任的原因在于：遗产债务应从狭义上理解，指的是被继承人生前个人依法应当缴纳的税款和完全用于个人生活和生产需要所欠的债务。这里强调的是，除依法应缴纳的税款外，被继承人所负的债务应是完全用于个人生活和生产需要所欠的债务。这就需要对遗产债务与被继承人以个人名义所欠债务，即被继承人个人债务进行区分。生活中，被继承人以个人名义所欠债务当然包括被继承人为个人生活需要所欠的债务，但也可能存在以被继承人个人名义为其有劳动能力的继承人的生活需要或其他需要而欠下的债务和因继承人不尽扶养、抚养、赡养义务又迫于生活需要而以个人名义欠下的债务。严格来讲，这些以被继承人个人名义所欠债务不属于遗产债务，当然不受继承遗产实际价值所限。这些债务的产生不是基于被继承人的个人需要，而是由于有劳动能力的继承人的需要，或者由于继承人应尽义务而未尽义务而产生的债务。存在这两种情形的继承人自然应对这部分债务承担清偿责任。

适用指引

一、被继承人税款和债务的清偿顺序

既有法定继承又有遗嘱继承、遗赠的，由法定继承人清偿被继承人依法应当缴纳的税款和债务；超过法定继承遗产实际价值部分，由遗嘱继承人和受遗赠人按比例以所得遗产清偿。实践中，如果遗产系货币等一般等价物，则直接可以用于清偿债务，且也容易计算比例。但如果遗产系车辆、不动产等物，则涉及对遗产价值的确定，这就有可能涉及评估、鉴定。另外，如果在被继承人债务清偿纠纷中，直接认定遗嘱继承人和受遗赠人按具体比例以所得遗产清偿，则有可能存在部分遗嘱继承人、受遗赠人已经将分割给其的遗产挥霍一空，导致债权人无法从其处实现债权受偿。但实际上，被继承人的积极财产仍然存在于其他遗嘱继承人、受遗赠人处，故应当要求遗嘱继承人、受遗赠人对外按限定继承承担连带责任，对内则根据各自继承的遗产情况按比例承担，方便执行阶段操作，最大程度保护债权人的利益。

二、被继承人债务清偿纠纷诉讼主体问题

被继承人债务清偿纠纷是为了确定债务范围、继承方式等问题，故债权人提起被继承人债务清偿纠纷诉讼时，仅起诉部分继承人的，人民法院应向债权人作释明，建议其追加其他继承人参加诉讼；经释明债权人不追加其他继承人的，法院应当依职权追加其他继承人以第三人身份参加诉讼，以保证所有的继承人能够对债务问题、继承方式问题充分发表意见。裁判主文可以判令不同继承人根据债务清偿规则在继承遗产范围内清偿债务。实践中，一般在被继承人债务清偿纠纷诉讼中，不具体到特定遗产，以集中诉讼争议焦点，提高诉讼效率，避免新的事实对裁判既判力产生影响。同时就遗产范围及如何分割的问题，由未明确表示放弃实体权利的所有继承人自行协商确定，或者以必要共同诉讼的方式予以解决。

三、遗产债务清偿时，应为需特殊照顾的人保留必要的遗产

继承人中有缺乏劳动能力又没有生活来源的人，即使遗产不足清偿债务，也应为其保留适当遗产。也就是这类继承人能够直接继受取得不负有清偿消极财产义务的积极财产，但如果该积极财产自身存在负担，则对该继承人仍然有约束力，如继承的财产上存在担保。

四、放弃继承、受遗赠的问题

继承开始后，继承人放弃继承的，应当在遗产处理前，以书面形式作出放弃继承的表示。没有表示的，视为接受继承。遗产分割后表示放弃的不再是继承权，而是所有权。故遗产处理后，继承人对放弃继承反悔的，不予承认。用口头方式表示放弃继承，本人承认，或有其他充分证据证明的，也应当认定其有效。在诉讼中，继承人向人民法院以口头方式表示放弃继承的，要制作笔录，由放弃继承的人签名。遗产处理前或诉讼进行中，继承人对放弃继承反悔的，由人民法院根据其提出的具体理由决定是否承认。继承人因放弃继承权，致其不能履行法定义务的，放弃继承权的行为无效。放弃继承的效力，追溯到继承开始的时间。受遗赠人应当在知道受遗赠后60日内，作出接受或者放弃受遗赠的表示。到期没有表示的，视为放弃受遗赠。值得注意的是，如果继承人均明确表示放弃继承，遗产又存在实际的管理人的，包括继承人仍然实际占

有、使用、收益、处分遗产的，债权人可以直接以其为被告，要求其配合债权人以该财产清偿被继承人债务。

五、附条件或附期限债务问题

如果被继承人的债务没有约定履行期限或者虽然约定了履行期限，但是被继承人在期限届满前死亡的，则该债务是否视为到期？类似的情形是债务附条件或附期限。该问题还影响诉讼时效。关于该问题争议较大。有观点认为，如果不提前进行清偿，而是先清偿其他债权，或者进行遗产分割，则会损害未到期债权人的利益（尤其在遗产不足以清偿债务时），并且会使纠纷发生概率提升。也有观点认为，债务在被继承人死亡时未届清偿期的视为提前到期。我们认为，对该问题的处理，应该具体考虑债务的性质，期限利益的归属，合同义务是单务还是双务，债务清偿情况等情形，以确保问题得到公平合理的解决。

类案检索

邓某、叶某等被继承人债务清偿纠纷案

关键词： 限定继承

裁判摘要： 2020 年 5 月 27 日，原告邓某通过微信转账方式向戴某某交付 10 000 元。同年 11 月 19 日，邓某与戴某某签订《劳务班组施工协议》，载明戴某某（甲方）将泰兴市经济开发区配套设施项目图纸范围内土建部分一、二次结构及砌墙粉瓦片全部项目发包给邓某。后该协议未实际履行。该协议背面写有“明天早 10 点之前打贰拾伍万元整打到戴某某（身份证号码）/ 农行卡：（卡号）/ 泰兴市兴燕支行，返还日期当晚上返回 / 甲方：戴某某 / 乙方：邓某”字样。邓某于 2020 年 11 月 20 日通过微信转账合计 25 万元至戴某某指定账户。戴某某于同月 22 日偿还 20 万元。2021 年 3 月 3 日戴某某再次向邓某借款，邓某于当日通过银行转账 20 万元给戴某某，邓某提交的中国农业银行交易明细清单上摘要载明“戴某某借款”。戴某某于 2021 年 5 月 21 日死亡。戴某某生前与叶某系夫妻关系，戴某系二人之子，封某系戴某某之母，戴某某之父先于戴死亡。戴某某、叶某共有 × 小区 × 幢 × 室产权。

法院认为，原告邓某所举证据已达到民事诉讼证据“高度盖然性”的证明

标准，法院依法确认邓某与戴某某之间的债权债务关系成立。因戴某某未及时偿还借款，邓某主张自起诉之日起按同期全国银行间同业拆借中心公布的贷款市场报价利率（LPR）计算逾期利息，于法有据。戴某某去世后，叶某、戴某、封某均未明确表示放弃继承，视为接受继承的三人应当以继承的遗产实际价值为限清偿戴某某的上述债务。

【案　　号】（2021）苏1283民初4688号

【审理法院】江苏省泰兴市人民法院

第一千一百六十二条　执行遗赠不得妨碍清偿遗赠人依法应当缴纳的税款和债务。

条文释义

一、本条主旨

本条是关于遗赠与遗产债务清偿的规定。

二、条文演变

原《继承法》第 34 条规定："执行遗赠不得妨碍清偿遗赠人依法应当缴纳的税款和债务。"因本条规定简单、明确，在《民法典》编纂过程中对此条未作修改。

三、条文解读

遗赠是遗嘱人利用遗嘱的方式将其财产于其死后赠给国家、集体或者法定继承人以外的组织、个人的法律行为。遗赠是单方民事法律行为，遗赠的内容往往只包括财产利益，而不包括财产义务。基于遗赠的上述特点，如遗赠人有依法应缴纳的税款和债务，遗赠的财产应是全部遗产权利和义务相抵后剩余的财产利益。虽然遗产属于遗赠人的个人财产，其有权处分，但这种无偿处分行为不应损害债权人的利益。根据《民法典》第 538 条的规定，债务人以无偿转让财产等方式无偿处分财产权益，影响债权人的债权实现的，债权人可以请求人民法院撤销债务人的行为。债务人无偿处分财产的行为不应危及债权人利益，如果法律允许债务人这么做，债务人将会借此逃债，不利于保护债权人利益。本条也作了类似规定，对遗赠与遗产债务清偿的顺序作出了规定，即"执行遗赠不得妨碍清偿遗赠人依法应当缴纳的税款和债务"。所谓执行遗赠不得妨碍清偿遗赠人依法应当缴纳的税款和债务，就是指遗嘱执行人或者遗产管理人在执行遗嘱时，不应使遗赠人的遗产债务无法得到偿还。在执行遗赠之前，

应当先用遗产偿还遗赠人所欠税款和债务，之后如果遗产仍有剩余，则执行遗赠；如果遗产已不足以清偿债务，则遗赠就不能执行。如果执行遗赠之后，债权人才知道遗赠人死亡、遗产被分割的事实，债权人有权要求受赠人将所得遗产用于偿还债务。

本条是一项强制性的规定，也是一项义务性的规定。任何组织和个人均不得违反这一规定。法律作出这一规定的目的是，确保遗赠人依法应当缴纳的税款和债务得以执行，以此确保国家利益和债权人的合法权益得以有效地实现。

第一千一百六十三条　既有法定继承又有遗嘱继承、遗赠的，由法定继承人清偿被继承人依法应当缴纳的税款和债务；超过法定继承遗产实际价值部分，由遗嘱继承人和受遗赠人按比例以所得遗产清偿。

条文释义

一、本条主旨

本条是关于既有法定继承又有遗嘱继承、遗赠时债务清偿的规定。

二、条文演变

原《继承法意见》第62条规定："遗产已被分割而未清偿债务时，如有法定继承又有遗嘱继承和遗赠的，首先由法定继承人用其所得遗产清偿债务；不足清偿时，剩余的债务由遗嘱继承人和受遗赠人按比例用所得遗产偿还；如果只有遗嘱继承和遗赠的，由遗嘱继承人和受遗赠人按比例用所得遗产偿还。"本条规定即是由原《继承法意见》第62条的规定修改而来。

三、条文解读

所谓法定继承，是指继承人范围、继承顺序、继承条件、继承份额、遗产分配原则及继承程序由法律直接规定的继承方式。其具有以下特点：（1）法定继承是相对于遗嘱继承而言的，又称为非遗嘱继承或无遗嘱继承。法定继承作为被继承人意思的补充，是遗嘱继承的补充和限制。（2）法定继承是基于一定身份关系确定的，继承人与被继承人之间具有一定亲属关系，即继承法确定法定继承的继承人范围、继承顺序、继承份额等，都是以一定的身份关系为基础的。（3）法定继承人中有关继承人范围、继承顺序以及遗产分配原则的规定均是由法律直接规定的，具有强制性。除死者生前可以通过遗嘱方式加以改变外，其他人都无权改变，继承人不能通过约定排除这些强制性规范的适用。

所谓遗嘱继承，又称意定继承，是指按照被继承人生前的意思所立的合法

有效的遗嘱继承遗产的继承方式。遗嘱继承中，遗嘱继承人的范围、继承遗产的份额和方法等有关继承的事项均由被继承人指定，因而又称指定继承。遗嘱继承具有以下特点：（1）遗嘱继承须以被继承人所立遗嘱合法有效为前提；（2）遗嘱继承是按照被继承人的意思发生的继承；（3）遗嘱继承人的范围必须是法定继承范围内的人，但不受继承顺序的限制，所继承遗产的份额亦不受法定继承份额的约束。

遗赠，是指自然人以立遗嘱的方式将个人财产赠与国家、集体或者法定继承人以外的人。遗赠的特点如下：（1）遗赠是单方民事法律行为。遗赠是通过遗嘱的方式将个人财产赠与他人的行为，只要是遗赠人一方的意思表示就可以发生法律效力，无须任何人的同意。（2）遗赠是给予法定继承人以外的人遗产的法律行为。法定继承人以外的人不限于自然人，还可以是国家、集体或其他组织。（3）遗赠是给予法定继承人以外的人财产利益的行为。遗赠是单方法律行为，法律不允许遗赠人通过单方法律行为给受遗赠人带来不利益，因此，遗赠必须是给予受遗赠人财产利益的行为。财产利益可以是权利的让与，可以是债务的免除，也可以是全部遗产权利和义务相抵后剩余的财产利益。（4）遗赠是遗赠人死亡后发生法律效力的民事法律行为。遗赠虽然是在遗嘱人生前作出的意思表示，但要到遗嘱人死亡后才会发生法律效力。

法定继承与遗嘱继承、遗赠的最主要的区别在于：其继承的依据不同。法定继承是基于法律的规定，确定继承人、继承的份额、继承的顺序，是被继承人未立合法有效遗嘱时的遗嘱继承方式，是对遗嘱继承的补充和限制。而遗嘱继承包括遗赠，是根据被继承人生前所立遗嘱确定被继承人或受遗赠人的范围，所继承和受遗赠的份额也是根据被继承人的意思决定。遗嘱继承的继承人可以是法定继承人的一人或数人，但不受法律规定的继承顺序的限制。而受遗赠人可以是国家、集体或者法定继承人以外的个人。就法定继承、遗嘱继承和遗赠三种继承遗产的方式而言，遗赠和遗嘱继承的效力优于法定继承。意思自治原则是民法的基本原则之一，对个人意志的尊重亦是私法的重要基础。虽然从历史发展的角度看，法定继承的历史要远远早于遗嘱继承，但是，出于对被继承人意志的尊重，遗嘱继承有着优先法定继承适用的效力。

根据《民法典》第 1159 条和第 1162 条的规定，分割遗产，应当清偿被继承人依法应当缴纳的税款和债务；执行遗赠同样不得妨碍清偿遗赠人依法应当缴纳的税款和债务。本条是对既有法定继承又有遗嘱继承和遗赠的情形下，三种继承方式的继承人或受赠人清偿遗产债务顺序的规定。在遗产已被分割而尚未清偿遗产债务的情况下，如果在同一继承关系中既有法定继承又有遗嘱继承和遗赠的，从保护债权人利益的角度出发，同时考虑到各种继承方式的法律效力，清偿被继承人的债务应当遵循以下顺序：首先由法定继承人在其实际继承遗产价值的范围内清偿被继承人依法应当缴纳的税款和债务；如其继承的遗产实际价值不足以清偿被继承人的全部债务时，剩余的债务则由遗嘱继承人和受遗赠人按比例用所得遗产清偿。法律之所以作出这样的安排，是基于“限定继承”原则的规定，该原则不仅适用于法定继承，同样适用于遗嘱继承的方式。在被继承人仅在遗嘱中指定遗嘱继承人取得其遗产中的财产权利，而对其财产义务的负担未作任何安排的情况下，为了保护债权人的合法权益，就必须由表示接受继承的遗嘱继承人承担清偿被继承人债务的责任。受遗赠人之所以也要在遗产分割后以其取得的遗产承担清偿被继承人债务的责任，这是由清偿被继承人债务优先于遗赠的法律原则决定的。同时，对于被继承人的债务，法律确定“先法定继承人，后遗嘱继承人和受遗赠人”的清偿责任顺序，体现了“遗嘱继承和遗赠优先于法定继承”的原则，法定继承人并非基于被继承人的意思取得遗产，而是由于其与被继承人存在一定的身份关系并基于法律的规定，而取得的遗产继承权，故其应首先承担清偿被继承人债务的责任。其后再由遗嘱继承人和受遗赠人按照比例承担相应的清偿责任。这一安排既贯彻了民法意思自治的原则，充分保护被继承人遗嘱自由和自由处分自己财产的权利，同时，亦是对遗嘱继承人和受遗赠人按照遗嘱取得遗产的权利的尊重和保护。

适用指引

涉及遗赠财产的交付问题时，在法定继承人继受的遗产的实际价值不足以清偿被继承人生前应缴纳的税款和债务，而要由遗嘱继承人和受遗赠人按比例以所得遗产清偿的情形下，在分割遗产时，应先清偿税款和债务，然后才能交付遗赠中涉及的财产，如果清偿后遗产无剩余的，遗赠也就不能执行。同时，如果法定继承人、遗嘱继承人、受遗赠人均自愿偿还超过其继承或受赠遗产实际价值范围部分的遗产债务的，法律亦不作特别干涉。

类案检索

昝某某与刘某某、黄某某等房屋买卖合同纠纷案

关键词：返还房款　法定继承　遗嘱继承

裁判摘要：被告刘某某与丈夫崔某某在高密市有房屋一套，崔某某于2014年去世前未留遗嘱。2017年崔某某夫妇的房屋拆迁，分得两处住房。崔某某的子女之一崔某1与刘某某未经崔某某的其他法定继承人同意，将拆迁补偿的两套房屋分别归各自所有。此前崔某1于2013年立公证遗嘱，载明其所有的位于高密市张吉村的楼房由妻子黄某某继承。2015年崔某1与黄某某又贷款购买高密市水岸东方楼房一套。2016年崔某1与黄某某离婚，约定离婚后水岸东方楼房归黄某某所有，剩余贷款28万由黄某某归还。崔某1与黄某某离婚后仍同居直至崔某1去世。

2019年崔某1将上述获补偿房屋以50万余的价格卖给原告昝某某，昝某某实际付给崔某1共计49万元（包括购房定金2万元），签订合同的全过程及付款时黄某某均在场。房款中的441 498.94元，一部分由崔某1用于偿还上述水岸东方楼房的贷款，一部分由黄某某支取。崔某1于2020年去世。因崔某1在其2013年所立的公证遗嘱中擅自处分了自己尚不享有所有权的房屋，致使昝某某无法实现购房目的，昝某某要求返还房款，应予以支持，其中由黄某某收取或受益的441 498.94元应由黄某某返还；余款48 501.06元系崔某1的个人债务，其中基于购房款的债务28 501.06元，应由崔某1的法定继承人刘某某等清偿，超过法定继承遗产的实际价值部分，由遗嘱继承人黄某某承担。另有债务为原告支付的定金20 000元，应当双倍向昝某某返还40 000元，同样应由崔某1的法定继承人刘某某等承担，超过法定继承遗产的实际价值部分，由遗嘱继承人黄某某承担。

【案　　号】（2021）鲁0785民初881号

【审理法院】山东省高密市人民法院

索 引

一、关键词索引

二、条文索引

《中华人民共和国民法典》

三、案例索引

（一）指导案例

（二）典型案例

（三）类案检索

四、参考文献

（一）图书

陈甦、谢鸿飞：《民法典评注：继承编》，中国法制出版社 2020 年版。

黄薇主编：《中华人民共和国民法典继承编释义》，法律出版社 2020 年版。

龙卫球主编：《〈中华人民共和国民法典〉婚姻家庭编与继承编释义》，中国法制出版社 2020 年版。

石宏主编：《〈中华人民共和国民法典〉释解与适用·婚姻家庭编继承编》，人民法院出版社 2020 年版。

王胜明主编：《中华人民共和国民事诉讼法释义》，法律出版社 2012 年版。

最高人民法院民法典贯彻实施工作领导小组主编：《〈中华人民共和国民法典〉婚姻家庭编继承编理解与适用》，人民法院出版社 2020 年版。

（二）期刊、报纸

王葆莳、吴云煐：《〈民法典〉遗产管理人制度适用问题研究》，载《财经法学》2020 年第 6 期。

郑学林、刘敏、王丹：《〈关于适用民法典继承编的解释（一）〉若干重点问题的理解与适用》，载《人民司法》2021 年第 16 期。

后 记

2022年10月22日胜利闭幕的中国共产党第二十次全国代表大会，是在全党全国各族人民迈上全面建设社会主义现代化新征程、向第二个百年奋斗目标进军的关键时刻召开的一次十分重要的大会，大会制定的行动纲领和大政方针为新时代人民法院审判执行工作指明了方向。编辑出版《中国民法典适用大全》，是最高人民法院深入学习贯彻党的二十大精神，全面贯彻习近平新时代中国特色社会主义思想，全面把握新时代新征程党和国家事业发展新要求、人民群众新期待，助力民法典统一正确实施的有力举措。

习近平总书记指出："民法典实施水平和效果，是衡量各级党和国家机关履行为人民服务宗旨的重要尺度。"[①] 学习好、贯彻好、实施好民法典是人民法院的重要职责和光荣使命。最高人民法院党组深入学习贯彻习近平法治思想，认真贯彻落实党中央决策部署，围绕切实实施民法典这一工作重心，采取系列举措把民法典贯彻实施工作不断引向深入，有效提升了民商事司法审判工作质效。为帮助广大法官牢固树立法典化思维，全面认识民法典各编和谐统一的体系关系，确立以民法典为中心的民事实体法律适用理念，确保民法典在各级人民法院统一正确实施，同时向社会公众宣传普及民法典司法适用知识，最高人民法院民法典贯彻实施工作领导小组组织力量编写了本套丛书。本套丛书以民法典的统一正确适用为中心，结合我国民商合一的立法模式，将有关的商事、

① 习近平：《充分认识颁布实施民法典重大意义 依法更好保障人民合法权益》，载《求是》2020年第12期。

知识产权等法律的适用问题一并纳入编辑范围，形成完整体系，旨在凸显民法典在民商事实体法中的基本法地位，进一步统一民商事裁判尺度，更好地辅助司法办案、便利社会生活。

为贯彻落实习近平总书记关于推动媒体融合发展重要讲话精神，人民法院出版社依托“法信”平台，把《中国民法典适用大全》作为重点融媒体出版项目进行编辑加工，在出版纸质书和手机阅读版的同时，配套推出《中国民法典适用大全》专题库，为读者提供民法典、知识产权与竞争、生态环境、商事、涉外商事海事等审判数字资源检索服务，并推出图书的电子书和“民法典适用大全”小程序，满足读者在各种数字化场景下的阅读需求。

本卷为继承卷。继承制度是关于自然人死亡后财富传承的基本制度。继承编是民法典的重要组成部分。《中国民法典适用大全（继承卷）》的编辑工作紧扣继承编的适用，突出以下特点：一是权威性。在立法机关有关权威释义、最高人民法院民法典贯彻实施工作领导小组主编的《中华人民共和国民法典继承编理解与适用》等著作基础上，结合司法实践优秀成果和最新裁判规则，吸收立法机关、专家学者有关意见，重点对民法典继承编的具体司法适用进行详细阐述。二是全面性。对涉及继承的有关法律、行政法规、司法解释、部门规章和司法指导性文件进行了系统梳理，就有关法律法规与民法典条文的衔接适用问题作了系统论述。三是实用性。紧密结合审判实践，对近年来尤其是民法典实施后有关指导性案例、典型案例和相关类案进行了系统检索和整理，为准确适用相关条文提供了鲜活参照。

参与继承卷编写和审核的人员主要是最高人民法院、有关地方法院的资深法官或业务骨干。编写人员有（按照条文顺序）刘畅、郭敏、汪治平、王丹、唐倩、肖峰、刘冠兵、何汀。核稿人员有何抒、吴景丽、刘雪梅、汪治平、赵风暴、王灯、张一宸、刘冠兵、何汀、李耕坤、唐倩。案例审核人员有陈志远、石磊、张乐园、甄月、刘畅、朱琳、张科、潘静波、凌巍、张希华、熊燕、高春乾。

《中国民法典适用大全》的编辑出版是有关各方共同努力的结果。感谢全国人大常委会法工委等单位一直以来对人民法院工作的有力指导和大力支持！感谢积极支持人民法院民事审判执行工作的专家学者和其他法律从业人员！感谢有关地方法院对《中国民法典适用大全》编写工作提供的大力支持、所提出的宝贵意见建议！感谢人民法院出版社的各位编辑对本套丛书出版的辛苦付出和不懈努力！

疏漏不周之处在所难免，敬请各位读者批评指正。

编 者

二〇二二年十一月